Das große Buch der IQ-Tests

veröffentlicht im Axel Juncker Verlag, München

Persönlichkeitstests und Trainingsfragen: Albert Urban
IQ-Selbsttest: Dr. Horst H. Siewert
Konzept, Layout, Satz und Redaktion: bookwise GmbH, München
Umschlag: Cordula Schaaf für bookwise GmbH, München
ISBN: 3-558-72070-9

Lebensführung

Sind Sie ein Geduldsengel?

Es gibt Menschen, denen nur allzuoft der „Geduldsfaden reißt", die von den Volksweisheiten „Gut Ding will Weile haben" oder „In der Ruhe liegt die Kraft" scheinbar noch nie etwas gehört haben. Andere wiederum sind reine „Geduldsengel" und gehen dadurch die Gefahr ein, von ihren Mitmenschen regelrecht ausgenutzt zu werden. Wozu neigen Sie?

Wie reagieren Sie, wenn Sie an der Supermarktkasse länger als fünf Minuten anstehen müssen, obwohl Sie es eigentlich nicht allzu eilig haben?

- Ich warte zwar, beschwere mich dann aber beim Marktleiter über zu wenig besetzte Kassen. (1)
- Ich drängle mich irgendwie vor oder lege die Waren in das nächstbeste Regal und verlasse das Geschäft. (0)
- Ich verkürze mir die Wartezeit mit „Leute beobachten". (2)

Welche Redensart gefällt Ihnen am besten?

- Mit Geduld und Spucke fängt man eine Mucke. (2)
- Es ist leicht geduldig zu sein, wenn man ein Schaf ist. (0)

Wie würden Sie Ihre bisherigen Erfahrungen mit Handwerkern beurteilen?

- Unterschiedlich (1)
- Überwiegend negativ (0)
- Überwiegend positiv (2)

Halten Sie sich selbst für einen guten Zuhörer?

- Kommt drauf an (1)
- Eher nicht (0)
- Ja, schon (2)

Wie oft werden Sie von Bekannten und Verwandten um Rat gebeten?

- Gelegentlich (1)
- Eigentlich nie (0)
- Sehr oft (2)

Empfinden Sie die ständigen Werbeunterbrechungen im Fernsehen als Zumutung?

- Teils, teils (1)
- Ja (0)
- Nein (2)

Wie oft verwenden Sie die Redewendung „Zeit ist Geld"?

- Gelegentlich (1)
- Ziemlich oft (0)
- Nie (2)

Könnten Sie sich vorstellen, an einem zweijährigen nebenberuflichen Fortbildungskurs teilzunehmen?

- Vielleicht (1)
- Nein (0)
- Ja (2)

Viele Menschen legen Puzzles. Sie auch?

- Ab und zu (1)
- Nein (0)
- Ja (2)

In Ihrer Freizeit würden Sie am liebsten

- Schach spielen (1)
- Autorallyes fahren (0)
- eine Fremdsprache erlernen (2)

Sie wollen ein Bild für Ihre Wohnung selbst anfertigen. Wahrscheinlich entscheiden Sie sich für

- ein Aquarell (1)
- eine Bleistiftzeichnung (0)
- ein Ölbild (2)

Empfinden Sie diesen Test als zu lang?

- Geht schon. (1)
- Ja (0)
- Nein (2)

Für welchen der drei Berufe könnten Sie sich am ehesten erwärmen?

- Krankenpfleger/in (1)
- Masseur/in (0)
- Grundschullehrer/in (2)

Wie oft betätigen Sie die Lichthupe in Ihrem Auto?

- Gelegentlich (1)
- Fast täglich (0)
- So gut wie nie (2)

0 bis 8 Punkte

Geduld zählt nicht gerade zu Ihren Stärken. Gelingt Ihnen etwas nicht sofort oder müssen Sie etwas länger als üblich warten, dann werden Sie sehr schnell nervös. Auch im Umgang mit Ihren Mitmenschen reißt Ihnen leicht der Geduldsfaden, zumindest nehmen Sie etwas lieber selbst in die Hand als abzuwarten, bis diese „Trödler“ damit fertig sind, obwohl Sie erkannt haben, daß es einfach Dinge im Leben gibt, die man nur durch Geduld erreichen kann. Wenn Sie versuchen, gegen Ihre Ungeduld anzukämpfen, gelingt Ihnen das häufig nicht oder nur sehr schwer.

9 bis 19 Punkte

Sie neigen von Ihrem Wesen her zur Ungeduld, verfügen jedoch über die Fähigkeit, diese Schwäche unter Kontrolle zu halten. Es fällt Ihnen zwar oft schwer, sich in Geduld zu fassen, doch in Situationen, die Abwarten erfordern, schaffen Sie das auch durchaus, ohne sich in Hektik zu verlieren. Sind Sie allerdings der Meinung, daß Abwarten fehl am Platze ist, dann handeln Sie sofort.

20 bis 28 Punkte

Sie werden sicherlich oft gefragt: „Woher nimmst du bloß diese Geduld – das könnte ich nie?“ Und tatsächlich, man muß Sie um Ihre „Engelsgeduld“ beneiden! Es scheint, als hätten Sie diese Tugend zu Ihrem Lieblingshobby erklärt; denn egal, wie lange sich eine Sache hinzieht, Ihnen scheint niemals der „Geduldsfaden“ zu reißen! Wo andere schnell entnervt das Handtuch werfen sagen Sie sich „Gut Ding will Weile haben“. Diese Einstellung verschafft Ihnen viele Vorteile, läßt sie aber in Situationen, die schnelles Handeln erfordern, wiederum manchmal zu lange zaudern. Zudem scheint es, daß Ihre lieben Mitmenschen des öfteren ausprobieren wollen, wie weit sie gehen können, bis auch Ihnen mal „der Kragen platzt“. Zeigen Sie diesen Herrschaften ruhig, wo die Grenzen liegen!

Haben Sie ein „gesundes" Verhältnis zu Geld?

Drehen Sie jeden Euro zweimal um, bevor Sie ihn „rausrücken", oder leben Sie eher nach der Devise „Man lebt nur einmal" und geben Ihr Geld gern mit vollen Händen aus?

Sie wollen sich ein neues Kostüm bzw. einen neuen Anzug kaufen. Als Limit setzen Sie sich € 500. Wie hoch ist die Wahrscheinlichkeit, daß Sie diese Ausgabe-Grenze nicht überschreiten?

- 50% (1)
- 20% (0)
- 100% (2)

Wie oft spenden Sie für humanitäre Zwecke?

- Gelegentlich (1)
- Ziemlich oft (0)
- Nie (2)

Wissen Sie immer, wieviel Geld Sie im Portemonnaie haben?

- So ungefähr (1)
- Nein (0)
- Ja (2)

Nutzen Sie beim Einkauf Sonderangebote?

- Manchmal schon (1)
- Nein (0)
- So oft wie möglich (2)

Würden Sie sich gerne teure Designermöbel oder -kleidung kaufen?

- Nein, nicht einmal, wenn ich Millionär wäre. (2)
- Ja, nur leider fehlt mir das nötige Kleingeld. (0)

Was halten Sie von der Idee, ein Haushaltsbuch zu führen?

- Vielleicht sollte ich wirklich konsequent eins führen; dann weiß ich am Ende des Monats besser Bescheid. (1)
- Nichts, das Geld ist so und so am Ende des Monats weg. (0)
- Viel, ich schreibe seit Jahren auch Pfennigbeträge auf. (2)

Was wünschen Sie sich für Ihren Lebensabend am meisten?

- Keine Geldsorgen haben (2)
- Gesundheit (0)

Welche Redewendung entspricht am ehesten Ihrem Naturell?

- Geld ist nicht alles im Leben, aber es beruhigt ungemein. (1)
- Taler, Taler du mußt wandern, von der einen Hand zur andern. (0)
- Wer den Pfennig nicht ehrt, ist den Taler nicht wert. (2)

Wieviel Trinkgeld geben Sie in der Regel dem Kellner?

- Zwischen fünf und zehn Prozent von der Gesamtsumme. (1)
- Zwischen 20 und 30 Prozent von der Gesamtsumme. (0)
- Gar keins; er wird schließlich für seine Arbeit bezahlt. Mir gibt auch keiner Trinkgeld. (2)

Wissen Sie, wieviel Geld Sie momentan auf Ihrem Girokonto haben?

- So ungefähr schon (1)
- Nein, aber ich nehme an, daß auf meinem nächsten Kontoauszug wie üblich rote Zahlen stehen. (0)
- Selbstverständlich (2)

Kommen Sie in der Regel mit Ihrem Haushaltsgeld über die Runden?

- Meistens ja (1)
- Eigentlich nie; spätestens eine Woche vor Monatsende ist Ebbe in der Kasse. (0)
- Ja; meistens bleibt mir sogar noch etwas übrig. (2)

Sie haben Ihr Bankkonto überzogen. Belastet Sie das sehr?

- Kommt drauf an, wie nahe ich schon am Limit bin. (1)
- Eigentlich nicht (0)
- Wenn das wirklich jemals der Fall sein sollte, mache ich nachts bestimmt kein Auge mehr zu. (2)

Würden Sie für Ihre beste Freundin eine Bankbürgschaft übernehmen?

- Kommt drauf an wofür. (1)
- Ich denke schon. (0)
- Nein, in Geldsachen hört bei mir die Freundschaft auf. (2)

Sie gewinnen im Lotto. Würden Sie den Gewinn mit Ihrer besten Freundin teilen?

- Vielleicht (1)
- Sicher (0)
- Nein, ich würde keiner Menschenseele davon erzählen. (2)

Wie oft geben Sie beim Einkaufen mehr aus, als Sie ursprünglich vorhatten?

- Gelegentlich (1)
- Immer (0)
- Nie, ich kaufe grundsätzlich nur das, was ich mir aufgeschrieben habe. (2)

Geben Sie in Ihrer Stammkneipe auch mal eine Runde aus?

- Gelegentlich (1)
- Oft (0)
- Nein (2)

Sie machen Ihren Großeinkauf im Supermarkt. Wissen Sie vor dem Bezahlen schon, wieviel Sie in etwa „hinblättern" müssen?

- Ich verschätze mich nur sehr selten, da ich immer im Kopf mitrechne. (1)
- Nein, ich hoffe jedesmal, daß ich auch genug Geld dabei habe. (0)
- Ja, ich habe grundsätzlich einen Taschenrechner dabei. (2)

Sie bekommen vom Finanzamt eine recht ansehnliche Steuerrückzahlung. Was machen Sie mit dem Geld?

- Ich steck's in mein „Urlaubs-Sparschwein". (1)
- Ich gehe shoppen. (0)
- Ich lege es zum bestmöglichen Zinssatz an. (2)

Was halten Sie im großen und ganzen vom Sparen?

- Na ja, ein bißchen was auf der hohen Kante sollte man schon haben. (1)
- Nichts. Das Geld wird doch sowieso jeden Tag weniger wert, und außerdem kann ich ja morgen schon tot umfallen. (0)
- Wer in jungen Jahren nicht für das Alter vorsorgt, ist selber schuld, wenn es ihm später schlecht geht. (2)

Wirft Ihnen Ihre Frau/Ihr Mann häufig vor, daß Sie das Geld „zum Fenster hinausschmeißen"?

- Gelegentlich (1)
- Ja, das muß ich mir öfter anhören. (0)
- Nein (2)

Wie oft halten Sie Ihrer Frau/Ihrem Mann vor, daß sie/er zuviel Geld für unnützen Kram ausgibt?

- Manchmal (1)
- Nie (0)
- Oft (2)

Wie beurteilen Sie sich selbst in Gelddingen?

- Vernünftig (1)
- Unbekümmert (0)
- Souverän (2)

Eine Bekannte will Ihre Hochzeit in großem Stil feiern. Was halten Sie davon?

- Ein bißchen weniger Pomp würde auch reichen. (1)
- Finde ich toll! Man heiratet schließlich nur einmal im Leben. (0)
- Reine Geldverschwendung! (2)

Welcher Satz könnte von Ihnen stammen?

- Freude an meiner Arbeit und das Gehalt sind mir gleich wichtig. (1)
- Die Freude an meinem Job ist mir wichtiger als ein Riesengehalt. (0)
- Egal welche Arbeit, Hauptsache, das Gehalt stimmt. (2)

0 bis 15 Punkte

Als Materialisten kann man Sie wirklich nicht bezeichnen. Geld bedeutet Ihnen wirklich sehr wenig, ist im Grunde nur Mittel zum Zweck. Ihre Devise ist „Ich lebe jetzt und nicht morgen“. Für später zu sparen, scheint für Sie ein Fremdwort zu sein. Haben Sie Geld, geben Sie's gerne aus, wird's knapp, müssen Sie eben Ihr Konto noch ein bißchen mehr überziehen oder aber bis zum nächsten Zahltag den Gürtel etwas enger schnallen. Hauptsache, Sie kommen immer wieder so einigermaßen über die Runden. Wegen Ihrer Unbekümmertheit, Ihrer Hilfsbereitschaft und Ihrer Großzügigkeit sind Sie bei Ihren Mitmenschen sehr beliebt und haben bestimmt viele Freunde. Haben Sie allerdings schon einmal nachgedacht, wer von denen Ihnen im Notfall helfen würde? Sie wissen ja: „Den wah-

ren Freund erkennt man in der Not." Vielleicht sollten Sie also in Zukunft doch ein bißchen vorsichtiger mit Ihrem Geld wirtschaften und regelmäßig einen gewissen Betrag auf die hohe Kante legen. Sonst kann es nämlich leicht passieren, daß Sie irgendwann total den Überblick über Ihre Finanzen verlieren. Und das kann böse enden.

16 bis 32 Punkte

Sie haben ein sehr „gesundes" Verhältnis zu Geld. Sie sind weder zu materialistisch noch zu leichtsinnig. Sie leben nach dem Motto „Geld ist nicht alles im Leben" und lassen sich schon gerne mal zu einer nichtgeplanten Sonderausgabe „verführen". Darüber hinaus zeigen Sie sich auch Ihren Freunden oder Hilfsbedürftigen gegenüber nicht kleinlich, und wenn Ihr Konto ab und an mal rote Zahlen aufweist, bedeutet das für Sie ebenfalls nicht gleich Weltuntergangstimmung. Die Gefahr, in übertriebene Großzügigkeit oder gar in einen regelrechten Kaufrausch zu verfallen, besteht bei Ihnen jedoch nicht. Dafür gehen Sie viel zu vernünftig mit Ihren Finanzen um. Sie sind bestrebt, immer das notwendige „Geldpolster" für größere Anschaffungen oder „schlechte Zeiten" zu haben und scheinen sich auch darum zu bemühen, für einen gesicherten Lebensabend vorzusorgen. Machen Sie weiter so!

33 bis 48 Punkte

Sie sind ja das reinste Finanzgenie! Manch einer, dessen Geld sich jeden Monat sozusagen in Luft aufzulösen scheint, wäre froh, nur einen Bruchteil Ihres Sparsinns zu haben. Sie drehen tatsächlich jeden Euro zweimal um, bevor Sie ihn ausgeben. Bei Ihnen wird alles genau geplant. Irgendwelche Spontankäufe, und seien sie noch so gering, sind für Sie tabu. Und für die Zukunft vorzusorgen ist für Sie so selbstverständlich wie das Amen in der Kirche. In finanzielle Nöte werden Sie dank Ihrer eisernen Disziplin also kaum geraten. Eben drum sollten Sie vielleicht ab und zu mal über Ihren Schatten bringen und sich selbst und andere spontan mit einem kleinen Geschenk verwöhnen, auch wenn es Geld kostet. Wie wäre es z.B. mit einer gelegentlichen Gabe für Menschen, die ohne eigenes Verschulden in Not sind und Ihre Hilfe brauchen. Denn Sie wollen doch sicher nicht, daß jene bösen Zungen, die von Ihnen sagen „Er sitzt auf dem Geld wie der Teufel auf der armen Seele" Recht haben, oder etwa doch?

Wie wichtig ist Ihnen Ihre Gesundheit?

Drei Wochen war der Frosch so krank, jetzt raucht er wieder, Gottseidank. Passen diese Zeilen von Wilhelm Busch auch auf Sie oder dürfen Sie sich ohne schlechtes Gewissen zu den „Gesundheitsaposteln" zählen, die alles unterlassen, was der Gesundheit abträglich ist?

Welche Aussage trifft am ehesten für Sie zu?

- Zwei- bis dreimal die Woche gehe ich im Wald spazieren, zum Schwimmen oder mache Gymnastik. (1)
- Ich treibe seit Jahren regelmäßig Ausdauersport. (0)
- Ich gehe ab und zu in die Sauna. (2)

Welche Redensart trifft in puncto Sport am ehesten auf Sie zu?

- Es ist noch nicht aller Tage abend. (1)
- Ohne Fleiß kein Preis. (0)
- Sport ist Mord. (2)

Sind Sie leicht „in Rage" zu bringen?

- Kommt darauf an (1)
- Nein (0)
- Ja (2)

Wie oft kaufen Sie etwas im Reformhaus oder im Bioladen?

- Ab und zu (1)
- Sehr oft (0)
- Nie (2)

Wann gehen Sie zum Arzt?

- Wenn ich krank bin. (1)
- Einmal jährlich zum Check-up oder wenn ich krank bin. (0)
- Wenn die Hausmittel nicht mehr helfen oder ich 41° Fieber habe. (2)

Trinken Sie Alkohol oder rauchen Sie?

- Manchmal (1)
- Weder noch (0)
- Ja, beides. Der Mensch gönnt sich ja sonst nichts! (2)

Angenommen, Ihr Arzt sagt Ihnen, daß Sie sofort mit dem Rauchen aufhören müssen. Wie reagieren Sie wohl?

- Ich werd's versuchen. (1)
- Ich rauche nicht. (0)
- Ich gehe nicht mehr hin und rauche weiter. (2)

Was halten Sie von Vollwertkost?

- Geht so (1)
- Schmeckt super! (0)
- Was ist das? (2)

Wissen Sie ungefähr, welche Vitamine oder Mineralstoffe in den verschiedenen Lebensmitteln stecken?

- Teils, teils (1)
- Ja, zumindest bei den Hauptnahrungsmitteln (0)
- Nein, da kenn' ich mich eigentlich überhaupt nicht aus. (2)

Wissen Sie, was hinter dem Begriff „Osteoporose" steckt?

- Hat irgendwas mit den Knochen zu tun. (1)
- Verlust der Knochendichte (0)
- Ein Grippevirus (2)

Wieviele Kilo liegt Ihr tatsächliches Körpergewicht in etwa über dem vom medizinischen Standpunkt aus für Sie gesehenen Idealgewicht?

- 10 bis 15 Kilo (1)
- Höchstens 5 Kilo (0)
- Will ich nicht so genau wissen. (2)

Gehen Sie regelmäßig zum Zahnarzt?

- Nein (2)
- Ja (0)

Wieviele Stunden schlafen Sie täglich?

- 6 bis 8 (1)
- Mindestens 10 (0)
- Ungefähr 4 bis 5 (2)

Pommes Frites, Schweinebraten und Sahnetorten sollen der Gesundheit ja nicht sehr zuträglich sein. Essen Sie diese Dinge trotzdem?

- Gelegentlich (1)
- Nein (0)
- Ja (2)

0 bis 8 Punkte

Gäbe es in Sachen Gesundheitsbewußtsein Medaillen zu vergeben, Sie verdienten nicht nur die aus Gold, sondern sogar die aus Platin – natürlich vorausgesetzt, Sie haben alle Fragen auch wirklich vollkommen ehrlich beantwortet. Sie wissen nicht nur genau Bescheid, was man tun bzw. lassen soll, um gesund und fit zu bleiben, sondern handeln auch danach. Nur wenige Menschen bringen wie Sie die Energie auf, tatsächlich auf alles zu verzichten, das in irgendeiner Form der Gesundheit schaden könnte. Alle Achtung!

9 bis 19 Punkte

Ihnen geht es wie den meisten von uns: Sie wissen zwar sehr genau, was man tun bzw. lassen sollte um gesund und fit zu bleiben, und versuchen auch danach zu handeln, doch nur zu oft bleibt es bei den guten Vorsätzen. Eben ganz nach der Redensart „Der Geist ist willig, aber das Fleisch ist schwach“. Da kann es schon passieren, daß Sie sich selbst eine Diät verordnet haben und dann eben doch im Café beim Anblick der Sahnetorten schwach werden. Oder aber Sie haben sich vorgenommen, täglich einen Waldlauf zu machen und finden immer wieder eine Ausrede, das zu „verschieben“. An einem Tag ist es der Dauerregen, am nächsten die Hitze und am dritten der Besuch der Großmutter. Ärgern Sie sich nicht zu sehr (über sich, nicht über die Großmutter), denn bekanntlich kann zuviel Aufregung sogar zum Herzinfarkt führen, und das ist Ihrer Gesundheit mit Sicherheit noch abträglicher als ein paar Kilo zu viel auf den Rippen. Doch Spaß beiseite! Machen Sie weiter in Ihren Bemühungen um eine gesündere Lebensweise, auch wenn's nicht immer so ganz klappt. In einem dürfen Sie aber auf keinen Fall „schlampen“: Gehen Sie zu den jährlichen Vorsorgeuntersuchungen! Versprochen?

20 bis 28 Punkte

Sie leben wahrscheinlich nach der Devise „Sport ist Mord“, und es ist Ihnen auch ziemlich egal, wieviel Sie wiegen. Nun, niemand verlangt von Ihnen, daß Sie zum Hochleistungssportler werden oder sich zum spindeldürren Model abhungern, doch ein bißchen mehr Gesundheitsbewußtsein könnte Ihnen wirklich nicht schaden! Machen Sie doch in Zukunft das Sprichwort „Mäßigkeit führt das Leben weit“ zu Ihrem Motto. Denn Sie möchten sich doch sicher auch in den nächsten paar Jahrzehnten noch genauso wohl fühlen wie heute.

Wie ist es um Ihr Selbstbewußtsein bestellt?

Ein gewisses Maß an Selbstvertrauen ist unerläßlich. Gehören auch Sie zu jenen mit „mangelndem Selbstbwußtsein" oder treten Sie gar so selbstbewußt auf, daß Sie auf andere fast schon überheblich wirken?

Wie oft zweifeln Sie an der Gerechtigkeit?

- Ab und zu (1)
- Oft (0)
- Eigentlich nie (2)

Über Abwesende wird gerne mal „hergezogen". Stört Sie das, wenn Sie selbst das Opfer sind?

- Ein bißchen schon (1)
- Ja, sehr (0)
- Ist mir egal – was ich nicht weiß, macht mich nicht heiß. (2)

Wie reagieren Sie, wenn ein Bekannter einen Spaß auf Ihre Kosten macht?

- Manchmal lache ich mit, manchmal nicht – je nach Art des Witzes. (1)
- Das finde ich grundsätzlich nicht lustig. (0)
- Ich lache mit. (2)

Bekannte und Verwandte finden Ihr neues Outfit schlichtweg unmöglich. Wie reagieren Sie?

- Ich denke darüber nach, ob sie eventuell recht haben. (1)
- Ich schlüpfe wieder in meine „alte Haut". (0)
- Ist mir egal – mir gefällt's so. (2)

Im Englischen Garten in München spazieren, aus welchen Gründen auch immer, oft Nackte herum. Könnten Sie sich vorstellen, das auch zu tun?

- Dazu müßte ich mir wohl erst gewaltig Mut antrinken. (1)
- Auf keinen Fall! (0)
- Warum nicht – wenn's nicht zu kalt ist? (2)

Sind Sie mit Ihrem Aussehen zufrieden?

- So einigermaßen (1)
- Nein, ganz und gar nicht! (0)
- Im großen und ganzen ja (2)

Werden Sie von anderen oft um Rat gebeten?

- Manchmal (1)
- Eigentlich nie (0)
- Sehr oft (2)

Beteiligen Sie sich gerne an Diskussionen über „Gott und die Welt"?

- Weniger (1)
- Nein (0)
- Ja (2)

Jeder Mensch hat seine Schwächen. Geben Sie Ihre offen zu?

- Ungern (1)
- Nein (0)
- Ja (2)

Welchen Tisch im Restaurant bevorzugen Sie, wenn Sie alleine essen gehen?

- Einen am Fenster (1)

- Einen möglichst weit hinten (0)
- Einen in der Mitte (2)

Wie würden Sie selbst Ihre Intelligenz einschätzen?

- Mittelprächtig (1)
- Eher schwach (0)
- Überdurchschnittlich (2)

Stehen Sie gerne im Rampenlicht?

- Kommt auf die Situation an (1)
- Nein, ganz und gar nicht! (0)
- Sehr gerne (2)

Merkt man es Ihnen an, wenn Sie innerlich erregt sind?

- Manchmal schon (1)
- Immer (0)
- Nein, nur in echten Katastrophenfällen (2)

Sie haben eine feste Meinung zu einem bestimmten Thema. Besteht die Möglichkeit, Sie davon abzubringen?

- Manchmal ja (1)
- Ja, das ist sogar ziemlich oft der Fall. (0)
- Auf keinen Fall! (2)

Wie oft denken Sie über den möglichen Verlust Ihres Jobs nach?

- Manchmal (1)
- Sehr oft (0)
- Nie (2)

Stört Sie Unpünktlichkeit?

- Kommt drauf an (1)
- Sehr (0)
- Es gibt Schlimmeres. (2)

Wie kleiden Sie sich zu einer Tanzveranstaltung?

- Elegant (1)
- Möglichst unauffällig (0)
- Ausgefallen (2)

Sie sollen auf einer Modenschau als Dressman bzw. Model auftreten, obwohl Sie das noch nie gemacht haben. Sagen Sie ja?

- Ich weiß nicht recht (1)
- Bestimmt nicht! (0)
- Ja sicher! (2)

Bekannte laden Sie zum FKK-Urlaub ein. Fahren Sie mit, obwohl Sie bisher noch nie an einem FKK-Strand waren?

- Vielleicht (1)
- Auf keinen Fall! (0)
- Mit Sicherheit – das wollte ich schon lange mal ausprobieren! (2)

Wenn Ihnen etwas nicht paßt, sprechen Sie die Angelegenheit so schnell wie möglich an, um sie aus der Welt zu schaffen?

- Manchmal (1)
- So gut wie nie (0)
- Fast immer (2)

Wie oft benutzen Sie den Satz „Das kann ich nicht“?

- Eher selten (1)
- Ziemlich oft (0)

- Habe ich aus meinem Vokabular schon lange gestrichen. (2)

Sie haben etwas gekauft, das Ihnen, sobald Sie zu Hause sind, überhaupt nicht mehr gefällt. Scheuen Sie sich, das Erstandene zurückzubringen und um Rückerstattung des Geldes zu bitten?

- Kommt drauf an (1)
- Ja (0)
- Nein, überhaupt nicht (2)

Sind Sie der Meinung, daß es zu jedem Problem ein Lösung gibt, auch wenn diese nicht immer sofort erkennbar ist?

- Ja (2)
- Nein (0)

Wie oft halten Sie sich an das Motto „Wer nicht wagt, der nicht gewinnt"?

- Gelegentlich (1)
- Eigentlich nie (0)
- Immer (2)

Fällt es Ihnen schwer, mit „Wildfremden" ins Gespräch zu kommen?

- Manchmal schon (1)
- Ja sehr! (0)
- Ganz und gar nicht! (2)

Glauben Sie, daß es tatsächlich „geborene Pechvögel" gibt?

- Manchmal schon (1)
- Ja – ich gehöre dazu (0)
- Nein – jeder ist seines Glückes Schmied (2)

0 bis 16 Punkte

Ihr Selbstvertrauen steht auf etwas wackeligen Beinen. Sie neigen dazu, sich selbst zu sehr zu kritisieren und auch die kleinste Kritik anderer an Ihrer Person „tierisch" ernst zu nehmen. Ständig halten Sie sich Ihre Schwächen vor Augen, anstatt sich auf Ihre Stärken zu konzentrieren, z.B. Ihre Willenskraft, mit der Sie noch heute damit beginnen sollten, sich mehr Selbstsicherheit „anzutrainieren": Streichen Sie Sätze wie „Ich bin ein Versager", „Ich kann weniger als andere" , „Das kann ich nicht" oder „Ich bin ein Pechvogel" ab heute aus Ihrem Vokabular und ersetzen Sie sie durch positive Aussagen wie etwa „Ich lerne das" oder „Ich kann das". Stecken Sie Ihre Ziele aber nicht zu hoch, sonst sind Mißerfolge zwangsläufig vorprogrammiert. Freuen Sie sich auch über kleine Erfolge (reden Sie sich nicht ein „Das kann doch wirklich jeder Blödmann"), und geben Sie nicht gleich auf, wenn Ihnen etwas „danebengeht", sondern sagen Sie sich „Beim nächsten Mal klappt's bestimmt". Sie werden sehen, schon bald werden Sie sich selbst eigentlich „gar nicht so übel" finden!

17 bis 35 Punkte

Sie verfügen über eine ausgewogene Mischung an Selbstvertrauen und Selbstkritik, worauf Sie wirklich stolz sein können! Ihr Selbstvertrauen ist stark genug, daß Sie sich allen Herausforderungen des Lebens mutig stellen und auch mit größeren Problemen in der Regel mühelos „zu Rande kommen". Aber auch bei gelegentlichen Mißerfolgen lassen Sie sich nicht unterkriegen und gehen die Sache voller Energie ein zweites, wenn's sein muß, auch ein drittes und viertes Mal an. Obwohl Sie im Grunde mit sich selbst sehr zufrieden sind, verfügen Sie doch über genügend Selbstkritik, um sich Ihre „Schwachstellen" einzugestehen und dagegen anzukämpfen. Ebenso weisen Sie Kritik anderer an Ihrer Person nicht von vornherein entrüstet zurück, sondern fragen sich, inwieweit diese berechtigt ist. Dadurch erwecken Sie trotz Ihres souveränen Auftretens nie den Eindruck, hochmütig zu sein. Gratulation – bleiben Sie genauso wie Sie sind!

36 bis 52 Punkte

Selbstvertrauen „antrainieren" müssen Sie sich gewiß nicht – Sie „kochen" regelrecht über vor Energie und Tatendrang. Von irgendwelchen Rückschlägen lassen Sie sich nicht abschrecken. Im Gegenteil! Probleme scheinen Ihre Kräfte geradezu noch anwachsen zu lassen. Ihnen kann so leicht keiner ein X für ein U vormachen, und wer Sie in die Knie zwingen will, wird sich die Zähne an Ihnen ausbeißen. Ihre Mitmenschen mit weniger Selbstvertrauen kommen sich neben Ihnen regelrecht als Versager vor, zumindest diejenigen, die Sie nicht leiden können oder gar zum „Feind" erklärt haben. Da lassen Sie Ihre Überlegenheit nämlich schon mal „raushängen". Denjenigen, die Sie allerdings in Ihr Herz geschlossen haben, stehen Sie gerne mit Rat und Tat zur Seite und helfen ihnen, ihr eigenes Selbstvertrauen zu verbessern. Doch auch wenn Sie von sich selbst noch so überzeugt sind, sollten Sie sich des öfteren in Selbstkritik üben. Denn genau hier liegt Ihr Schwachpunkt! Versuchen Sie, sich mit den Augen anderer zu betrachten. Möglicherweise müssen Sie dann erkennen, daß Sie etwas zu überlegen auftreten und, ohne es zu wollen, hochnäsig wirken. Und: „Hochmut kommt vor dem Fall!"

Wie ist es um Ihre Spontaneität bestellt?

Es gibt Menschen, die zu zaghaft reagieren und dadurch so manches Schöne im Leben verpassen. Andere wiederum reagieren gerne vorschnell und handeln sich damit nicht selten Ärger ein oder bringen sich selbst und andere damit sogar in Lebensgefahr. Haben Sie immer das Gefühl für den „goldenen Mittelweg"?

Während eines Winterspaziergangs kommen Sie zu einem Weiher, auf dem mehrere Halbwüchsige Eishockey spielen. Plötzlich knackst es, und einer von ihnen bricht ein. Wie reagieren Sie?

- Ich schicke einen der Jungs um Hilfe und versuche dann, mit den anderen eine Menschenkette zu bilden und so heranzukommen. (1)
- Ich renne sofort hin und versuche, ihn herauszuziehen. (0)
- Ich laufe so schnell wie möglich zum nächsten Telefon und rufe die Feuerwehr an. (2)

Könnten Sie sich vorstellen, bei einer Talkshow im Fernsehen selbst mitzureden?

- Eher weniger (1)
- Ja, warum nicht? (0)
- Auf gar keinen Fall! (2)

Wie lange brauchen Sie bei einer umfangreichen Speisekarte, um sich zu entscheiden?

- Mindestens zehn Minuten (1)
- Nicht lange, höchstens ein paar Minuten (0)
- Ich finde meist überhaupt nichts und lasse mir dann vom Ober ein Gericht empfehlen. (2)

Sie bekommen am Kinderspielplatz mit, wie eine Mutter gerade ihrem etwa vierjährigen wie am Spieß schreienden Sprößling einige saftige Ohrfeigen verpaßt. Wie reagieren Sie?

- Ich gehe hin, versuche das Kind vor weiteren Schlägen zu schützen und gleichzeitig die Mutter mit Worten zu beruhigen. (1)
- Ich verpasse dieser „Raben-Mutter" meinerseits eine Ohrfeige. (0)
- Ich halte die Züchtigung zwar – egal, was der Kleine „ausgefressen" hat – für übertrieben, doch was geht's mich an! (2)

Würden Sie sich sofort für eine total flippige Haarfarbe bzw. einen irren Kurzhaarschnitt entschließen, nur weil das in einer Zeitschrift als „in" angepriesen wird?

- Nicht ohne Beratung (1)
- Ich denke schon. (0)
- Bestimmt nicht! (2)

Welche Redensart gefällt Ihnen am besten?

- Rom ist auch nicht an einem Tag erbaut worden. (1)
- Wer nicht wagt, der nicht gewinnt. (0)
- Reden ist Silber, Schweigen ist Gold. (2)

Ihr Freund/Ihre Freundin zeigt ihnen ein Foto von seiner/ihrer neuen Liebe und hört schon die Hochzeitsglocken läuten. Sie kennen denjenigen/diejenige zufällig und wissen, daß er/sie verheiratet ist. Wie reagieren Sie?

- Ich rufe an und fordere ihn/sie auf, meinem Freund/meiner Freundin reinen Wein einzuschenken, sonst würde ich das tun. (1)
- Ich sage meinem Freund/meiner Freundin das natürlich sofort. (0)
- Ich äußere mich gar nicht zu dem Thema, schließlich muß jeder seine Erfahrungen selbst sammeln. (2)

Sie stehen im Vorraum Ihrer Hausbank am Geldautomaten. Plötzlich hören Sie im Inneren den Ruf: „Überfall." Wie reagieren Sie wohl in dieser Situation?

- Ich werfe mich sofort flach auf den Boden. (1)
- Ich renne sofort ins Freie, ins nächste Geschäft, und alarmiere die Polizei. (0)
- Mit Sicherheit bin ich erst einmal vor Schreck wie gelähmt und kann überhaupt nicht reagieren. (2)

Sie suchen eine neue Anstellung. Ein Zeitungsinserat weckt Ihr Interesse. Sie kennen die Firma aber nicht. Wie gehen Sie vor?

- Ich versuche erst einmal, mehr über diese Firma in Erfahrung zu bringen. (1)
- Falls die Telefonnummer angegeben ist, rufe ich sofort an; ansonsten verfasse ich noch am selben Tag meine schriftliche Bewerbung. (0)
- Ich unternehme zunächst nichts – vielleicht wird in nächster Zeit ja noch etwas Besseres angeboten. (2)

Sie kommen in die Küche Ihrer Mietwohnung und stehen plötzlich in einer Wasserpfütze. Wie es scheint, ist der Schlauch Ihrer Spülmaschine geplatzt. Wie ist Ihre Reaktion?

- Ich renne auf den Gang hinaus und schreie laut um Hilfe. (1)
- Ich drehe sofort den Hahn ab und werfe dann alle verfügbaren Handtücher auf den Boden. (0)
- Ich erstarre zur Salzsäule und kann mich nicht entscheiden, was zu tun ist. (2)

Sie stehen an der Fußgängerampel. Ein/e Unbekannte/r winkt Ihnen aus einem Bus fröhlich zu. Winken Sie zurück?

- Weiß nicht (1)
- Aber sicher! (0)
- Kaum (2)

Jemand hat Sie durch eine unbedachte Äußerung beleidigt, entschuldigt sich aber sofort. Wie reagieren Sie?

- Ich denke darüber nach. (1)
- „Schon vergessen!“ (0)
- Ich schmolle eine Zeitlang. (2)

Sie haben sich endlich dazu aufgerafft, die seit Jahren in der Schublade liegenden Urlaubsfotos zu sortieren und ins Album einzukleben. Da ruft Sie ein Bekannter an und möchte Sie in fünf Minuten zu einem Waldlauf abholen. Was machen Sie?

- Ich bitte ihn, doch erst in zwei Stunden zu „starten“. (1)
- Ich sage zu. (0)
- Ich sage ab. (2)

0 bis 8 Punkte

Sie sind von Natur aus recht gefühlsbetont und spontan. In vielen Situationen, bei denen andere lange, oft zu lange, hin und her überlegen, reagieren Sie emotional, „aus dem Bauch heraus". Sie fackeln selten lange mit Ihren Entscheidungen und tragen zudem „Ihr Herz auf der Zunge", d.h. Sie sprechen Ihre Gefühle meist offen aus. Spontanes Handeln kann von Vorteil aber auch von Nachteil bzw. sogar gefährlich sein. Versuchen Sie daher zumindest bei wichtigen Gesprächen oder Entscheidungen, Ihre Spontaneitiät zu zügeln und einen „kühlen Kopf" zu bewahren, also sowohl Ihr Herz als auch Ihren Verstand „zu Wort" kommen zu lassen.

9 bis 17 Punkte

Irreparable Schäden durch vorschnelles Handeln sind bei Ihnen kaum zu befürchten. Sie besitzen die Fähigkeit, sowohl nach Ihrem Gefühl als auch nach Ihrem Verstand zu reagieren, d.h. Sie unterdrücken Ihre spontanen Regungen zwar nicht, geben ihnen aber auch nicht ohne Rücksicht auf Verluste nach. Sie schaffen es, in „brenzligen" Situationen einen „kühlen Kopf" zu bewahren, also Ihre Gefühle unter Kontrolle zu halten und Ihre Entscheidungen mehr nach Ihrem Verstand zu treffen. In weniger „lebenswichtigen" Dingen dagegen vertrauen Sie durchaus auf Ihre „innere Stimme" und reagieren ohne lange zu überlegen „aus dem Bauch heraus", auch auf die Gefahr hin, daß es möglicherweise die falsche Entscheidung ist. Damit befinden Sie sich auf dem „goldenen Mittelweg", wozu man Ihnen nur gratulieren kann!

18 bis 26 Punkte

Sie mißtrauen Ihrer „inneren Stimme" und lassen sie aus Angst vor möglichen Fehlentscheidungen nie „zu Wort kommen", d.h. Sie treffen Ihre Entscheidungen (fast) immer mit dem Verstand, sind also ein reiner „Vernunftsmensch". In vielen Situationen ist dies durchaus angebracht. Doch wer seine spontanen Regungen ständig unterdrückt und seine Gefühle nie nach außen dringen läßt, bringt sich um so manches Schöne im Leben und muß sich nicht wundern, wenn er von anderen als kalt und gefühlslos oder steif bezeichnet wird. Versuchen Sie deshalb in weniger „lebenswichtigen" Dingen öfter mal spontan „aus dem Bauch heraus" zu entscheiden.

Sind Sie anfällig für Streß?

„Streß laß nach!", „Ich bin total im Streß!", diese Sätze bekommen wir fast täglich zu hören oder rufen sie selbst aus. Sind Sie durch Streß (Druck, Anspannung, erhöhte Beanspruchung und Belastung physischer und/oder psychischer Art) in Ihrer Gesundheit gefährdet?

Wie oft sind Sie in der letzten Woche zu spät aufgestanden und mußten deshalb ohne Frühstück zur Arbeit hetzen?

- Einmal (1)
- Mindestens dreimal (0)
- Überhaupt nicht (2)

Wie stark stört Sie der Lärm an einem Autobahnparkplatz?

- Etwas (1)
- Sehr (0)
- Eigentlich überhaupt nicht (2)

Wie fühlen Sie sich im Normalfall nach einem Arbeitstag?

- Ziemlich müde, doch für das Fernsehprogramm „vor acht" reicht meine Energie noch. (1)
- Total groggy – ich will nur noch unter die Dusche und ins Bett. (0)
- Nach dem Duschen und dem Abendessen bin ich eigentlich meist wieder fit für die Disco. (2)

Wie oft denken Sie pro Tag an Ihr überzogenes Bankkonto?

- Nicht so oft – vor allem beim Einkaufen (1)
- Mindestens 10mal – eigentlich ständig (0)
- Nur, wenn ich mir Bargeld am Automaten hole (2)

Haben Sie ein schlechtes Gewissen, wenn Sie sich, anstatt am Wochenende die anstehende Arbeit in Haus und Garten zu erledigen, in der Sonne aalen?

- Manchmal schon (1)
- Ja, meistens (0)
- Nein, sollte ich? (2)

Wieviele Stunden schlafen Sie normalerweise „am Stück", d.h. ohne aufzuwachen?

- Drei bis vier (1)
- Kaum mehr als zwei (0)
- Sechs bis acht (2)

Wie oft wachen Sie in etwa pro Jahr nach einem Alptraum schweißgebadet auf?

- Vielleicht zwei- bis dreimal (1)
- Fast täglich (0)
- Nie – ich träume zwar, aber von recht angenehmen Dingen. (2)

Welche Beschreibung trifft am ehesten für Ihren Jahresurlaub zu?

- Zur Hälfte Wohnungs-Renovierung und Auslandsreise (1)
- Wohnungs-Renovierung, Umzug, Arzttermine, Schwarzarbeit (0)
- Schwimmbad, Radfahren, Lesen oder ähnliches, Verwandtenbesuche, eventuell Auslandsreise (2)

Wie fühlen Sie sich, wenn Sie gegen einen Ihrer eigenen Lebensgrundsätze verstoßen haben?

- Geht so (1)
- Total schlecht (0)
- Beschwingt (2)

Sie merken donnerstags, daß Sie Ihr für diese Woche selbstgestecktes Arbeitspensum wahrscheinlich nicht schaffen werden. Und nun?

- Ich arbeite konzentriert weiter und werde die Arbeit notfalls am Wochenende zu Ende bringen. (1)
- Ich werde total nervös und kann mich nun schon gar nicht mehr konzentrieren. (0)
- Ich arbeite konzentriert weiter; was ich nicht schaffe, bringe ich eben nächste Woche zu Ende. (2)

Wie lange liegen Sie normalerweise in der Badewanne?

- Etwa 15 Minuten (1)
- Höchstens fünf Minuten (0)
- Bis zu 30 Minuten (2)

Lassen Sie sich leicht von der schlechten Laune anderer anstecken?

- Ab und zu (1)
- Leider ja (0)
- Eigentlich nicht (2)

Wie oft haben Sie abends das Gefühl, tagsüber zu viel Zeit mit unwichtigen Dingen „verplempert" und dadurch die meisten wichtigen Aufgaben vernachlässigt zu haben?

- Gelegentlich (1)
- Sehr oft (0)
- Eigentlich nie (2)

Stört es Sie, wenn andere sehr langsam sprechen oder Dinge, die man eigentlich mit einem Satz zum Ausdruck bringen könnte, ausführlich behandeln?

- Ein bißchen (1)
- Sehr (0)
- Nein (2)

Wie oft kommen Sie zu Terminen „auf den letzen Drücker" oder zu spät?

- Gelegentlich (1)
- Fast immer (0)
- Fast nie (2)

Wie reagieren Sie, wenn Sie von anderen kritisiert werden?

- Sachlich (1)
- Gereizt (0)
- Gelassen (2)

Macht Sie längeres Warten an einem Postschalter nervös?

- Manchmal ja (1)
- Ja, sehr (0)
- Meistens nicht (2)

Wie oft haben Sie das Gefühl, daß Ihnen die Zeit „davonläuft"?

- Gelegentlich (1)
- Eigentlich ständig (0)
- Höchst selten (2)

Wie wichtig ist es Ihnen, daß die „anderen" gut von Ihnen denken?

- Weniger wichtig (1)
- Sehr wichtig (0)
- Interessiert mich nicht (2)

Üben Sie einen Nebenjob aus?

- Nur manchmal (1)
- Ja (0)
- Nein (2)

„Flippen“ Sie schon wegen Kleinigkeiten aus?

- Manchmal (1)
- Sehr oft (0)
- Eigentlich nie (2)

Wie fühlen Sie sich normalerweise nach sechs bis acht Stunden Schlaf?

- Mal gut, mal schlecht (1)
- Meistens nicht sehr gut (0)
- Meistens super (2)

Wirkt herzhaftes Lachen anderer ansteckend auf Sie, auch wenn Sie gar nicht wissen, worum's geht?

- Manchmal (1)
- Bestimmt nicht! (0)
- Ja (2)

Haben Sie oft Kopfschmerzen?

- Manchmal (1)
- Ja (0)
- Nein (2)

Müssen Sie, um einschlafen zu können, „Schäfchen zählen“ oder zu Schlafmitteln greifen?

- Selten (1)
- Ziemlich oft (0)
- Nie (2)

Möchten Sie in allem immer ein bißchen besser sein als andere?

- Nein (2)
- Ja (0)

Würden Sie sich selbst als Perfektionisten bezeichnen?

- Eher nein (1)
- Ja (0)
- Bestimmt nicht! (2)

0 bis 17 Punkte

Sie stehen unter Dauerstreß! Es besteht die Möglichkeit, daß Ihre Gesundheit ernsthaft gefährdet ist. Beginnen Sie noch heute damit, „Streß abzubauen", d.h. alles, das Sie als „nervend" empfinden und selbst abstellen können, auch wirklich abschaffen. Versuchen Sie, Ihre Lebenseinstellung grundlegend zu ändern! Treten Sie insgesamt etwas kürzer, und sehen Sie das Leben nicht nur als Daseinskampf an. Schrauben Sie die Erwartungen an sich selbst (und andere) ein wenig zurück, und legen Sie auch nicht allzu großen Wert darauf, was die anderen von Ihnen denken. Machen Sie aber nicht den Fehler, Ihr Leben sozusagen von heute auf morgen vollkommen „umkrempeln" zu wollen, das verursacht nur neuen Streß. Eine Möglichkeit, die „Sache" in den Griff zu kriegen, wäre z.B. das Erlernen von Entspannungstechniken (Yoga o.ä.). Oder haben Sie Lust, Ihre „persönlichen Streßauslöser" zusammen mit anderen „Streßkandidaten" unter der Obhut eines Experten herauszufinden und abzubauen? Vielerorts werden inzwischen von den Krankenkassen bzw. Volkshochschulen „Streßseminare" angeboten.

18 bis 36 Punkte

In die Kategorie „Dauerstreßkandidat" fallen Sie zwar nicht, doch als „streßlos" könnte man Sie ebenfalls nicht bezeichnen. Sie haben Streß – „positiven", indem Sie sich der Herausforderung stellen, Ihre Ziele zu erreichen, und „negativen" aufgrund von Ärger und Sorgen. Sie scheinen in der Regel jedoch mit diesem Alltagsstreß einigermaßen „klarzukommen", d.h., Sie sind in der Lage auch mal „alle Fünfe gerade" sein zu lassen, Nachsicht mit sich selbst und anderen zu üben und abzuschalten. Trotzdem sollten Sie Ihre „persönlichen Streßauslöser" herausfinden und nach Möglichkeit aus der Welt schaffen, d.h., alles, das Sie als „stressig" empfinden und selbst abstellen können (z.B. überflüssigen Streit) auch wirklich abschaffen. Versuchen Sie nach dem Grundsatz „Mens sana in corpore sano – Ein gesunder Geist in einem gesunden Körper" zu leben. Achten

Sie in Zukunft noch mehr auf Ihre Gesundheit, indem Sie sich sooft wie möglich „Auszeiten“, also Erholungszeiten, gönnen, und betreiben Sie darüber hinaus Ausgleichssport (Schwimmen, Radfahren, Joggen o.ä.).

37 bis 54 Punkte

Ihre Mitmenschen beneiden Sie wahrscheinlich oft um Ihre Ruhe und Ausgeglichenheit. Streß scheint für Sie ein Fremdwort zu sein, bzw. Sie lassen gesundheitsschädlichen Streß erst gar nicht an Sie herankommen. Sicherlich haben auch Sie Ihre Probleme und Sorgen, doch reagieren Sie darauf in der Regel wesentlich gelassener als andere, lassen sich nicht von ihnen „auffressen“. Sie sagen sich wahrscheinlich, daß alles im Leben schon irgendwie seine Richtigkeit hat und besitzen dadurch die Fähigkeit mit Fehl- und Rückschlägen fertig zu werden, indem Sie sie als Chance für einen Neuanfang betrachten. Zu dieser Lebenseinstellung kann man Ihnen nur gratulieren, vorausgesetzt natürlich, Sie haben die Testfragen auch tatsächlich vollkommen ehrlich beantwortet. Um ganz sicher zu gehen, sollten Sie den Test vielleicht noch einmal mit jemandem wiederholen, der Sie sozusagen „in und auswendig“ kennt und auf dessen „unparteiisches“ Urteil Sie sich verlassen können.

Beruf

Wie ehrgeizig sind Sie?

„Streng dich doch etwas mehr an, sei doch ein bißchen ehrgeiziger!" Mußten auch Sie diesen Satz von Ihren Eltern über sich ergehen lassen, oder gehörten Sie schon als Kind zu jenen, die in allem besser sein wollen als Ihre Mitmenschen? Und wie stehen Sie heute zum Thema Ehrgeiz?

Bei der Vereinsmeisterschaft machen Sie den zweiten Platz. Das ...

- ist mir egal (1)
- freut mich (0)
- ärgert mich (2)

Welche Redewendung entspricht am ehesten Ihrer Lebenseinstellung?

- Es ist noch kein Meister vom Himmel gefallen. (1)
- Der Mensch denkt, Gott lenkt. (0)
- Was du heute kannst besorgen, das verschiebe nicht auf morgen. (2)

Wie sehr stört es Sie, Überstunden machen zu müssen?

- Etwas (1)
- Sehr (0)
- Überhaupt nicht (2)

Trifft der Satz „Alles, was ich mache, möchte ich perfekt machen" auf Sie zu?

- In manchen Dingen ja (1)
- Bestimmt nicht! (0)
- Ja (2)

Wie oft sagt man zu Ihnen: „Sei doch nicht so stur!"

- Selten (1)
- Nie (0)
- Ziemlich oft (2)

Sie können die Karriereleiter um eine Stufe nach oben klettern. Der Haken bei der Sache: Sie müssen in eine 500 Kilometer von Ihrem jetzigen Wohnort entfernte Stadt umziehen. Was machen Sie?

- Ich werde mit meiner Frau eine „Krisensitzung" abhalten; den Job nehme ich nur an, wenn auch sie damit einverstanden ist. (1)
- Ich bleibe wo ich bin; mein jetziges Zuhause und meine Freunde sind mir wichtiger. (0)
- Ich nehme sofort an; solch eine Gelegenheit bekommt man nur einmal im Leben. (2)

Wie wichtig ist es Ihnen, sich mit Ihren Kollegen gut zu verstehen?

- Ist mir ziemlich egal (2)
- Wichtig (0)

Ihr Vorgesetzter kommt ins Büro und rügt Ihre Kollegin wegen einer Arbeit, die Sie wahrscheinlich ganz genauso gemacht hätten. Ergreifen Sie Partei für Ihre Kollegin?

- Wahrscheinlich (1)
- Auf jeden Fall! (0)
- Bin ich verrückt? (2)

Sind Sie mit sich selbst ärgerlich, wenn Sie ein gestecktes Ziel nicht oder zu spät erreichen?

- Ein bißchen schon, aber es ist ja noch nicht aller Tage Abend. (1)
- Weniger; vielleicht klappt's ja beim nächsten Mal. (0)
- Ja, sehr (2)

Wollten Sie schon als Kind immer in allem der Beste/die Beste sein?

- In manchen Dingen ja, in anderen weniger (1)
- Soweit ich mich erinnern kann, war mir das meist ziemlich egal. (0)
- Ja, meine Mutter konnte mich meist nur schwer beruhigen, wenn ich z.B. beim Sportfest schlechter abschnitt als die anderen. (2)

Was ist Ihnen wichtiger?

- Karriere (2)
- Familie (0)

Wie oft benutzen Sie den Satz „Das kann ich nicht"?

- Eher selten (1)
- Ziemlich oft (0)
- Habe ich aus meinem Vokabular schon lange gestrichen. (2)

Sind Sie ein guter Verlierer bei „Mensch-ärgere-dich-nicht"?

- Kommt drauf an, wie oft ich verliere. (1)
- Ja, das macht mir nichts aus; ist doch nur ein Spiel. (0)
- Nein, ganz und gar nicht! (2)

Wie oft verwenden Sie die Redewendung „Zeit ist Geld"?

- Selten (1)
- Nie (0)
- Ziemlich oft (2)

Sie haben die Möglichkeit, an einem zweijährigen nebenberuflichen Fortbildungskurs teilzunehmen. An Kosten kämen rund € 1.500 auf Sie zu. Nehmen Sie diese Strapazen auf sich?

- Vielleicht (1)
- Nein (0)
- Ja (2)

Wer sich um einen Ausbildungsplatz oder eine neue Stelle bewirbt, muß sich heute oft mit von Psychologen ausgeklügelten Tests „herumschlagen". Sind Sie der Meinung, daß man sich darauf effektiv vorbereiten kann?

- Zum Teil (1)
- Nein (0)
- Ja (2)

Was halten Sie von Kompromissen?

- Gelegentlich die beste Lösung (1)
- Viel (0)
- Gar nichts (2)

Glauben Sie, es gibt Menschen, die Angst vor Ihnen haben?

- Ich glaube nicht (1)
- Bestimmt nicht (0)
- Schon möglich (2)

Wie oft wirft Ihnen Ihre Lebenspartnerin/Ihr Lebenspartner vor, Sie seien nicht mit ihr/ihm, sondern mit Ihrem Beruf verheiratet?

- Manchmal (1)
- Eigentlich nie (0)
- Ziemlich oft (2)

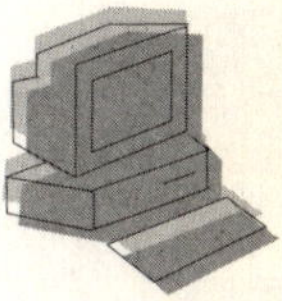

Welche der drei schlechten Eigenschaften stört Sie bei Ihren Mitmenschen am meisten?

- Rücksichtslosigkeit (1)
- Egoismus (0)
- Faulheit (2)

Wie fühlen Sie sich, wenn Sie gegen einen Ihrer eigenen Lebensgrundsätze verstoßen haben?

- Total schlecht (2)
- Geht so (0)

Durch Zufall bekommen Sie mit, daß sich einer Ihrer Kollegen bei einer anderen Firma um einen besser bezahlten Job bewerben will. Folgen Sie seinem Beispiel?

- Möglicherweise (1)
- Nein (0)
- Ja (2)

Geben Sie einen Fehler offen zu?

- Ungern (1)
- Meistens ja (0)
- Kaum (2)

0 bis 14 Punkte

Eine „Kämpfernatur" kann man Sie gerade nicht nennen. Sie brauchen Ruhe und Frieden um sich herum. Deshalb gehen Sie die meisten Dinge im Leben ohne allzu großen Ehrgeiz an. Höchstleistungen nach dem Motto der Olympischen Spiele „Höher, besser, schneller" sind für Sie weder im Beruf noch im privaten Bereich erstrebenswert. Sie müssen nicht immer und überall der Beste/die Beste sein, sondern geben sich auch mit einer „Bronzemedaille" zufrieden. Zwar haben auch Sie Ihre Ziele und Wünsche, aber diese um jeden Preis oder gar auf Kosten anderer zu erreichen, ist nicht Ihre Art. Leider sind Ihre Mitmenschen zumeist jedoch nicht so rücksichtsvoll wie Sie und drängen Sie wahrscheinlich ziemlich oft aus dem Rennen. Vielleicht sollten Sie künftig doch ein bißchen mehr Elan aufbringen und im Notfall auch Ihre Ellenbogen gebrauchen, wenn es darum geht, Ihre berechtigten Interessen durchzusetzen.

15 bis 31 Punkte

Sie haben eine ganz genaue Vorstellung davon, was Sie im Leben erreichen möchten, und verfügen auch über eine ausreichende Portion Ehrgeiz, um ans Ziel Ihrer Wünsche zu gelangen. Um Ihre Interessen durchzusetzen, machen Sie – wenn nötig – durchaus auch von Ihren Ellenbogen Gebrauch, allerdings ohne dabei über Leichen zu gehen. Karriere um jeden Preis ist ohnehin nicht Ihr Ziel, da Sie von Ihrem Beruf nicht „aufgefressen" werden, sondern auch noch genügend Zeit für Ihr Privatleben haben möchten. Übertriebenen Ehrgeiz legen Sie demnach nicht an den Tag.

32 bis 46 Punkte

Sie sind ein „Hochleistungssportler", der sich erst zufrieden gibt, wenn er auf dem Siegerpodest ganz oben steht. Sie möchten immer und überall der Beste/die Beste sein. Um auf der Karriereleiter stetig eine Stufe nach der anderen zu erklimmen, scheuen Sie keine Anstrengung und gehen wenn's sein muß – grob ausgedrückt – schon mal über Leichen. Rücksichtnahme auf andere, ob im Berufs- oder im Privatleben, gehört nämlich nicht gerade zu Ihren Stärken. Nichts gegen Ihren Ehrgeiz, aber Sie sollten Ihre Devise „Erfolg um jeden Preis" aufgeben, wenn Sie nicht irgendwann gänzlich ohne Freunde durchs Leben gehen möchten!

Besitzen Sie Führungsqualitäten?

Wünschen Sie sich manchmal auf dem Chefsessel zu sitzen? Mit diesem Test können Sie herausfinden, ob Sie über die dafür nötigen Qualitäten verfügen.

Können Sie Ihre Freunde meistens dazu überreden, Dinge zu tun, worauf Sie Lust haben?

- Manchmal schon (1)

- Ja, das gelingt mir meistens. (0)
- Nein, meistens versuche ich das auch gar nicht. (2)

Stört Sie Unpünktlichkeit?

- Weniger (1)
- Ja, sehr (0)
- Überhaupt nicht (2)

Paßt das Sprichwort „Ordnung ist das halbe Leben" zu Ihnen?

- Manchmal ja, manchmal nein (1)
- Nein, schon eher „Wer Ordnung hält, ist zu faul zum Suchen". (0)
- Meistens schon (2)

Wie lange hängt es Ihnen noch nach, wenn Ihnen eine Sache nicht gelungen ist?

- Kommt drauf an, wie wichtig die Sache war. (1)
- Ziemlich lange (0)
- Nicht lange (2)

Wie schnell treffen Sie wichtige Entscheidungen?

- Nicht so schnell (1)
- Das dauert. (0)
- Sehr schnell (2)

Schieben Sie Ihnen unangenehme Arbeiten bis zum „Geht-Nicht-Mehr" vor sich her?

- Ja, kommt schon mal vor. (1)
- Ja, leider ziemlich oft. (0)
- Nein, ich lebe nach der Devise „Zuerst die Arbeit, dann das Vergnügen". (2)

Lassen Sie sich leicht durch irgendetwas oder -jemandem von Ihrer Arbeit ablenken?

- Kommt auf die Arbeit an. (1)
- Leider ja (0)
- Kommt höchst selten vor. (2)

Haushalt, Familie und Beruf. Läßt sich das alles „unter einen Hut bringen“?

- Über einen gewissen Zeitraum ja. (1)
- Ich halte das für eine nicht realisierbare Wunschvorstellung. (0)
- Bei richtiger Organisation sicher. (2)

Sie geraten plötzlich in eine peinliche Lage. Wie reagieren Sie darauf?

- Ich gehe darüber hinweg. (1)
- Ich bin sprachlos und bekomme einen roten Kopf. (0)
- Ich mache das Beste daraus. (2)

Merken Sie sich alles im Kopf oder machen Sie sich sicherheitshalber Notizen?

- Je nachdem (1)
- Ich versuche, mir alles zu merken. (0)
- Ich schreibe alles auf. (2)

Leisten Sie auch unter Zeitdruck noch gute Arbeit?

- Eher weniger (1)
- Leider nein (0)
- Ja (2)

Wie oft verwenden Sie die Redewendung „Zeit ist Geld“?

- Gelegentlich (1)

- Nie (0)
- Ziemlich oft (2)

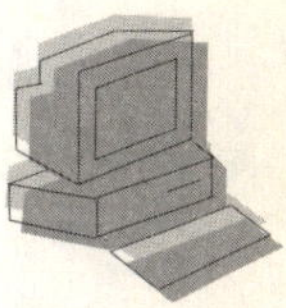

Gehen Sie Menschen, die Ihnen unsympathisch sind, möglichst aus dem Weg?

- Nein (2)
- Ja (0)

Wie sehr stört es Sie, länger arbeiten zu müssen?

- Ziemlich (1)
- Sehr (0)
- Überhaupt nicht (2)

Gajus Julius Cäsar soll ja angeblich fähig gewesen sein, drei Dinge auf einmal zu erledigen. Schaffen Sie das auch?

- Kommt drauf an; sind alle drei Dinge gleich wichtig, dann wohl eher nicht. (1)
- Bin ich Cäsar? (0)
- Kein Problem! (2)

Ist es Ihnen zuwider, wenn Sie eine Aufgabe nicht alleine bewältigen können?

- Manchmal schon (1)
- Ja sehr; ich mache nach Möglichkeit alles selbst; dann weiß ich wenigstens, daß es auch richtig ist. (0)
- Nein (2)

Haben Sie die Namen, Adressen, Telefonnummern und Geburtstage Ihrer Bekannten und Verwandten aufgeschrieben?

- Teilweise (1)
- Nein (0)
- Ja (2)

Über Abwesende wird gerne mal „hergezogen". Angenommen, Sie selbst sind das „Opfer". Stört Sie das?

- Ein bißchen schon (1)
- Ja, sehr (0)
- Ist mir egal – was ich nicht weiß, macht mich nicht heiß. (2)

Werden Sie von anderen oft um Rat gebeten?

- Manchmal (1)
- Eigentlich nie (0)
- Sehr oft (2)

Stehen Sie gerne im Rampenlicht?

- Kommt auf die Situation an. (1)
- Nein, ganz und gar nicht! (0)
- Sehr gerne (2)

Merkt man es Ihnen sofort an, wenn Sie innerlich erregt sind?

- Manchmal schon (1)
- Mit Sicherheit (0)
- Nein, da müßte schon eine Katastrophe passiert sein. (2)

Wie oft benutzen Sie den Satz „Das kann ich nicht"?

- Eher selten (1)
- Ziemlich oft (0)
- Habe ich aus meinem Vokabular schon lange gestrichen. (2)

Sie haben etwas gekauft, das entweder fehlerhaft ist oder Ihnen, sobald Sie zuhause sind, absolut nicht mehr gefällt. Ist es Ihnen zuwider, das Erstandene zurückzubringen und um Rückerstattung des Geldes zu bitten?

- Kommt drauf an (1)

- Ja (0)
- Nein (2)

Wie oft halten Sie sich an das Motto „Wer nicht wagt, der nicht gewinnt"?

- Gelegentlich (1)
- Eigentlich nie (0)
- Immer (2)

Fällt es Ihnen schwer, mit Fremden ins Gespräch zu kommen?

- Manchmal (1)
- Immer (0)
- Ganz und gar nicht (2)

Halten Sie sich selbst für einen guten Zuhörer?

- Kommt drauf an. (1)
- Eher nicht (0)
- Ja, schon (2)

Wie wichtig ist es Ihnen, daß die anderen „gut" von Ihnen denken?

- Weniger wichtig (1)
- Sehr wichtig (0)
- Interessiert mich nicht. (2)

Könnten Sie sich vorstellen, sehr oft „aus dem Koffer" leben zu müssen?

- Wenn's unbedingt sein muß. (1)
- Nein, ich brauche meine gewohnte Umgebung. (0)
- Ja, würde mir nicht das Geringste ausmachen. (2)

Angenommen, Sie sind seit Jahren Verkäufer in der Abteilung für Herrenbekleidung. Könnten Sie sich vorstellen, von heute auf morgen für eine erkrankte Kollegin in der Schuhabteilung einzuspringen?

- Weiß nicht (1)
- Keinesfalls (0)
- Warum nicht? (2)

Haben Sie vor, demnächst an der Börse mit Aktien zu spekulieren?

- Weiß noch nicht recht. (1)
- Definitiv nein – lieber den Spatz in der Hand, als die Taube auf dem Dach. (0)
- Ja, es ist schließlich die einzige Möglichkeit, eine einigermaßen hohe Rendite zu erzielen. (2)

Was halten Sie von Kompromissen?

- Wenig (1)
- Überhaupt nichts (0)
- Viel (2)

Bezeichnen Sie sich selbst als ein „kreatives Geschöpf"?

- In manchen Dingen ja (1)
- Bestimmt nicht (0)
- Eigentlich ja (2)

Die elektronische Medienwelt – fasziniert Sie das?

- Manchmal, aber in Maßen (1)
- Überhaupt nicht (0)
- Ja, sehr (2)

Könnten Sie sich vorstellen, als deutscher Botschafter in einem afrikanischen Staat zu fungieren?

- Eher nein (1)

- Ausgeschlossen! (0)
- Ja, das wäre eine echte Herausforderung für mich. (2)

Hand aufs Herz. Kann man Sie „leicht auf die Palme bringen"?

- Manchmal ja (1)
- Ja, leider (0)
- Eigentlich nicht (2)

Empfinden Sie diesen Test als zu lang?

- Geht so (1)
- Ja (0)
- Nein (2)

0 bis 23 Punkte

Organisation und Planung scheinen ebensowenig zu Ihren Stärken zu zählen wie Pünktlichkeit, Ausdauer, Risikobereitschaft, Kommunikationsfähigkeit, Einfühlungsvermögen, Spontaneität und Flexibilität. Leider sind diese Eigenschaften aber für eine Führungsposition unerläßlich. Sollten Sie ernsthaft vorhaben, in die Chefetage eines Unternehmens aufzusteigen, müßten Sie sehr hart an sich selbst arbeiten und viele Ihrer bisherigen Gewohnheiten aufgeben. Da Ihre Devise jedoch eher „Arbeiten um zu leben" und nicht etwa „Leben um zu arbeiten" zu sein scheint, d.h. Sie legen großen Wert darauf, genügend Zeit für Ihr Privatleben zu haben, kann man Ihnen jedoch nur raten: „Schuster, bleib bei deinem Leisten".

24 bis 48 Punkte

Sie haben durchaus Talent für einen Posten in der Chefetage. Allerdings müßten Sie, falls Sie dies ernsthaft in Erwägung ziehen, bereit sein, an sich selbst zu arbeiten. In Ihnen „schlummern" zwar recht gute Führungsqualitäten wie etwa Risikobereitschaft, Flexibilität, Einfühlungsvermögen, Spontaneität, Kommunikationsfähigkeit, Teamgeist usw., aber Sie haben sie bisher noch nicht an die „Oberfläche" geholt. Mit anderen Worten: Sie müßten gegen Ihre „Schwachstellen" ankämpfen und darüber hinaus auf viele Ihrer bisherigen Lebensgewohnheiten verzichten, z.B. auf einen Teil

Ihrer Freizeit. Deshalb sollten Sie als erstes mit sich selbst abklären, wieviel Ihnen ein Chefsessel tatsächlich bedeutet, ob er Ihnen all diese Strapazen im Endeffekt auch wirklich wert ist.

49 bis 72 Punkte

Hut ab! Sie haben wirklich das Zeug zum Manager. Sie verfügen über genügend „soziale Kompetenz", d.h. Sie sind selbstbewußt und selbstkritisch, risikofreudig und kreativ, können planen und organisieren, sind spontan und allem Neuem gegenüber aufgeschlossen und interessiert, belastbar und hochmotiviert. Sie schaffen es, Ihre Gefühle unter Kontrolle halten, und dank Ihres Einfühlungsvermögens können Sie auch sehr gut mit anderen kommunizieren, finden also problemlos den richtigen „Draht" zu Ihren Mitmenschen. Alles Qualitäten, die für eine Führungspositition wichtig sind. Einem Aufstieg in die Chefetage steht demnach nichts im Wege. Also packen Sie's an – es gibt viel zu tun!

Besitzen Sie Kreativität?

Sicher haben Sie in diversen Stellenangeboten schon gelesen „Kreativität erwünscht" und sich möglicherweise gefragt, ob Sie selbst wohl eine Chance hätten mit einer Bewerbung.

Welcher Lehrberuf würde Ihnen eher zusagen?

- Deutschlehrer (1)
- Mathelehrer (0)
- Zeichenlehrer (2)

Verpacken Sie Ihre Geschenke gerne originell, sozusagen passend zum Beschenkten?

- Höchst selten (1)
- Nein, da fällt mir nichts ein. (0)
- Ja, da habe ich immer eine tolle Idee. (2)

Sie können sich zum Geburtstag ein Buch aussuchen. Für welches entscheiden Sie sich?

- Liebesroman (1)
- Lexikon (0)
- Science-Fiction-Roman (2)

Rufen Sie Ihren Partner/Ihre Partnerin mit Kosenamen?

- Ja (2)
- Nein (0)

Sie kochen ein neues Rezept nach und merken plötzlich, daß Ihnen einige Zutaten fehlen. Was machen Sie?

- Ich laufe zur Nachbarin oder fahre in die Stadt und besorge mir die fehlenden Zutaten. (1)
- Weiß nicht (0)
- Ich improvisiere und ersetze die fehlenden Zutaten nach Möglichkeit durch andere. (2)

Könnten Sie sich vorstellen, im Kindergarten für eine Erzieherin kurzfristig einzuspringen?

- Vielleicht, wenn ich so eine Art Spielebuch zu Rate ziehen könnte. (1)
- Nein; ich wüßte beim besten Willen nicht, was ich mit den Kindern machen sollte. (0)
- Das würde mir Spaß machen! Sicher fällt mir spontan eine Menge zum Spielen, Singen oder Basteln ein. (2)

Haben Sie schon mal versucht, ein Bild für Ihre Wohnung zu malen?

- Ja, aber aufgehängt hab ich's nicht. (1)
- Nein (0)
- Ja, ich zeichne und male sehr gerne, und hinter Glas sehen meine „Werke“ gar nicht mal so übel aus. (2)

In der Laien-Schauspielgruppe ist wegen der Erkrankung einer Darstellerin eine kleine Nebenrolle umgehend zu besetzen. Springen Sie ein, obwohl Sie vom Schauspielern eigentlich keine Ahnung haben?

- Ich kann's ja mal probieren. (1)
- Nein, das ist nichts für mich! (0)
- Natürlich, irgendwie kriege ich das schon hin. (2)

Was schenken Sie Ihrer besten Freundin zum Geburtstag?

- Ein Kleidungsstück (1)
- Einen Gutschein, dann kann sie sich selbst etwas aussuchen. (0)
- Etwas, das ich selbst fabriziert habe (2)

Gehen Sie gerne zu Maskenbällen?

- Weniger, ich komme mir da ziemlich blöd vor. (1)
- Nein, da weiß ich nie, was ich anziehen könnte. (0)
- Ja sehr, da kann ich mich endlich mal wieder in eine Phantasiefigur verwandeln. (2)

Schreiben Sie gerne Briefe oder führen Sie ein Tagebuch?

- Ja (2)
- Nein (0)

Spielen Sie ein Instrument?

- Ja, aber nur schlecht (1)
- Nein (0)
- Ja (2)

Handarbeiten oder basteln Sie gerne?

- Ab und zu (1)
- Nein (0)
- Ja (2)

Würden Sie gerne an einem Töpfer, Näh- oder Malkurs teilnehmen oder sich im Schnitzen oder Schreinern versuchen?

- Sehr gerne (2)
- Nein (0)

Arrangieren Sie gerne Blumen in einer Vase?

- Ja (2)
- Nein (0)

Wie oft haben Sie das Bedürfnis, Ihre Wohnung „umzumodeln", d.h. Möbel umzustellen, neu zu dekorieren usw.?

- Manchmal (1)
- Eigentlich nie (0)
- Ziemlich oft (2)

Sie bekommen einen Welpen geschenkt und müssen ihn nun taufen. Fällt es Ihnen leicht, einen passenden Namen zu finden?

- Ja, wahrscheinlich fällt mir auf Anhieb was Ausgefallenes ein. (2)
- Nein, ich entscheide mich für einen „typischen" Hundenamen oder frage jemanden anderen. (0)

Können Sie aus den Begriffen „Mädchen, Hund, Puppe, Wiese" ein Märchen „zaubern"?

- Kein Problem! (2)
- Nein (0)

0 bis 11 Punkte

Kreativität scheint tatsächlich nicht gerade zu Ihren Stärken zu zählen. Als eher nüchterner und sachlicher Mensch fühlen Sie sich in einem reinen „Denk"-Beruf wahrscheinlich am wohlsten. Möglicherweise waren Ihnen in Ihrer Schulzeit die Fächer „Werken" und „Handarbeiten" derart verhaßt, daß Sie noch heute mit Grauen daran denken und deshalb vor künstlerischer Betätigung zurückschrecken. Das heißt aber noch lange nicht, daß Sie es nicht könnten. Mit Sicherheit stecken auch in Ihnen kreative Seiten, denen Sie nur noch nicht auf die „Schliche" gekommen sind.

12 bis 24 Punkte

In Ihnen steckt ein noch weit größeres Potential an Kreativität als Sie glauben. Sie müssen Ihre zweifellos vorhandenen Talente nur noch etwas mehr ausbauen und sich selbst erlauben, Ihrer Phantasie freien Lauf zu lassen. Möglicherweise sind Sie nämlich der Meinung, daß die Ausübung eines künstlerischen Hobbys reine Zeitvergeudung ist. Das ist aber keineswegs der Fall! Also, stellen Sie Ihr Licht nicht unter den Scheffel, und gehen Sie mutig ans Werk. Vor allem aber: Lassen Sie sich nicht von irgendwelchen „Experten-Urteilen" aus dem Konzept bringen! Hauptsache, Ihnen gefallen Ihre „Kreationen". Über Geschmack läßt sich bekanntlich (nicht) streiten! Was der eine als Kitsch bezeichnet, ist für den anderen Kunst, oder umgekehrt.

25 bis 36 Punkte

Sie sind der ideale Mann/die ideale Frau für einen Beruf, der Kreativität voraussetzt, da Sie ein großes schöpferisches Potential besitzen. Ihre Phantasie ist unbegrenzt, und Sie sprühen nur so vor Ideen, die Sie immer am liebsten auf der Stelle in die Tat umsetzen möchten. Leider hat jedoch auch für Sie der Tag nur 24 Stunden, und deshalb geraten Sie manchmal ganz schön ins Schleudern. Da gibt's nur eine Lösung: Alles schön der Reihe nach angehen, auch wenn's schwer fällt. Sie können nicht alles auf einmal bewerkstelligen! Konzentrieren Sie Ihre Kreativität immer auf ein konkretes Ziel, sonst verpuffen Sie nur unnötig Energie. Und vor allem: Lassen Sie Ihren weniger einfallsreichen und nicht ganz so flexiblen Mitmenschen etwas mehr Zeit, sich mit Ihren Ideen „anzufreunden".

Sind Sie ein Planungsgenie?

Organisationsvermögen ist eine der Hauptfähigkeiten, die für einen Führungsjob unerläßlich sind. Besitzen Sie genügend davon?

Wie oft sind Sie den ganzen Tag aktiv, haben aber abends die wichtigen Dinge doch nicht erledigt?

- Gelegentlich (1)
- Sehr oft (0)
- Nie (2)

Stört Sie Unpünktlichkeit?

- Kommt drauf an (1)
- Nein (0)
- Sehr (2)

Wissen Sie immer, wieviel Geld Sie dabeihaben?

- So ungefähr (1)
- Nein (0)
- Ja (2)

Sind Sie ein Schnäppchenjäger?

- Manchmal schon (1)
- Interessiert mich nicht (0)
- So oft wie möglich (2)

Planen Sie Ihren Jahresurlaub sehr genau?

- Meistens (1)
- Nein (0)
- Immer (2)

Planen Sie Ihr Wochenende und sonstige Freizeitaktivitäten im voraus?

- Gelegentlich (1)
- Nein (0)
- Ja (2)

Wie oft verwenden Sie die Redewendung „Zeit ist Geld"?

- Gelegentlich (1)
- Nie (0)
- Ziemlich oft (2)

Welches Sprichwort entspricht am ehesten Ihrem Wesen?

- Mach es wie die Sonnenuhr – zähl die heitren Stunden nur. (1)
- Dem Glücklichen schlägt keine Stunde. (0)
- Jugend und verlorene Zeit kommt nicht wieder in Ewigkeit. (2)

Wie oft kommen Sie zu Terminen „auf den letzen Drücker" oder zu spät?

- Gelegentlich (1)
- Fast immer (0)
- Fast nie (2)

Wie oft haben Sie das Gefühl, daß Ihnen die Zeit „davonläuft"?

- Gelegentlich (1)
- Eigentlich ständig (0)
- Höchst selten (2)

Paßt das Sprichwort „Ordnung ist das halbe Leben" zu Ihnen?

- Manchmal ja, manchmal nein (1)
- Nein, schon eher „Wer Ordnung hält, ist zu faul zum Suchen". (0)
- Meistens schon (2)

Stört es Sie, wenn unangemeldeter Besuch bei Ihnen „hereinschneit"?

- Manchmal schon (1)
- Ganz und gar nicht (0)
- Ja, sehr (2)

Würden Sie sich selbst als Perfektionisten bezeichnen?

- Eher nein (1)
- Bestimmt nicht! (0)
- Ja (2)

Wie sieht's normalerweise auf Ihrem Schreibtisch aus?

- Mal ordentlich, mal schlampig (1)
- Wie auf einem Schlachtfeld (0)
- Ordentlich (2)

Welche Redewendung entspricht am ehesten Ihrer Lebenseinstellung?

- Es ist noch kein Meister vom Himmel gefallen. (1)
- Der Mensch denkt, Gott lenkt. (0)
- Was du heute kannst besorgen, das verschiebe nicht auf morgen. (2)

Macht es Ihnen Spaß, sich um alles Nötige für eine Geburtstagsfeier oder Party zu kümmern?

- Nur für einen kleinen Personenkreis (1)
- Nein, dafür bin ich wohl nicht so der/die richtige. (0)
- Ja, da bin ich so richtig in meinem Element. (2)

Behalten Sie beim Einkauf im Supermarkt den Überblick, wieviel Sie in etwa an der Kasse zahlen müssen?

- Ich verschätze mich sehr selten, da ich immer im Kopf mitrechne. (1)
- Nein, ich hoffe jedesmal, daß ich auch genug Geld dabei habe. (0)
- Ja, ich habe grundsätzlich einen Taschenrechner dabei. (2)

Ist es Ihnen zuwider, wenn Sie eine Aufgabe nicht alleine bewältigen können?

- Manchmal schon (1)
- Ja sehr; ich mache nach Möglichkeit alles selbst; dann weiß ich wenigstens, daß es auch richtig ist. (0)
- Nein (2)

Haben Sie die Namen, Adressen, Telefonnummern und Geburtstage Ihrer Bekannten und Verwandten in Ihrem Organizer aufgeschrieben?

- Teilweise (1)
- Nein (0)
- Ja (2)

Ihr Sohn/Ihre Tochter braucht aus irgendeinem Anlaß das Familienstammbuch. Wie lange müssen Sie danach suchen?

- Nicht allzu lange; ich weiß zumindest, in welchem Schrank es sein müßte. (1)
- Ich hoffe, daß ich es überhaupt finde. (0)
- Überhaupt nicht; ich habe stets alle wichtigen Unterlagen griffbereit. (2)

Sie bekommen zum Geburtstag einen ziemlich teuren Organizer geschenkt. Freut Sie das?

- Nicht so besonders (1)
- Nein, was soll ich damit? (0)
- Ja sehr (2)

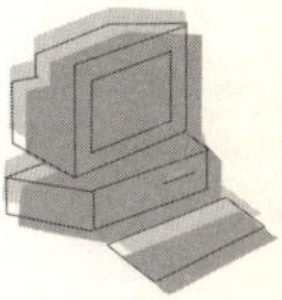

0 bis 14 Punkte

Allzu viel mit Planen und Organisieren haben Sie nicht am Hut. Sie fallen mehr in die Kategorie „liebevoller Chaot". Sie verlassen sich lieber auf Ihre spontanen Eingebungen denn auf genaue Vorausplanung. Dank Ihrer Flexibilität klappt das auch meist gar nicht mal so schlecht. Aber wo es darauf ankommt, künftige Entwicklungen abzuschätzen, kommen Sie schon manchmal „ins Schleudern" und handeln sich nicht selten sogar wirklichen Ärger ein. Auch wenn Ihnen Planung eher ein Greuel ist, sollten Sie künftig vielleicht versuchen, sich nicht zu sehr in Kleinigkeiten zu verzetteln und alle wichtigen Aufgaben als erstes zu erledigen. Wenn Sie das einigermaßen in den Griff bekommen, ersparen Sie sich und Ihren Mitmenschen eine Menge Streß. Das schaffen Sie doch mit links, oder etwa nicht? Zum Ordnungsfanatiker und Perfektionisten müssen Sie sich ja nicht gleich „umorganisieren".

15 bis 29 Punkte

Sie sind zwar nicht das absolute Planungsgenie, aber trotzdem: Alle Achtung! Wenn es sein muß, können Sie durchaus umsichtig und exakt planen und organisieren. Als „lockerer Organisator" ist es Ihnen allerdings wesentlich lieber, wenn Sie nicht gezwungen sind, alle Eventualitäten abzuwägen. Sie reagieren lieber spontan, zumindest was die nicht unbedingt „lebenswichtigen" Dinge anbelangt. Dank Ihres Improvisationstalents kommen Sie mit Ihrer Methode meistens auch recht gut über die Runden. Sie wissen sehr gut, wo's tatsächlich hapert und kämpfen dagegen an. Und wie heißt es doch so schön: „Selbsterkenntnis ist der erste Weg zur Besserung".

30 bis 44 Punkte

Organisation scheint tatsächlich eine Ihrer großen Stärken zu sein. Sie sind ja der reinste Perfektionist! Als vorsichtiger und wahrscheinlich eher etwas zurückhaltender Zeitgenosse unternehmen Sie kaum etwas, ohne zuvor das Für und Wider gegeneinander abgewägt zu haben. Sie schieben weder unangenehme Aufgaben vor sich her, noch verzetteln Sie sich in Unwichtigkeiten. Jede Kleinigkeit wird bei Ihnen möglichst lange im voraus kalkuliert. Man könnte fast meinen, Sie hätten sogar die Zeit für's „stille Örtchen" genau geplant. Doch Spaß beiseite! Ihre umsichtige Planung bewahrt Sie vor unangenehmen Überraschungen, allerdings auch vor positiven, die dem Leben doch manchmal erst die richtige Würze verleihen. Vielleicht sollten Sie zumindest in Ihrer Freizeit versuchen, nicht alles bis ins letzte Detail zu planen. Treffen Sie sich doch z.B. wieder einmal ganz spontan mit Freunden, die Sie manchmal für allzu unflexibel und pedantisch halten.

Sind Sie mit Ihrem Job zufrieden?

Jeder hat wahrscheinlich manchmal eine Phase, wo er am liebsten seinen Job an den Nagel hängen und sich etwas Neues suchen oder gar nach Australien auswandern möchte – aus welchem Grund auch immer. Die wenigsten tun's aber tatsächlich. Entweder aus Angst oder aber, weil man im Grunde mit seinem Arbeitsplatz eigentlich doch ganz zufrieden ist.

Wie oft studieren Sie die Stellenanzeigen in Ihrer Tageszeitung auf der Suche nach einem anderen Job?

- Gelegentlich (1)
- Nie (0)
- Immer (2)

Mein Gehalt finde ich im Verhältnis zu meinen Leistungen ...

- etwas zu niedrig. (1)
- angemessen. (0)
- viel zu niedrig. (2)

Wie kommen Sie mit Ihren Kollegen klar?

- So la-la (1)
- Sehr gut; wir unternehmen auch nach der Arbeit noch oft etwas zusammen. (0)
- Nicht gut; wir bekämpfen uns sozusagen gegenseitig. (2)

Ist Ihr Chef mit Ihrer Arbeit zufrieden?

- Ich denke schon. (1)
- Ja; ab und zu sagt er mir das auch. (0)
- In letzter Zeit mosert er dauernd an mir rum. (2)

Wie oft denken Sie über den möglichen Verlust Ihrer jetzigen Arbeitsstelle nach?

- Manchmal (1)
- Nie (0)
- Sehr oft (2)

Sind Sie „reif für die Insel"?

- Ja (2)
- Nein (0)

Wie fühlen Sie sich im Normalfall nach einem Arbeitstag?

- Ziemlich müde, doch für das Fernseheprogramm „vor acht" reicht meine Energie noch. (1)
- Nach dem Duschen und dem Abendessen bin ich eigentlich meist wieder fit für ein Rendezvous. (0)
- Total groggy – ich will nur noch unter die Dusche und ins Bett. (2)

Finden Sie, daß Ihre Arbeit aus langweiliger Routine besteht und Sie eigentlich nur wegen des Geldes arbeiten?

- Manchmal schon (1)
- Nein (0)
- Ja (2)

Würden Sie, wenn Sie noch einmal von vorne anfangen könnten, einen anderen Beruf erlernen?

- Vielleicht (1)
- Nein (0)
- Bestimmt! (2)

Macht es Ihnen etwas aus, ab und zu länger zu arbeiten?

- Ja (2)
- Nein (0)

Fühlen Sie sich in Ihrem Job über- oder unterfordert?

- Manchmal schon (1)
- Nein (0)
- Ja (2)

Sie haben einen Einfall, wie man einen Aufgabenbereich in Ihrer Firma optimieren könnte. Würde Ihr Chef sich ernsthaft mit dieser Idee auseinandersetzen?

- Weiß nicht (1)
- Ja (0)
- Nein; der rückt keinen Millimeter von seinem Standpunkt ab. (2)

Wie fühlen Sie sich morgens, wenn Sie an Ihre Arbeit denken?

- Mal gut, mal schlecht (1)
- Beschwingt (0)
- Total mies! (2)

Wie oft denken Sie sich morgens „Mein Gott! Wenn ich bloß schon wieder acht Stunden älter wäre!"?

- Manchmal (1)

- Nie (0)
- Täglich (2)

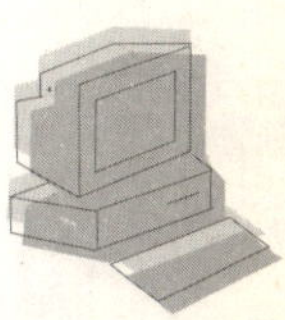

Ihre Firma muß Konkurs anmelden. Wie reagieren Sie?

- Der Firma an sich weine ich keine Träne nach; die Frage ist, ob ich wieder einen Job finden werde. (1)
- Ich bin traurig und frage mich, ob ich wohl je wieder so einen tollen Job finden werde. (0)
- Nicht schade drum! Kein anderer Job kann schlechter sein. (2)

Was fällt Ihnen ein, wenn Sie über die letzten sechs Monate in Ihrer Firma nachdenken?

- Nichts besonderes (1)
- Überwiegend Positives (0)
- Überwiegend Negatives (2)

Unterhalten Sie sich manchmal mit Ihrer Partnerin/Ihrem Partnerin abends über Ihre Arbeit?

- Nein, in meiner Freizeit will ich nicht auch noch daran denken! (2)
- Ja (0)

Wie reagieren Sie, wenn Sie von Ihrem Vorgesetzten wegen eines Fehlers gerügt werden?

- Ziemlich gereizt (2)
- Eher gelassen; jeder macht mal einen Fehler. (0)

Ihr Vorgesetzter bittet Sie, am Abend ungefähr zwei Stunden länger zu bleiben. Sie haben aber eine Verabredung. Was machen Sie?

- Ich sage ihm klipp und klar, daß ich einen wichtigen Termin hätte und nicht bleiben kann. (2)
- Ich verschiebe mein Rendezvous und bleibe da. (0)

Wie würden Sie, verglichen mit dem Wetter, im großen und ganzen das Betriebsklima in Ihrer Firma bezeichnen?

- Heiter bis wolkig (1)
- Überwiegend sonnig (0)
- Schwül, mit Hang zu Gewittern (2)

0 bis 14 Punkte

Ihnen kann man wirklich nur gratulieren! Sie fühlen sich in Ihrem Beruf „pudelwohl“, und es gibt für Sie keine Veranlassung zu einem Arbeitsplatzwechsel. Sie haben Spaß an Ihrem Job, kommen mit Ihrem Chef gut zurecht und haben ein freundschaftliches Verhältnis zu Ihren Kollegen. Sicherlich herrscht auch in Ihrer Firma nicht immer eitel Sonnenschein, doch dank Ihrer sozialen und fachlichen Kompetenz scheinen Sie alle Probleme sozusagen im Handumdrehen zu meistern.

15 bis 29 Punkte

Ganz zufrieden mit Ihrem momentanen Arbeitsplatz scheinen Sie nicht zu sein. Zumindest handelt es sich nicht gerade um Ihren Traumjob. Man könnte sagen, Sie befinden sich „zwischen zwei Stühlen“. Einerseits finden Sie Ihre Arbeit gar nicht so übel, andererseits würden Sie sich gerne verändern, eventuell auf der Karriereleiter ein Stückchen weiter nach oben klettern. Das Hauptproblem an der Sache scheint jedoch zu sein, daß Sie im Grunde gar nicht so recht wissen, was genau Sie eigentlich anders machen möchten. Darüber sollten Sie sich jedoch schnellstens klar werden, sonst treten Sie noch Jahre auf derselben Stelle.

30 bis 44 Punkte

Sie sind mit Ihrem Beruf oder mit Ihrem derzeitigen Job ganz und gar nicht mehr zufrieden. Im Grunde gehen Sie nur noch wegen des lieben Geldes zur Arbeit und sind heilfroh, wenn Sie abends wieder nach Hause kommen. Dieser Mißmut macht sich nicht nur in Ihren Leistungen bemerkbar, sondern ist auch der Grund, warum Sie mit Ihren Kollegen nicht mehr klarkommen. An dieser für alle Beteiligten unerträglichen Situation müssen Sie schnellstens etwas ändern. Wägen Sie alle Für und Wider sorgfältig gegeneinander ab und treffen Sie eine Entscheidung. Möglicherweise ist es wirklich an der Zeit, der Firma den Rücken zu kehren.

Stärken & Schwächen

Sind Sie abergläubisch?

Sie behaupten von sich, „kein bißchen" abergläubisch zu sein. Stimmt das auch? Beantworten Sie die folgenden Fragen möglichst schnell und ehrlich, danach werden Sie sich vielleicht über sich selbst wundern.

Hätten Sie bei Ihrer Hochzeit gerne einen oder mehrere Kaminkehrer dabei?

- Vielleicht (1)
- Ja, unbedingt! (0)
- Wozu soll das gut sein? (2)

Sie sind mit dem Fahrrad unterwegs. Plötzlich flitzt vor Ihnen von links eine schwarze Katze über den Weg. Was geht Ihnen dabei durch den Kopf?

- Hm, ich sollte heute wohl besonders vorsichtig fahren – man kann ja nie wissen. (1)
- Gut, daß heute nicht auch noch Freitag, der 13., ist. (0)
- Was für ein schönes Tier. (2)

Sie wollen eine Flugreise buchen. Abflugtag in das von Ihnen gewählte Urlaubsdomizil wäre Freitag, der 13. Buchen Sie trotzdem?

- Ja, denn schließlich habe ich den Freitag zu meinem Glückstag erklärt. (1)
- Auf keinen Fall – ich suche mir ein Urlaubsziel aus, das erst samstags angeflogen wird. (0)
- Sicher, allerdings muß sich die Abflugszeit mit dem U-Bahn-Fahrplan in Einklang bringen lassen, denn mit dem Taxi möchte ich nicht fahren. (2)

Sie zerbrechen einen Spiegel. Was ist wohl Ihr erster Gedanke?

- Wenn ich abergläubisch wäre, ginge ich heute wohl besser gar nicht mehr aus dem Haus! (1)
- Hoffentlich läuft mir heute nicht auch noch eine schwarze Katze über den Weg! (0)
- Oh je – das teure Stück! (2)

Wie oft haben Sie sich schon am Zinngießen an Silvester beteiligt?

- Einmal (1)
- Jedes Jahr (0)
- Nie (2)

Sie bekommen für Ihr neues Auto ein Maskottchen geschenkt. Hängen Sie es an den Rückspiegel?

- Kommt drauf an, was es ist (1)
- Ja sicher! (0)
- Bestimmt nicht, so etwas find' ich lächerlich! (2)

Sie beobachten nachts eine Sternschnuppe. Wünschen Sie sich jetzt in Gedanken etwas?

- Nein (2)
- Ja (0)

Wie denken Sie über Voodoo-Zauber?

- Man kann ja nie wissen... (1)
- Ich möchte damit lieber nicht konfrontiert werden. (0)
- Alles Humbug! (2)

Jemandem schon am Tag vor seinem Geburtstag zu gratulieren soll Unglück bringen – nachträgliche Glückwünsche jedoch nicht. Irritiert es Sie, wenn jemand gegen diese „Regel" verstößt?

- Nein (2)
- Ja (0)

Würden Sie einen Kinderwagen schon vor der Geburt Ihres Kindes in die Wohnung stellen?

- Ich weiß nicht. (1)
- Auf keinen Fall! (0)
- Warum nicht? (2)

Würden Sie sich freuen, ein vierblättriges Kleeblatt zu finden?

- Nein, sollte ich? (2)
- Ja – ich trockne es als Glücksbringer. (0)

Was halten Sie von dem Brauch, am Tag vor der Hochzeit Unmengen von Geschirr zu zerschlagen?

- Ich weiß nicht recht – angeblich soll das ja Glück bringen. (1)
- Viel, das bringt Glück! (0)
- Halte ich für reine Geldverschwendung! (2)

Haben Sie sich schon mal die Karten legen lassen?

- Nein (2)
- Ja (0)

0 bis 8 Punkte

Wenn Sie von sich behaupten, „kein bißchen" abergläubisch zu sein, dann entspricht das wohl nicht so ganz der Wahrheit, oder? Nun werden Sie doch nicht gleich rot! Zu Ihrem Trost sei gesagt, daß die meisten Menschen in unserem modernen Europa irgendeinen Glücksbringer besitzen und beispielsweise beim Anblick einer Sternschnuppe hoffen, ihr geheimer Wunsch ginge in Erfüllung. Ein bißchen Illusionen braucht der Mensch eben!

9 bis 17 Punkte

Da Sie – wie übrigens die meisten Ihrer Mitmenschen – nicht so recht wissen, was Sie nun von übersinnlichen Kräften und Glücks- oder Pechbringern halten sollen, gehen Sie auf Nummer sicher und halten sich wenigstens so ganz im Geheimen an die „Regeln".

18 bis 26 Punkte

Allem Anschein nach sind Sie der Überzeugung, daß alles Gerede über übersinnliche Kräfte und Glücksbringer totaler Hokospokus ist. Oder aber, Sie haben bei der Beantwortung der Fragen geschummelt!?

Sind Sie überängstlich?

Wer von seinen Mitmenschen oft zu hören bekommt, daß er ein „Angsthase" sei, fragt sich natürlich, ob er nun tatsächlich zu ängstlich auf vieles reagiert und mutiger werden sollte, oder ob die anderen nicht eher zu waghalsig sind. Möglicherweise wissen Sie die Antwort nach dem Test.

Eine Gruppe Skinheads will offenbar dieselbe S-Bahn benützen wie Sie. Was machen Sie?

- Ich steige ebenfalls zu, allerdings in einen anderen Wagon und überlege mir, was ich tun könnte, wenn die Gruppe gewalttätig werden sollte. (1)

- Ich warte lieber auf den nächsten Zug. (0)
- Ich steige mit Ihnen ein, in der Hoffnung, daß sich niemand im Zug befindet, der die Skinheads provozieren könnte. (2)

Wie oft beginnen Sie einen Tag mit dem Gedanken, daß dieser Tag Ihr letzter sein könnte?

- Gelegentlich (1)
- Ziemlich oft (0)
- Eigentlich nie (2)

Würden Sie einem Polizisten in Uniform sofort die Tür öffnen?

- Ich weiß nicht (1)
- Nein (0)
- Ich denke schon (2)

Nehmen Sie in Ihrem Auto Anhalter mit?

- Wenn mir der Anhalter vertrauenserweckend erscheint. (1)
- Grundsätzlich nicht (0)
- Ja, schließlich war ich früher auch froh, wenn mich einer mitgenommen hat. (2)

Würden Sie selbst per Autostop reisen?

- Wenn's sein muß, ja (1)
- Auf keinen Fall – ist mir zu gefährlich (0)
- Jederzeit – machen doch alle (2)

Haben Sie in Parkhäusern ein ungutes Gefühl?

- Tagsüber nicht, nachts ja (1)
- Ja (0)
- Nein (2)

Bevor Sie morgens aus dem Haus gehen, wie oft überprüfen Sie, ob der Herd aus oder die Tür tatsächlich abgeschlossen ist?

- Einmal (1)
- Mindestens zweimal (0)
- Eigentlich gar nicht (2)

Kommt es vor, daß Ihnen ein Psycho-Thriller Ihren Schlaf raubt?

- Manchmal schon (1)
- Ja, deshalb sehe ich mir ungern sowas an. (0)
- Nein, sobald ich den Fernseher ausschalte, ist die Sache schon wieder vergessen. (2)

Wie fanden Sie die langjährige Fernsehserie Aktenzeichen XY?

- Interessant (1)
- Raubte mir nächtelang den Schlaf (0)
- Übertrieben (2)

Sie joggen alleine durch den Park. Plötzlich sehen Sie, wie mehrere Jugendliche ein altes Ehepaar anpöbeln. Schreiten Sie ein?

- Vielleicht (1)
- Bestimmt nicht; ich mache lieber kehrt, renne zum nächsten Telefon und alarmiere die Polizei. (0)
- Selbstverständlich (2)

Denken Sie beim Verzehr eines Pilzgerichtes an die Möglichkeit einer Vergiftung?

- Im Restaurant ja (1)
- Ich esse grundsätzlich nur von mir selbst gesammelte und zubereitete Pilze. (0)
- Nein (2)

Ein Bekannter, normalerweise die Pünktlichkeit in Person, ist bereits 1 Stunde überfällig. Was denken Sie?

- Hoffentlich ist nichts passiert! (1)
- Er hatte bestimmt einen Unfall. (0)
- Wird wohl im Stau stecken. (2)

Wären Sie gerne Formel-I-Rennfahrer trotz des hohen Risikos dieser Sportart?

- Ich weiß nicht so recht, das Geld würde mich schon reizen. (1)
- Nein, nicht für alles Geld der Welt! (0)
- Ja, schließlich kann ich mir auch bei einem Sturz die Treppe hinunter das Genick brechen. (2)

Leiden Sie unter Flugangst?

- Bei Turbulenzen schon manchmal (1)
- Ja – und ich werde auch nie in ein Flugzeug steigen. (0)
- Nein, überhaupt nicht (2)

Sie sind mit einem Kollegen in dessen Auto zu einer Messe unterwegs. Er rast wie ein Irrer, und Sie bitten ihn, langsamer zu fahren. Was machen Sie, wenn er die Bitte ignoriert oder Sie einen Angsthasen nennt?

- Beten, daß nichts passiert! (1)
- Ich verlange, daß er sofort anhält, und steige aus, egal wo wir gerade sind. (0)
- Nichts, wird schon nicht ausgerechnet heute was passieren. (2)

Sie haben die Möglichkeit zu einem nebenberuflichen Fortbildungskurs. Wenn Sie nach zwei Jahren die Abschlußprüfung schaffen, steigen Sie auf der Karriereleiter eine Stufe höher. Wie entscheiden Sie sich?

- Ich sage zu; sollte ich die Prüfung wirklich nicht schaffen, habe ich immerhin einiges dazugelernt. (2)
- Ich lehne ab, da ich die Prüfung sowieso nicht schaffe. Wofür also die ganze Plackerei? (0)

Geben Sie offen zu, wenn Sie vor etwas eine Heidenangst haben?

- Nein (2)
- Ja (0)

Würden Sie jemandem die Hand schütteln, von dem Sie wissen, daß er eine ansteckende Krankheit hat?

- Ja (2)
- Nein (0)

Sie haben im Urlaub Ihren Traummann/Ihre Traumfrau kennengelernt. Könnte es Ihnen passieren, daß Sie in Ihrer Verliebtheit alles über Aids Gehörte vergessen und intim werden, ohne sich um die möglichen Folgen zu kümmern?

- Schon möglich (2)
- Auf keinen Fall! (0)

Wie sehr stört es Sie, von anderen als „Angsthase“ bezeichnet zu werden?

- Ein bißchen (1)
- Überhaupt nicht (0)
- Sehr (2)

Könnten Sie sich vorstellen, im Fernsehen offen gegen Rechtsradikalismus einzutreten?

- Ja (2)
- Nein (0)

Welche Aussage kommt Ihrem Naturell am nächsten?

- Vor dem Einschlafen denke ich häufig: „Was wird morgen Spannendes passieren?“ (2)
- Vor dem Einschlafen denke ich häufig: „Welche Katastrophe erwartet mich morgen?“ (0)

Wie sehr fürchten Sie sich vor der Zukunft im allgemeinen?

- Wenig (1)
- Sehr (0)
- Überhaupt nicht (2)

Was denken Sie sich vor Prüfungen?

- „Vielleicht habe ich Glück.“ (1)
- „Bestimmt wird's wieder danebengehen.“ (0)
- „Wird schon schief gehen.“ (2)

Haben Sie ein ungutes Gefühl, wenn Sie Ihr Kind alleine zum Schulbus gehen lassen?

- Nein (2)
- Ja (0)

Wie oft mußten Sie schon wegen Mißachtung von Verkehrsregeln „bluten“?

- 3- bis 4mal (1)
- Noch nie (0)
- Kann man gar nicht mehr zählen. (2)

Würden Sie gerne an einer spektakulären Greenpeace-Aktion teilnehmen?

- Kommt drauf an, worum's geht. (1)
- Nein, ist mir zu gefährlich. (0)
- Ja, fände ich toll. (2)

0 bis 17 Punkte

Eine Tapferkeitsmedaille wird man Ihnen wahrscheinlich nie verleihen, da Sie nach der Devise „Vorsicht ist die Mutter der Porzellankiste“ leben. In vielen Lebenssituationen haben Sie damit auch vollkommen Recht. Da ist es wesentlich besser, zu seiner Angst zu stehen und dementsprechend zu handeln bzw. nicht zu handeln. Zahlreiche Unfälle und Verbrechen könnten durch mehr Vorsicht verhindert werden. Ebenfalls völlig normal ist eine gewisser „Bammel“ vor Prüfungen oder „Lampenfieber“ z.B. vor einem Auftritt in der Öffentlichkeit. Allerdings muß hier ein Weg gefunden werden, damit fertig zu werden. Ähnlich verhält es sich mit der Angst, Familienmitgliedern oder einem selbst könnte ein Unglück zustoßen. Wer sich ständig irgendwelche möglichen Katastrophen vor Augen hält, macht sich das Leben zur Hölle. Sollten Sie allerdings derart unter Zukunftsangst leiden, daß Sie sich kaum noch aus dem Haus wagen, ist dies eine ernstzunehmende psychische Störung, die eventuell auf ein traumatisches Kindheitserlebnis zurückzuführen ist. Scheuen Sie in diesem Fall nicht davor zurück, die Hilfe eines Therapeuten in Anspruch zu nehmen.

18 bis 36 Punkte

Lassen Sie sich von niemandem einreden, Sie seien überängstlich! Sie sind es nämlich durchaus nicht. Im Gegenteil, manchmal scheinen Sie sogar dazu zu neigen, zuviel Mut an den Tag zu legen. Hören Sie in Zukunft ruhig noch etwas mehr auf Ihre „innere Stimme“. Wenn sie Ihnen sagt „Laß das!“ bzw. „Mach das!“, dann sollten Sie, „in Zusammenarbeit“ mit Ihrem Verstand, auch dementsprechend handeln. Dieses Angstgefühl ist nämlich dazu da, Unglück zu verhindern. Hätten es unsere Urahnen nicht schon gekannt, gäbe es uns wahrscheinlich gar nicht. In gewissen Situationen, etwa vor Prüfungen, muß man sich natürlich darüber hinwegsetzen und muß sich voll auf sein „kluges Köpfchen“ verlassen.

37 bis 54 Punkte

Sie scheinen sich vor nichts und niemandem zu fürchten. Dank Ihres Selbstvertrauen und Mutes gelingt Ihnen vieles im Leben, woran andere nicht einmal zu denken wagen. Wo viele Ihrer Mitmenschen ängstlich den „Kopf in den Sand stecken" treten Sie couragiert für Ihre Meinung ein. Manchmal allerdings neigen Sie derart zur Sorglosigkeit, daß Sie sich selbst und andere mit Ihrem Wagemut regelrecht in Gefahr bringen. Denken Sie vor Ihrem nächsten „Abenteuer" daran, und vor allem, verweigern Sie dem Angstgefühl in Ihrem Innersten – es ist in jedem Menschen vorhanden, nur beim einen mehr, beim anderen weniger stark – nicht jegliches „Mitspracherecht". Lassen Sie Ihrem Verstand und Ihrem Gefühl eine gemeinsame starke „Koalition" eingehen. Denn: „Doppelt genäht hält besser!" Außerdem sollten Sie ruhig auch voller Mut offen zugeben, wenn Sie eben doch einmal Angst vor etwas haben. Damit können Sie nämlich all den „Angsthasen" um Sie herum ein bißchen von ihrer Angst vor der Angst nehmen.

Sind Sie flexibel?

Sowohl im Berufsleben als auch innerhalb der Familie ist ein gewißes Maß an Anpassungsfähigkeit unerläßlich. Wer allerdings zu flexibel, zu „biegsam" ist, läuft Gefahr, von seinen Mitmenschen als „flatterhaft" bezeichnet oder ausgenutzt zu werden. Wie sieht es in dieser Hinsicht bei Ihnen aus?

Kurz vor dem Termin einer Busreise nach Südfrankreich werden Sie vom Reisebüro angerufen, daß daraus wegen zu geringer Teilnehmerzahl nichts wird. Man bietet Ihnen als Ersatz zum selben Preis eine Reise nach Südengland an. Wie reagieren Sie?

- „Das muß ich mir erst noch überlegen. Wie lange habe ich Bedenkzeit?" (1)
- „Das ist zwar schade, aber dann fahre ich eben nach England und frische diesmal meine Englischkenntnisse auf." (0)
- „Nein, tut mir leid, da möchte ich nicht hin." (2)

Samstag abend verspricht der Wetterbericht für den Sonntag „Sonne pur", und Sie packen alles Nötige für einen Tag am Badeweiher ins Auto. Sonntag morgen wachen Sie aber bei „Regen pur" auf. Wie reagieren Sie?

- Ich hoffe bis nachmittags auf Wetterbesserung und raffe mich dann abends doch noch zu einem Kinobesuch auf. (1)
- Nach dem ersten Schock entschließe ich mich für Hallenbad, Sonnenstudio und vielleicht auch noch Fitneßstudio. (0)
- Ich gehe gleich wieder ins Bett und schimpfe dort den ganzen Tag auf diese blöden „Wetterfrösche". (2)

Ein lange nicht gesehener Freund will sich mit Ihnen in der Stadt treffen. Sie freuen sich zwar auf ein Wiedersehen, wollen sich aber just an diesem Abend den letzten Teil eines spannenden Fernsehfilms ansehen. Was tun Sie ohne Videorecorder?

- Ich sage zu und gehe auch zu der Verabredung, verabschiede mich aber schon nach einer halben Stunde unter einem Vorwand. (1)
- Ich sage sofort zu und bitte jemanden aus meinem Bekanntenkreis, mir den Film aufzuzeichnen. (0)
- Ich vertröste den Bekannten wegen eines „total wichtigen Termins" auf ein andermal. (2)

Sie stehen auf der Autobahn im Stau. So wie es aussieht, wird sich dieser so schnell auch nicht auflösen. Wie verhalten Sie sich?

- Ich steige aus und versuche die Ursache des Staus herauszubekommen. (1)
- Da ich meinen Termin ohnehin schon verpaßt habe, genieße ich eben meine Lieblings-Musikkassette oder steige aus zu einer Unterhaltung. (0)
- Ich rauche eine Zigarette nach der anderen und ärgere mich, daß ich nicht einen anderen Weg gefahren bin. (2)

Sie erzählen am Stammtisch ein Urlaubserlebnis. Dabei werden sie ständig unterbrochen. Stört Sie das?

- Etwas schon – ich habe Angst, „den Faden zu verlieren". (1)
- Eigentlich nicht – ich lasse den- oder diejenige erzählen und fahre dann mit meiner Geschichte fort. (0)
- Sehr – ich unterbreche den- oder diejenige mit den Worten „Laß doch mich erst einmal ausreden!". (2)

Sie können Ihren neuen Abteilungsleiter „nicht riechen" und auch Sie scheinen ihm nicht besonders sympathisch zu sein. Was machen Sie?

- Obwohl sich meine Nackenhaare schon sträuben, wenn ich nur an ihn denke, beiße ich eben die Zähne zusammen und „halte die Stellung". (1)
- Ich suche mir einen neuen Job und reiche dann die Kündigung ein. (0)
- Ich kündige auf der Stelle. (2)

Angenommen, Sie sind seit Jahren Verkäufer in der Abteilung für Herrenbekleidung. Könnten Sie sich vorstellen, von heute auf morgen für eine erkrankte Kollegin in der Schuhabteilung einzuspringen?

- Weiß nicht (1)
- Warum nicht? (0)
- Keinesfalls! (2)

Ihr Arbeitsplatz wurde „wegrationalisiert" und alle Ihre Bemühungen, eine neue Stelle in Ihrem erlernten Beruf zu finden, waren bisher vergeblich. Das Arbeitsamt bietet Ihnen die Möglichkeit zu einer Umschulung an. Machen Sie das?

- Kommt drauf an, wie hoch die Chancen stehen, danach einen Job zu kriegen. (1)
- Auf jeden Fall! (0)
- Nein, das bringt doch nichts! (2)

Wo verbringen Sie am liebsten Ihren Jahresurlaub?

- Wo es mir bisher immer gut gefallen hat. (2)
- Wo ich noch nie war. (0)

Sie sind für oder gegen etwas. Ist es möglich, Sie vom Gegenteil zu überzeugen?

- Das hängt ganz von den Argumenten ab. (1)
- Ja, das ist sogar ziemlich oft der Fall. (0)
- Nein, ich habe meine Prinzipien. (2)

0 bis 6 Punkte

In puncto Flexiblität sind Sie wirklich zu beneiden! Situationen, die schnelles Umdenken erfordern, wo andere schon mal dastehen wie „Der Ochs vorm Berge" sind für Sie nun wirklich kein Problem! Anpassungsfähig wie Sie sind, stellen Sie sich in Windeseile darauf ein und sagen sich „Wenn nicht so, dann eben anders". Nicht selten ist Ihnen Unvorhergesehenes sogar höchst willkommen, vor allem, wenn Sie dadurch die Möglichkeit sehen, aus dem Alltagstrott herauszukommen. Doch übertreiben Sie's nicht mit Ihrer Anpassungsfähigkeit und Kompromißbereitschaft. Sonst kann es passieren, daß man Sie regelrecht ausnutzt. Setzen sie klare Grenzen oder fordern Sie von den anderen auch mal, sich Ihren Wünschen anzupassen.

7 bis 13 Punkte

Die Fähigkeit zum raschen Umdenken liegt Ihnen zwar nicht gerade im Blut, aber Sie bemühen sich, mit ungewohnten Situationen so schnell wie möglich klarzukommen. Manchmal gelingt Ihnen das, manchmal nicht! Und niemand verlangt von Ihnen, daß Sie sich von einer Minute zur anderen beispielsweise dazu durchringen, Ihren Arbeitsplatz an Ihrem Heimatort gegen einen Job in Australien einzutauschen. So etwas will gut überlegt sein. Bei weniger „lebenswichtigen" Dingen könnte es jedoch nicht schaden, noch ein bißchen mehr Flexibilität und Kompromißbereitschaft an den Tag zu legen. Ganz nach dem Motto „Der Klügere gibt nach".

14 bis 20 Punkte

Flexibilität gehört ebensowenig zu Ihren Stärken wie Kompromißbereitschaft und Anpassungsfähigkeit. Sie hassen es, wenn man von Ihnen verlangt, Dinge zu tun, die Ihren gewohnten Tagesablauf auf den Kopf stellen. Veränderungen, sei es im beruflichen oder privaten Bereich, sind Ihnen zutiefst zuwider. Zudem haben Sie – im Gegensatz zu den meisten Ihrer Mitmenschen – zu (fast) allem eine feste Meinung, und an Ihren Prinzipien halten Sie fest, komme was da wolle. Diese Geradlinigkeit bringt Ihnen aber nicht selten ziemlichen Ärger ein. Vielleicht sollten Sie künftig versuchen, öfter mal nachzugeben, über Ihren eigenen Schatten zu springen und Kompromisse zu schließen, besonders bei Lappalien. Niemand verlangt von Ihnen, daß Sie Ihre Grundsätze „über den Haufen schmeißen" und zu allem „Ja und Amen" sagen, doch sollten Sie auch anderen das Recht zubilligen, ihre Ansicht der Dinge zu haben und zu äußern.

Sind Sie zu vertrauensselig?

Trauen Sie sich, anderen zu vertrauen, oder gehören Sie mehr zu jenen Zeitgenossen, die Ihren Mitmenschen eher mit Mißtrauen begegnen?

Sie müssen in einer fremden Stadt in eine bestimmte Straße. Was machen Sie?

- Ich frage in einem Geschäft nach dem Weg. (1)
- Ich kaufe mir einen Stadtplan. (0)
- Ich frage den nächstbesten nach dem Weg. (2)

In der U-Bahn beginnt Ihr Gegenüber ein Gespräch. Kommt Ihnen da erst mal der Gedanke: „Was will der von mir?"

- Selten (1)
- Ja, immer (0)
- Eigentlich nie (2)

Sind Ihnen Menschenansammlungen zuwider?

- Nein (2)
- Ja (0)

Wenn Ihr Arzt bei Ihnen eine Krankheit festgestellt hat, lassen Sie sich die Diagnose zusätzlich noch bei einem anderen Arzt bestätigen?

- Kommt auf die Krankheit an. (1)
- Ja – doppelt genäht hält besser. (0)
- Nein (2)

Wenn Sie Geschenke „außer der Reihe" bekommen, denken Sie dann zuerst einmal an „Hintergedanken" des Gebers?

- Höchst selten (1)
- Eigentlich ja (0)
- Nein (2)

Freuen Sie sich über Komplimente?

- Kommt drauf an, wer sie macht. (1)
- Sind mir meist ziemlich peinlich. (0)
- Ja, sehr (2)

Wie hoch ist Ihrer Meinung nach die Wahrscheinlichkeit, am hellichten Tag von Taschendieben bestohlen zu werden?

- 50% (1)
- 80% (0)
- 20% (2)

Wie oft fragen Sie andere um Rat?

- Manchmal (1)
- Nie (0)
- Ziemlich häufig (2)

Sprechen Sie mit Ihrem besten Freund/Ihrer besten Freundin über „Intimes"?

- Ja (2)
- Nein (0)

Rechnen Sie in Ihrem Innersten damit, daß Ihnen auch Ihr bester Freund/Ihre beste Freundin einmal in den Rücken fallen könnte?

- Nein (2)
- Ja (0)

„Vertrauen ist gut, Kontrolle ist besser" – sollte man diese Devise immer und überall vor Augen haben?

- Nein (2)
- Ja (0)

Die meisten Menschen sind mir zunächst einmal

- sympathisch (2)
- unsympathisch (0)

Ein anderer Autofahrer nimmt Ihnen die Vorfahrt, und Sie können einen Zusammenstoß mit Blechschaden nicht vermeiden. Begnügen Sie sich mit dem Schuldeingeständnis Ihres Kontrahenten und seiner Versicherungskarte?

- Ich mache zumindest noch ein Foto und suche mir zusätzlich noch einen Zeugen. (1)
- Nein, ich hole in jedem Fall die Polizei. (0)
- Ja (2)

Können Sie sich vorstellen, daß Ihre beste Freundin/Ihr bester Freund versuchen könnte, Ihnen Ihren Lebenspartner auszuspannen?

- Nein (2)
- Ist alles schon vorgekommen. (0)

Sie studieren an einer Kreuzung Ihren Stadtplan. Da fragt Sie jemand, ob er/sie Ihnen helfen kann. Denken Sie dabei sofort an „Anmache"?

- Kommt drauf an (1)
- Meistens ja (0)
- Nein (2)

Sie werden auf der Straße von einem jungen Mädchen um die Beantwortung einiger Fragen für irgendeine Statistik gebeten. Wie reagieren Sie?

- Kommt auf das Thema an. (1)
- Mit einem entschiedenen Nein (0)
- Falls ich Zeit habe, tue ich ihm den Gefallen. (2)

Wie oft kaufen Sie etwas an der Haustür?

- Höchst selten (1)
- Nie (0)
- Kommt öfter vor (2)

Würden Sie einem Polizisten in Uniform sofort die Tür öffnen?

- Ich weiß nicht. (1)
- Nein (0)
- Ich denke schon. (2)

Nehmen Sie in Ihrem Auto Anhalter mit?

- Wenn mir der Anhalter vertrauenserweckend erscheint. (1)
- Grundsätzlich nicht! (0)
- Ja, schließlich war ich früher auch froh, wenn mich einer mitgenommen hat. (2)

Würden Sie selbst per Autostop reisen?

- Wenn's sein muß, ja. (1)
- Auf keinen Fall – ist mir zu gefährlich. (0)
- Jederzeit – machen doch alle. (2)

Welche Bezeichnung verdienen die meisten Fernseh-Werbespots Ihrer Meinung nach?

- Lustig (1)
- Störend (0)
- Sehr interessant (2)

0 bis 13 Punkte

Als allzu vertrauensselig kann man Sie wirklich nicht bezeichnen! Im Gegenteil: Sie leben nach der Devise „Vorbeugen ist besser als heilen" und begegnen Ihren Mitmenschen, besonders Fremden, sogar sehr mißtrauisch. So schnell trauen Sie keinem über den Weg. Sie lassen sich weder von irgendwelchen Uniformen noch von einem freundlichen Gesicht blenden. Für Gauner und Betrüger sind Sie also gewiß nicht das ideale Opfer! Allerdings übertreiben Sie es mit Ihrem Mißtrauen fast ein wenig und verbauen sich so nur zu oft die Gelegenheit, nette Leute kennenzulernen. Versuchen Sie, nicht immer gleich das Schlechteste von einem Menschen anzunehmen. Besonders, wenn es sich um Ihren Bekanntenkreis handelt, sollten Sie sich ruhig auch mal trauen zu vertrauen.

14 bis 28 Punkte

Dank Ihrer recht guten Menschenkenntnis wissen Sie in der Regel meist sehr genau, wem Sie vertrauen können und wem Sie eher mit Skepsis begegnen müssen. Obwohl Sie sich auch Fremden gegenüber meist aufgeschlossen zeigen, da Sie aufgrund Ihrer positiven Lebenseinstellung zunächst einmal davon ausgehen, daß Ihnen Ihre Mitmenschen freundlich gesinnt sind, heißt das noch lange nicht, daß Sie jedem X-beliebigen blind vertrauen. Sie sind demnach weder zu leichtgläubig noch zu mißtrauisch. Genau die richtige Mischung!

29 bis 42 Punkte

Nichts gegen Ihre offene, aufgeschlossene Art – sie macht Sie sympathisch und liebenswert –, aber Sie treten Ihren Mitmenschen manchmal wirklich etwas zu unkritisch, ja geradezu leichtsinnig gegenüber. Wer sich mit Komplimenten und kleinen Geschenken Ihr Vertrauen erschleichen will, hat ziemlich leichtes Spiel! Sie scheinen sich in den Kopf gesetzt zu haben, nur das Gute in den Menschen zu sehen, und diese Einstellung macht Sie zu einem idealen Opfer für Scharlatane und leider auch für Gewaltverbrecher. Seien Sie in Zukunft etwas vorsichtiger. Prüfen Sie genau, wem Sie Ihr Vertrauen schenken.

Besitzen Sie Willenskraft?

Mit Beharrlichkeit und Ausdauer kann man vieles im Leben erreichen. Allerdings fehlt einem oft einfach die nötige Willenskraft, um ans Wunschziel zu gelangen oder sich dagegen zur Wehr zu setzen, von seinen Mitmenschen deren Willen aufgezwungen zu bekommen.

Welche Redewendung entspricht am ehesten Ihrer Lebenseinstellung?

- Es ist noch kein Meister vom Himmel gefallen. (1)
- Der Mensch denkt, Gott lenkt. (0)
- Was du heute kannst besorgen, das verschiebe nicht auf morgen. (2)

Trifft der Satz „Alles, was ich mache, möchte ich perfekt machen" auf Sie zu?

- In manchen Dingen ja (1)
- Bestimmt nicht (0)
- Ja, auf jeden Fall (2)

Wie oft sind Sie den ganzen Tag aktiv, haben aber abends die wichtigen Dinge doch nicht erledigt?

- Gelegentlich (1)
- Sehr oft (0)
- Praktisch nie (2)

Haben Sie schon mal eine angefangene Diät nach kurzer Zeit wieder aufgegeben?

- Nein (2)
- Ja (0)

Falls Sie rauchen – können Sie sich vorstellen, von heute auf morgen damit aufzuhören?

- Vielleicht (2)
- Das schaffe ich nie! (0)

Wie oft sagt man zu Ihnen: „Sei doch nicht so stur!"

- Gelegentlich (1)
- Nie (0)
- Ziemlich oft (2)

Angenommen, Ihre „bessere Hälfte“ möchte im Urlaub ans Meer, Sie aber lieber in die Berge. Welches Ferienziel wird letztendlich gebucht?

- Eine Insel, wo sowohl Bergwandern als auch Baden im Meer möglich ist. (1)
- Seebad (0)
- Bergdorf (2)

Nehmen Sie Ihre an Silvester in geselliger Runde gefaßten guten Vorsätze ernst?

- Manchmal (1)
- Nein (0)
- Ja (2)

Haben Sie schon einmal eine Versicherungs-Police unterschrieben oder etwas gekauft, obwohl Sie das zunächst eigentlich gar nicht wollten?

- Nein (2)
- Ja (0)

Sie wollen sich ein neues Kostüm bzw. einen neuen Anzug kaufen. Als Limit setzen Sie sich € 500. Wie hoch ist die Wahrscheinlichkeit, daß Sie diese Ausgaben-Grenze nicht überschreiten?

- 50% (1)
- 20% (0)
- 100% (2)

Sie sitzen an Ihrer überfälligen Steuererklärung. Da klingelt das Telefon und Ihr Freund/Ihre Freundin lädt Sie zu einer Runde Tennis und anschließendem „gemütlichem Beisammensein“ ein. Was machen Sie?

- Ich sage ab (2)
- Ich sage zu (0)

0 bis 6 Punkte

Eine Kämpfernatur sind Sie nicht gerade. Sie haben zwar auch Ihre Wünsche und Ziele, doch verlieren Sie diese rasch aus den Augen, wenn Ihnen der Weg, sie zu erreichen zu beschwerlich wird. Möchten Sie z.B. etwas von Ihren Mitmenschen und willigen diese nicht rasch ein, verzichten Sie eher, als mit stichhaltigen Argumenten darum zu kämpfen. Nicht viel besser ist es meist um Ihre guten Vorsätze bestellt. Entweder sagen Sie sich von vornherein „Das schaffe ich sowieso nicht" oder aber Sie beginnen eine Sache voller Tatendrang, bringen jedoch nur selten die nötige Willenskraft auf, sie zu vollenden. Dann ist der Frust groß, und aus Angst, erneut zu versagen, versuchen Sie's erst gar nicht mehr ein zweites Mal. Möglicherweise stecken Sie sich Ihre Ziele einfach zu hoch oder aber Sie wollen zuviel auf einmal machen. Dann sind Mißerfolge zwangsläufig vorprogrammiert. Wer sich z.B. vornimmt, fünf Schachteln mit Fotos der letzten zwanzig Jahre an einem Abend fein säuberlich in Alben einzukleben, wird das kaum schaffen; durchaus hinzukriegen wäre die Sache jedoch an fünf Abenden. Also, beginnen Sie mit kleinen Aufgaben, die Sie dann aber auch voller Energie erledigen. Sie werden sehen, schon bald fühlen Sie sich stark genug für größere „Taten" und trauen sich auch zu, sich für Ihre Ansichten und Wünsche bei Ihren Mitmenschen „ins Zeug zu legen".

7 bis 15 Punkte

Wie die meisten von uns wissen auch Sie sehr genau was Sie möchten und versuchen, Ihre Ziele zu erreichen. In vielen Dingen gelingt Ihnen das auch dank Ihrer ziemlich starken Willenskraft. Manchmal reicht Ihre Energie aber doch nicht aus, um bis zum Ende der Wegstrecke durchzuhalten. Solche Mißerfolge ärgern Sie zwar, aber Sie lassen sich nicht entmutigen und sagen sich „Dann eben beim nächsten Mal" und gehen eine Ihnen sehr wichtige Sache voller Power erneut an, sobald Sie wieder „besser drauf" sind, ganz nach der Devise „Wo ein Wille ist, ist auch ein Weg". Im Umgang mit Ihren Mitmenschen interpretieren Sie die Volksweisheit jedoch wo immer möglich eher in der Richtung, daß man mit etwas gutem Willen zu einer Einigung kommen kann, und verzichten darauf, Ihren Willen „um jeden Preis" durchzusetzen.

16 bis 22 Punkte

Sie wissen nicht nur genau, was Sie wollen, sondern es gelingt Ihnen dank Ihres starken Willens zudem meistens, die Ihnen gesteckten Ziele zu erreichen. Haben Sie etwas begonnen, führen Sie es, egal wie schwer es Ihnen fällt, konsequent zu Ende und geben nicht wie viele andere auf halber Wegstrecke auf. Für diese Aufbietung von Energie muß man Sie wirklich bewundern. Weniger löblich allerdings ist, sollten Sie versuchen, Ihren willensschwächeren oder „rangniedrigeren" Mitmenschen stets Ihren Willen aufzuzwingen. Sie müssen sich nicht wundern, wenn man Sie als „Sturschädel" bezeichnet, wenn Sie immer mit dem „Kopf durch die Wand" wollen. Denken Sie dran: Das Sprichwort „Wo ein Wille ist, da ist auch ein Weg" kann durchaus auch so gedeutet werden, daß man ab und zu mal nachgibt oder zumindest eine Kompromißlösung findet.

„Verplempern" Sie zuviel Zeit?

Zeit ist Geld! Wer kann es sich heutzutage schon leisten, ohne Uhr am Handgelenk, einfach nach Lust und Laune „in den Tag hineinzuleben", die Zeit zu „vertrödeln", zu „verplempern", zu „verschwenden", „totzuschlagen". Doch kann man eigentlich exakt trennen zwischen „sinnloser Zeitverschwendung" und „sinnvoller Zeiteinteilung"?

Wie oft müssen Sie sich abends sagen „Meine Güte, schon wieder ist ein Tag rum und ich habe kaum etwas von den Dingen erledigt, die ich mir für heute vorgenommen hatte!"?

- Manchmal (1)
- Eigentlich täglich (0)
- Passiert mir selten. (2)

Wann haben Sie sich das letzte Mal über den Gartenzaun hinweg länger als zwei Minuten mit Ihren Nachbarn über die Kinder, das Wetter, den Hund, das Unkraut und andere „Nebensächlichkeiten" unterhalten?

- Vielleicht vor vier Wochen – man muß sich ja auch mal Zeit für einen Plausch nehmen. (1)
- Gestern – ich muß zugeben, daß ich das öfter mache (und genieße). (0)
- Keine Ahnung – muß schon eine halbe Ewigkeit her sein! (2)

Kommt es öfter vor, daß Ihnen die monatliche Telefonrechnung ins Haus flattert, und Sie zermartern sich Ihr Gehirn, mit wem Sie den hohen Betrag eigentlich „vertelefoniert" haben?

- Selten (1)
- Ist mir schon des öfteren passiert. (0)
- Nein, ich führe ein „Telefon-Haushaltsbuch", schreibe mir (fast) jede Einheit auf. (2)

Haben Sie schon mal versucht, Ihre Zeit mit einem Organisationsplan besser einzuteilen?

- Nein, aber an die Möglichkeit gedacht. (1)
- Ja, hat aber nicht geklappt! (0)
- Ich erstelle mir für jeden Tag einen Zeitplan und halte mich auch (fast) immer daran. (2)

Welches Sprichwort entspricht am ehesten Ihrem Wesen?

- Mach es wie die Sonnenuhr – zähl die heitren Stunden nur. (1)
- Dem Glücklichen schlägt keine Stunde. (0)
- Jugend und verlorene Zeit kommt nicht wieder in Ewigkeit. (2)

Geht es Ihnen auf die Nerven, wenn Sie gezwungen sind, einem Menschen zuzuhören, der von dem Sprichwort „Lange Rede – kurzer Sinn“ scheinbar noch nie etwas gehört hat?

- Manchmal schon (1)
- Vielleicht bei Politikern (0)
- Es gibt nichts, das mich nervöser macht. (2)

Schieben Sie unangenehme Arbeiten bis zum „Geht-Nicht-Mehr“ vor sich her?

- Ja, kommt schon mal vor. (1)
- Ja, leider ziemlich oft. (0)
- Nein, ich lebe nach der Devise „Zuerst die Arbeit, dann das Vergnügen“. (2)

Wie verhalten Sie sich gegenüber Menschen, die Ihnen häufig ihr Leid klagen und von Ihnen Hilfe erwarten, von denen Sie selbst jedoch eigentlich nie irgendeine „Gegenleistung“ bekommen?

- Meistens finde ich irgendeine Ausrede wie etwa „Tut mir leid, aber jetzt habe ich dummerweise einen Arzttermin“. (1)
- Ich helfe gerne, wo es mir möglich ist. Schließlich heißt es nicht umsonst „Liebe deinen Nächsten wie dich selbst“. (0)
- Das kommt eigentlich so gut wie nie vor. (2)

Fühlen Sie sich von dem Sprichwort „Wer viel anfängt, endet wenig“ selbst angesprochen?

- Ein bißchen ja. (1)
- Ja, es stimmt schon, daß ich meist soviele Dinge auf einmal erledigen möchte, daß ich am Ende nichts fertig bringe. (0)
- Nein (2)

Was machen Sie in Ihrer Freizeit?

- Kommt drauf an – manchmal nur faulenzen, manchmal das häusliche Chaos beseitigen. (1)

- Faul in den Tag hineinleben oder mit Freunden über „Gott und die Welt“ klönen – je nach Laune. (0)
- Radfahren, Schwimmen, Wandern, Lesen, Kino, Kochen – je nach Wetterlage. (2)

Lassen Sie sich leicht durch irgendetwas oder -jemandem von Ihrer Arbeit ablenken?

- Kommt auf die Arbeit an (1)
- Leider ja (0)
- Kommt höchst selten vor (2)

Paßt das Sprichwort „Ordnung ist das halbe Leben“ zu Ihnen?

- Manchmal ja, manchmal nein (1)
- Nein, schon eher „Wer Ordnung hält, ist zu faul zum Suchen“. (0)
- Meistens schon (2)

0 bis 7 Punkte

Sie wissen selbst, daß Sie ziemlich viel Zeit vertrödeln, morgens gerne mit Unwichtigem beginnen oder sich häufig in Kleinigkeiten verzetteln und dadurch abends oft das wirklich Wichtige nicht fertig haben. Wahrscheinlich sind die meisten Ihrer bisherigen „Zeitplanversuche“ mehr oder weniger kläglich gescheitert. Zum einen, weil Sie sich ganz einfach zu viel auf einmal vornehmen, zum andern, weil Sie sich zusätzlich noch um das Wohlergehen Ihrer Mitmenschen sorgen, die Sie dann zum Dank auch noch einen „liebevollen Chaoten“ nennen. Das stört Sie zwar nicht so besonders, aber wenn Sie daran denken, daß Sie z.B. mit überlangen Telefongesprächen eben nicht nur Zeit, sondern tatsächlich auch bares Geld verlieren, dann könnte Ihnen schon manchmal die Galle hochkommen. Mit ein bißchen Disziplin kriegen Sie die Sache jedoch bestimmt in den Griff: 1. Lassen Sie sich nicht mehr zu jeder Tages- und Nachtzeit als Müllhalde für die Sorgen anderer Leute benutzen. Drehen Sie doch den Spieß einfach mal um und jammern Sie ihnen die Ohren voll! Sie werden sehen, das hilft! 2. Schreiben Sie abends zunächst einmal alle Dinge auf, die Sie am nächsten Tag erledigen möchten. Nun suchen Sie sich davon sieben Dinge heraus, die Sie unbedingt schaffen wollen und ordnen diese wiederum nach Wichtigkeitsgrad von eins bis sieben. Mit der Nummer eins beginnen Sie dann am nächsten Morgen. Fangen Sie mit dem zweiten Posten erst an, wenn der erste auch tatsächlich fertig ist. Wahrscheinlich werden Sie nicht alle sieben schaffen, doch das in Ihren Augen „Allerwichtigste" wird bestimmt erledigt sein. Auf diese Art und Weise gehen Sie in den nächsten paar Wochen jeden Tag vor. Halten Sie durch, auch wenn's am Anfang schwer fällt! Am Ende werden Sie mit Ihrer Zeit sicher viel besser umgehen können und sogar wieder etwas mehr Zeit für sich selbst (und andere?) übrig haben!

8 bis 16 Punkte

Sie gehören zu den Menschen, die im Großen und Ganzen ganz gut mit der Zeiteinteilung klar kommen und nicht allzuoft Zeit tatsächlich verschwenden. Wenn's mal nicht so ganz klappt, lassen Sie sich nicht leicht entmutigen, forschen Sie nach, wo die „Schwachstelle" liegt und versuchen Sie, diese zu beseitigen. Möglicherweise neigen Sie dazu, ein schlechtes Gewissen zu haben, wenn Sie sich eine Pause gönnen, weil Nichtstun in Ihren Augen Zeitverschwendung ist. Tun Sie das nicht! Freuen Sie sich, wenn Sie durch gute Organisation freie Zeit gewonnen haben und nutzen Sie sie, um neue Kräfte für neue Taten aufzutanken. Lassen Sie sich aber nicht allzu viel Ihrer Freizeit von Ihren lieben Mitmenschen stehlen. Sicher, jeder sollte ein offenes Ohr für die Sorgen anderer haben, aber nicht rund um die Uhr. Denn wie heißt es so schön: „Wer den kleinen Finger gibt, dem nimmt man die ganze Hand."

17 bis 24 Punkte

Sie sind ein Organisationsgenie und gehen mit Ihrer Zeit äußerst diszipliniert um. Wo immer möglich, packen Sie „den Stier bei den Hörnern", d.h., erledigen alle wirklich wichtigen Arbeiten, auch die weniger angenehmen, vorrangig und voller Konzentration. Dadurch gewinnen Sie freie Zeit für sich selbst, die Sie durchaus zu nutzen wissen, um neue Kräfte für neue Taten zu tanken. Ein bißchen neigen Sie allerdings dazu, auch jede Minute Ihrer Freizeit pedantisch zu „verwalten". Genießen Sie ruhig auch mal das reine Nichtstun oder treffen Sie spontane Verabredungen. Zudem sollten Sie versuchen, die Stoppuhr aus der Hand zu legen, wenn ein anderer das Bedürfnis zeigt, Ihnen sein Herz auszuschütten und Ihren Rat sucht (vielleicht ja in puncto Zeiteinteilung).

Frauen & Männer

Wie eifersüchtig sind Sie?

Ein Test für Frauen

„Eifersucht ist eine Leidenschaft, die mit Eifer sucht, was Leiden schafft." Trifft dieses Sprichwort auch auf Sie zu?

Ihr Partner kommt ziemlich „aufgekratzt" von einem Klassentreffen zurück. Wie begrüßen Sie ihn am ehesten?

- „Na, war's schön? Erzähl doch mal!" (2)
- „Du scheinst dich ja prächtig mit deiner Jugendliebe amüsiert zu haben." (0)

Ihr Partner ist mit seinen Freunden auf einer Bergtour. Durch Zufall erfahren Sie, daß auch eine Frau mit von der Partie ist. Ihre erste Reaktion?

- Ich frage ihn bei seiner Rückkehr, ob die Frau mit einem seiner Freunde liiert ist. (1)
- Ich fahre ihm sofort nach. (0)
- Ich denke mir eigentlich nichts dabei; er wird mir bestimmt von sich aus erzählen, daß auch eine Frau dabei war. (2)

Was halten Sie davon, wenn Paare getrennt in Urlaub fahren?

- Wenig. Zumindest wäre ich selbst sehr enttäuscht, wenn mein Partner so etwas vorschlagen würde. (1)
- Wer das macht, ist nur auf Liebesabenteuer aus. (0)
- Manchmal ist es ganz gut, etwas Abstand zu seinem Partner zu bekommen. (2)

Wie oft fragen Sie Ihren Partner, ob er Ihnen auch wirklich treu ist?

- Gelegentlich (1)
- Ziemlich oft (0)
- Nie! Ich vertraue im voll und ganz. (2)

Ihr Partner besteht auf einem wöchentlichen Herrenabend. Gestehen Sie ihm diese Freiheit zu?

- Ja sicher. Jeder Mensch braucht seine Freiheiten. (2)
- Bleibt mir ja nichts anderes übrig. Aber ich prüfe nach, ob das auch stimmt. (0)

Auf einem Faschingsball verschwindet Ihr Partner mit einer anderen Frau in der Bar. Stört Sie das?

- Ein bißchen schon – ich schleppe den Nächstbesten in die Bar ab, um meinen Partner eifersüchtig zu machen. (1)
- Sehr – wahrscheinlich gehe ich rein und verlange, daß er sich gefälligst um mich kümmern soll. (0)
- Nein, sollte es? (2)

Was halten Sie von dem Sprichwort „Vertrauen ist gut, Kontrolle ist besser"?

- Wenig (1)
- Ganz meine Meinung (0)
- Gar nichts (2)

Sie sind mit Ihrem Partner in der Stadt und treffen zufällig seine Ex-Frau bzw. Ex-Freundin. Er begrüßt sie mit Wangenküßchen. Ihre Reaktion?

- Ich halte mich im Hintergrund und hoffe, daß er sich möglichst schnell von ihr verabschiedet. (1)
- Ich versuche, ihn da so schnell wie möglich wegzulotsen. (0)
- Stört mich nicht im geringsten. Schließlich ist er jetzt mit mir zusammen. (2)

Was ist Ihrer Meinung nach der Grund für Eifersucht?

- Unsicherheit und Angst, einen geliebten Menschen zu verlieren. (1)
- Daß man niemandem hundertprozentig vertrauen kann. (0)
- Menschliche Schwäche (2)

Stöbern Sie in den Sachen Ihres Partners nach Hinweisen für eventuelle Untreue?

- Nur wenn ich mir fast sicher bin, daß er fremdgeht. (1)
- Ja, wenn sich die Gelegenheit dazu bietet. (0)
- Nein. So etwas halte ich für glatten Vertrauensbruch. (2)

Sie sind mit Ihrem Partner am Badestrand. Stört es Sie, wenn er anderen Bikinischönheiten hinterherschaut?

- Nein, schließlich „begutachte" ich auch ganz gern andere Männer. (1)
- Appetit kann man sich außer Haus holen, gegessen wird daheim. (2)
- Ja, da reagiere ich ziemlich sauer. (0)

Ihr Partner erscheint drei Stunden später als verabredet bei Ihnen und nennt als Entschuldigung einen wichtigen beruflichen Termin. Ihre Reaktion?

- „Hättest du mich nicht wenigstens anrufen können?" (1)
- „Gib's doch zu, daß du mit einer anderen zusammen warst." (0)
- „Macht ja nichts." (2)

Ihr Partner mußte beruflich verreisen und hat Ihnen seine Hoteladresse gegeben. Sie wollen ihn spät abends anrufen, aber er ist nicht auf seinem Zimmer. Ihre Reaktion?

- Wenn er mich am nächsten Tag anruft, frage ich ihn, ob er wohl „auf Tour" war. (1)
- Ich rufe um zwei Uhr morgens noch mal an. Wenn er dann nicht da ist, weiß ich, daß er mich betrügt. (0)
- Ich denke mir, daß er mit seinen Geschäftsfreunden ausgegangen ist. (2)

Sie sitzen mit Ihrem Partner in einem Straßencafé. Eine sehr attraktive Frau geht vorbei, und Ihr Partner sagt ganz spontan „Die sieht echt super aus". Ihre Reaktion?

- Ich stimme ihm zu, hoffe aber sehr, daß gleich ein gutaussehender Mann vorbeikommt und ich mich „revanchieren" kann. (1)
- „Frag sie doch gleich, ob sie mit dir ins Bett geht." (0)
- „Ja, da muß ich dir recht geben." (2)

In der Disco macht eine andere Ihrem Partner schöne Augen, und es scheint ihm auch noch zu gefallen. Wie reagieren Sie?

- Ich ziehe meinen Partner auf die Tanzfläche, um ihn von ihr abzulenken. (1)
- Ich gehe zu ihr hin und sage ihr, sie soll bloß die Finger von ihm lassen, sonst kratze ich ihr die Augen aus. (0)
- Ich gönne ihm den Spaß. Schließlich weiß er selbst genau, wie weit er gehen kann. (2)

In der Firma Ihres Partners arbeiten viele hübsche Frauen. Irritiert Sie das?

- Ein bißchen (1)
- Sehr (0)
- Überhaupt nicht (2)

Ihr Partner hat den Arbeitsplatz gewechselt und macht nun ziemlich oft Überstunden? Wie reagieren Sie?

- Ich frage ihn bei Gelegenheit im Scherz, ob er mich auch nicht mit seiner Sekretärin betrügt. Dann sehe ich schon, wie er drauf reagiert. (1)
- Ich befürchte, er betrügt mich mit einer seiner neuen Kolleginnen und spioniere ihm hinterher. (0)
- Ich bin froh, daß ihm der neue Job so viel Spaß macht. (2)

Sind Sie der Meinung, daß Männer eher zu Untreue neigen als Frauen?

- Nein (2)
- Ja (0)

Ihr Mann ist vom Betriebsausflug zurückgekommen, und Sie finden in der Brusttasche seines Hemdes ein Polaroid-Foto von ihm und einer seiner Kolleginnen. Zu allem Überfluß hat er auch noch seinen Arm um ihre Schultern gelegt. Ihre Reaktion?

- Ich gebe ihm das Foto ohne Kommentar. (1)
- Ich halte ihm das Foto unter die Nase und frage ihn, seit wann „die Sache schon läuft“. (0)
- Ich gebe ihm das Foto und beglückwünsche ihn lachend zu seiner neuen Flamme. (2)

Welches Sprichwort entspricht Ihrer Meinung nach eher der Wahrheit?

- Trennung frischt die Liebe auf. (2)
- Trennung ist der Liebe Tod. (0)

Würden Sie Ihrem Partner zutrauen, mit einer Ihrer Freundinnen „anzubandeln“, sobald er Gelegenheit dazu hätte?

- So ganz sicher bin ich mir da nicht. (1)
- Ja, deshalb lasse ich ihn nur ungern aus den Augen. (0)
- Nein, ich vertraue ihm voll und ganz. (2)

Was denken Sie, wenn Sie in der Zeitung lesen, daß ein Mann seine Frau aus Eifersucht umgebracht hat?

- Wahrscheinlich hat er sie mit einem anderen in flagranti erwischt, aber deswegen gleich umbringen? (1)
- Geschieht ihr recht! Wer mit den Gefühlen anderer spielt, muß mit dem Schlimmsten rechnen! (0)
- Die arme Frau! So etwas können nur Verrückte fertigbringen! (2)

0 bis 14 Punkte

„Mit deiner krankhaften Eifersucht machst du noch alles kaputt." Wahrscheinlich bekommen Sie diesen Satz von ihrem Partner ziemlich oft zu hören, und leider sagt er das nicht zu Unrecht. In Ihrer Phantasie sehen Sie überall Rivalinnen, und schon beim geringsten Anlaß geraten Sie regelrecht in Panik. Dann sagen oder tun Sie Dinge, die Ihnen zwar meistens schon bald wieder leid tun (weil Sie einsehen müssen, daß Ihre Eifersucht vollkommen unbegründet war), aber eben oft nicht mehr aus der Welt zu schaffen sind. Wer so wie Sie reagiert, dessen Selbstbewußtsein steht jedoch meistens auf sehr wackeligen Beinen, d.h. er glaubt, weniger „wert" zu sein als andere und hat deshalb Angst, seinen Partner an jemand „besseren" zu verlieren. In Wirklichkeit stellen Sie mit Ihrem Mißtrauen also nicht die Gefühle Ihres Partners in Frage, sondern sich selbst als Person. „Trainieren" Sie sich etwas mehr Selbstvertrauen an, dann fällt es Ihnen auch leichter, Ihre Eifersucht unter Kontrolle zu bringen und Ihrem Partner mehr Vertrauen zu schenken. Denn wenn Sie so weitermachen wie bisher, wird er irgendwann entnervt aufgeben und Sie tatsächlich verlassen.

15 bis 29 Punkte

Eifersucht ist für Sie durchaus kein Fremdwort. Allerdings ist Ihnen klar, daß jeder Mensch seinen persönlichen Freiraum braucht und man seinen Partner nicht Tag und Nacht für sich selbst beanspruchen kann. Deshalb tolerieren Sie es, wenn Ihr Partner auch einmal etwas ohne Sie unternehmen möchte, auch wenn es Ihnen manchmal schwer fällt, Ihre Eifersucht zu verbergen. Sehen Sie Ihre Beziehung jedoch ernsthaft in Gefahr, dann ist es bei Ihnen aus und vorbei mit der Großzügigkeit. Dann zeigen Sie Ihrem Partner, daß Sie nicht bereit sind, kampflos das Feld einer anderen zu überlassen. Und das ist gut so! Lassen Sie sich allerdings nicht zu unüberlegten Worten bzw. Taten hinreißen, sondern denken Sie lieber noch einmal nach, ob Ihre Eifersucht auch tatsächlich berechtigt ist.

30 bis 44 Punkte

Wenn überhaupt, dann spielt Eifersucht für Sie nur eine Nebenrolle. So wie Sie selbst auf Ihren persönlichen Freiraum und Ihre Unabhängigkeit bestehen, billigen Sie das Gleiche auch Ihrem Partner zu. Sie vertrauen voll und ganz auf seine Liebe zu Ihnen und kommen gar nicht auf die Idee, daß er sich ernsthaft in eine andere Frau verlieben könnte. Dieses Verhalten könnte Ihr Partner jedoch auch mißverstehen und denken, daß Sie ihn nicht mehr wirklich lieben und möglicherweise sogar froh wären, ihn loszusein. Übertreiben Sie's also nicht mit Ihrer Toleranz, denn nicht nur übertriebene Eifersucht, sondern auch zu viel Großzügigkeit können einer Beziehung den Garaus machen! Geben Sie Ihrem Partner öfter mal zu verstehen, daß Sie ihn nicht verlieren möchten. Wenn Ihnen allerdings tatsächlich nichts mehr an der Beziehung liegt, dann sollten Sie auch den Mut aufbringen, ihm das zu sagen.

Wie eifersüchtig sind Sie?

Ein Test für Männer

„Eifersucht ist eine Leidenschaft, die mit Eifer sucht, was Leiden schafft." Trifft dieses Sprichwort auch auf Sie zu?

Ihre Partnerin kommt ziemlich „aufgekratzt" von einem Klassentreffen zurück. Wie begrüßen Sie sie am ehesten?

- „Na, war's schön? Erzähl doch mal!" (2)
- „Du scheinst dich ja prächtig mit deiner Jugendliebe amüsiert zu haben." (0)

Ihre Partnerin ist mit ihren Freundinnen auf einer Bergtour. Durch Zufall erfahren Sie, daß auch ein Mann dabei ist. Ihre erste Reaktion?

- Ich frage sie bei ihrer Rückkehr, ob der Mann mit einer ihrer Freundinnen liiert ist. (1)
- Ich fahre ihr sofort nach. (0)
- Ich denke mir eigentlich nichts dabei; sie wird mir bestimmt von sich aus erzählen, daß auch ein Mann dabei war. (2)

Was halten Sie davon, wenn Paare getrennt in Urlaub fahren?

- Wenig. Zumindest wäre ich selbst sehr enttäuscht, wenn meine Partnerin so etwas vorschlagen würde. (1)
- Wer das macht, ist nur auf Liebesabenteuer aus. (0)
- Manchmal ist es ganz gut, etwas Abstand zu seinem Partner zu bekommen. (2)

Wie oft fragen Sie Ihre Partnerin, ob sie Ihnen auch wirklich treu ist?

- Gelegentlich (1)
- Ziemlich oft (0)
- Nie! Ich vertraue ihr voll und ganz. (2)

Ihre Partnerin besteht auf einem wöchentlichen Treffen mit ihren Freundinnen. Gestehen Sie ihr diese Freiheit zu?

- Ja sicher. Jeder Mensch braucht seine Freiheiten. (2)
- Bleibt mir ja nichts anderes übrig. Aber ich prüfe nach, ob das auch stimmt. (0)

Auf einem Faschingsball verschwindet Ihre Partnerin mit einem anderen Mann in der Bar. Stört Sie das?

- Ein bißchen schon – ich schleppe die nächstbeste Frau in die Bar ab, um meine Partnerin eifersüchtig zu machen. (1)
- Sehr – wahrscheinlich gehe ich rein und verlange, daß sie sich gefälligst um mich kümmern soll. (0)
- Nein, sollte es? (2)

Was halten Sie von dem Sprichwort „Vertrauen ist gut, Kontrolle ist besser"?

- Wenig (1)
- Ganz meine Meinung (0)
- Gar nichts (2)

Sie sind mit Ihrer Partnerin in der Stadt und treffen zufällig ihren Ex. Sie begrüßt ihn mit Wangenküßchen. Ihre Reaktion?

- Ich halte mich im Hintergrund und hoffe, daß sie sich möglichst schnell von ihm verabschiedet. (1)
- Ich versuche, sie da so schnell wie möglich wegzulotsen. (0)
- Stört mich nicht im geringsten. Schließlich ist sie jetzt mit mir zusammen. (2)

Was ist Ihrer Meinung nach der Grund für Eifersucht?

- Unsicherheit und Angst, einen geliebten Menschen zu verlieren. (1)
- Daß man niemandem hundertprozentig vertrauen kann. (0)
- Menschliche Schwäche (2)

Stöbern Sie in den Sachen Ihrer Partnerin nach Hinweisen für eventuelle Untreue?

- Nur wenn ich mir fast sicher bin, daß sie fremdgeht. (1)
- Ja, wenn sich die Gelegenheit dazu bietet. (0)
- Nein. So etwas halte ich für glatten Vertrauensbruch. (2)

Sie sind mit Ihrer Partnerin am Badestrand. Stört es Sie, wenn sie anderen Männern hinterherschaut?

- Nein, schließlich „begutachte" ich auch ganz gern andere Schönheiten. (1)
- Appetit kann man sich außer Haus holen, gegessen wird daheim. (2)
- Ja, da reagiere ich ziemlich sauer. (0)

Ihre Partnerin erscheint drei Stunden später als verabredet bei Ihnen und nennt als Entschuldigung einen wichtigen beruflichen Termin. Ihre Reaktion?

- „Hättest du mich nicht wenigstens anrufen können?" (1)
- „Gib's doch gleich zu, daß du mit einem anderen zusammen warst." (0)
- „Macht ja nichts." (2)

Ihre Partnerin mußte beruflich verreisen und hat Ihnen ihre Hoteladresse gegeben. Sie wollen sie spät abends anrufen, aber sie ist nicht auf ihrem Zimmer. Ihre Reaktion?

- Wenn sie mich am nächsten Tag anruft, frage ich sie, wo sie gewesen ist. (1)
- Ich rufe um zwei Uhr morgens noch mal an. Wenn sie dann nicht da ist, weiß ich, daß sie mich betrügt. (0)
- Ich denke mir, daß sie mit ihren Geschäftspartnern ausgegangen ist. (2)

Sie sitzen mit Ihrer Partnerin in einem Straßencafé. Ein gutaussehender junger Mann geht vorbei, und Ihre Partnerin sagt ganz spontan: „Der sieht echt super aus." Ihre Reaktion?

- Ich stimme ihr zu, hoffe aber sehr, daß gleich eine tolle Blondine vorbeikommt und ich mich „revanchieren" kann. (1)
- „Frag ihn doch gleich, ob er mit dir ins Bett geht." (0)
- „Ja, da muß ich dir recht geben." (2)

In der Disco macht ein anderer Ihrer Partnerin schöne Augen, und es scheint ihr auch noch zu gefallen. Wie reagieren Sie?

- Ich ziehe meine Partnerin auf die Tanzfläche, um sie von ihm abzulenken. (1)
- Ich gehe zu dem Kerl hin und sage ihm, er soll bloß die Finger von meiner Frau lassen, sonst kann er was erleben. (0)
- Ich gönne ihr den Spaß. Schließlich weiß sie selbst genau, wie weit sie gehen kann. (2)

In der Firma Ihrer Partnerin arbeiten viele gutaussehende Männer. Irritiert Sie das?

- Ein bißchen (1)
- Sehr (0)
- Überhaupt nicht (2)

Ihre Partnerin hat den Arbeitsplatz gewechselt und macht nun ziemlich oft Überstunden? Wie reagieren Sie?

- Ich frage sie bei Gelegenheit im Scherz, ob sie mich auch nicht mit einem ihrer neuen Kollegen betrügt, und achte auf ihre Reaktion. (1)
- Ich befürchte, sie betrügt mich mit einem ihrer neuen Kollegen und spioniere ihr hinterher. (0)
- Ich bin froh, daß ihr der neue Job so viel Spaß macht. (2)

Ihre Frau ist vom Betriebsausflug zurückgekommen, und Sie finden im Hausflur ein Polaroid-Foto von ihr und einem ihrer Kollegen. Zu allem Überfluß hat der Kerl auch noch seinen Arm um ihre Schultern gelegt. Ihre Reaktion?

- Ich gebe ihr das Foto und sage „Das hast du im Gang verloren“. (1)
- Ich halte ihr das Foto unter die Nase und frage sie, seit wann „die Sache schon läuft“. (0)
- Ich gebe ihr das Foto und beglückwünsche sie lachend zu ihrer neuen Eroberung. (2)

Welches Sprichwort entspricht Ihrer Meinung nach eher der Wahrheit?

- Trennung frischt die Liebe auf. (2)
- Trennung ist der Liebe Tod. (0)

Was denken Sie, wenn Sie in der Zeitung lesen, daß ein Mann seine Frau aus Eifersucht umgebracht hat?

- Wahrscheinlich hat er sie mit einem anderen in flagranti erwischt, aber deswegen gleich umbringen? (1)
- Geschieht ihr recht! Wer mit den Gefühlen anderer spielt, muß mit dem Schlimmsten rechnen! (0)
- Die arme Frau! So etwas können nur Verrückte fertigbringen! (2)

0 bis 12 Punkte

„Mit deiner krankhaften Eifersucht machst du noch alles kaputt.“ Wahrscheinlich bekommen Sie diesen Satz von ihrer Partnerin ziemlich oft zu hören, und leider sagt sie das nicht zu Unrecht. In Ihrer Phantasie sehen Sie überall Rivalen, und schon beim geringsten Anlaß geraten Sie regelrecht in Panik. Dann sagen oder tun Sie Dinge, die Ihnen zwar meistens schon bald wieder leid tun (weil Sie einsehen müssen, daß Ihre Eifersucht vollkommen unbegründet war), aber eben oft nicht mehr aus der Welt zu schaffen sind. Wer so wie Sie reagiert, dessen Selbstbewußtsein steht jedoch meistens auf sehr wackeligen Beinen, d.h. er glaubt, weniger „wert“ zu sein als andere und hat deshalb Angst, seinen Partner an jemand „besseren“ zu verlieren. In Wirklichkeit stellen Sie mit Ihrem Mißtrauen also nicht die Gefühle Ihrer Partnerin in Frage, sondern sich selbst als Person. „Trainieren“ Sie sich etwas mehr Selbstvertrauen an, dann fällt es Ihnen auch leichter, Ihre Eifersucht unter Kontrolle zu bringen und Ihrer Partnerin mehr Vertrauen zu schenken. Denn wenn Sie so weitermachen wie bisher, wird sie irgendwann entnervt aufgeben und Sie tatsächlich verlassen.

13 bis 27 Punkte

Eifersucht ist für Sie durchaus kein Fremdwort. Allerdings ist Ihnen klar, daß jeder Mensch seinen persönlichen Freiraum braucht und man seinen Partner nicht Tag und Nacht für sich selbst beanspruchen kann. Deshalb tolerieren Sie es, wenn Ihre Partnerin auch einmal etwas ohne Sie unternehmen möchte, auch wenn es Ihnen manchmal schwer fällt, Ihre Eifersucht zu verbergen. Sehen Sie Ihre Beziehung jedoch ernsthaft in Gefahr, dann ist es bei Ihnen aus und vorbei mit der Großzügigkeit. Dann zeigen Sie Ihrer Partnerin, daß Sie nicht bereit sind, kampflos das Feld einem anderen zu überlassen. Und das ist gut so! Lassen Sie sich allerdings nicht zu unüberlegten Worten bzw. Taten hinreißen, sondern denken Sie lieber noch einmal nach, ob Ihre Eifersucht auch tatsächlich berechtigt ist.

28 bis 40 Punkte

Wenn überhaupt, dann spielt Eifersucht für Sie nur eine Nebenrolle. So wie Sie selbst auf Ihren persönlichen Freiraum und Ihre Unabhängigkeit bestehen, billigen Sie das Gleiche auch Ihrer Partnerin zu. Sie vertrauen voll und ganz auf ihre Liebe zu Ihnen und kommen gar nicht auf die Idee, daß sie sich ernsthaft in einen anderen Mann verlieben könnte. Dieses Verhalten könnte Ihre Partnerin jedoch auch mißverstehen und denken, daß Sie sie nicht mehr wirklich lieben und möglicherweise sogar froh wären, sie loszusein. Übertreiben Sie's also nicht mit Ihrer Toleranz, denn nicht nur übertriebene Eifersucht, sondern auch zu viel Großzügigkeit können einer Beziehung den Garaus machen! Geben Sie Ihrer Partnerin öfter mal zu verstehen, daß Sie sie nicht verlieren möchten. Wenn Ihnen allerdings tatsächlich nichts mehr an der Beziehung liegt, dann sollten Sie auch den Mut aufbringen, ihr das zu sagen.

Sind Sie flexibel?

Ein Test für Frauen

Sowohl im Berufs- als auch im Privatleben ist ein gewißes Maß an Anpassungsfähigkeit unerläßlich. Wer allerdings zu flexibel, zu „biegsam" ist, läuft Gefahr, von seinen Mitmenschen als „flatterhaft" bezeichnet oder ausgenutzt zu werden. Wie sieht es in dieser Hinsicht bei Ihnen aus?

Sie haben Ihren Onkel und Ihre Tante für 19.00 Uhr zum Abendessen eingeladen und sich eine Ewigkeit in der Küche abgemüht. Um 18.00 Uhr rufen die beiden an und sagen aus einem triftigen Grund ab. Wie ist Ihre Reaktion?

- Ich sage „Da kann man nichts machen" – spreche auch keine neue Einladung aus, tafele dann alleine und friere den Rest ein. (1)
- Ich mache ein neues Date mit ihnen aus und lade für diesen Abend kurzerhand jemand anderen zum Essen ein. Bei dem tollen Menü! (0)
- Ich reagiere ziemlich sauer und werfe das ganze Menü in den Mülleimer. (2)

Ihre Freundin glaubte mit einem Mädchen schwanger zu sein. Sie haben demnach Ihr selbstgestricktes Geschenk ganz auf einen neuen weiblichen Erdenbürger abgestimmt, d.h. es ist rosa. Und nun bringt Ihre Freundin einen Jungen zur Welt. Was machen Sie?

- Ich gratuliere ihr, zeige ihr das „mißglückte“ Geschenk und verspreche, schnell dasselbe in passender Farbe zu fabrizieren. (1)
- Kein Problem – ich kaufe eben ein passenderes Geschenk und hebe den „rosa Traum“ für die nächste Gelegenheit auf. (0)
- Ich schenke es ihr trotzdem mit der Begründung: „Heutzutage nimmt man das mit der Farbe ja nicht mehr so genau.“ (2)

In dem Urlaubsziel Ihrer Wahl soll laut Statistik immer allerbestes Wetter herrschen. Was machen Sie aber, wenn Sie bei Ihrer Ankunft feststellen müssen, daß ausnahmsweise eine „ungewöhnlich kalte und regnerische Wetterperiode“ herrscht?

- Ich kaufe mir wohl als erstes einen Pulli und eine lange Hose und suche Anschluß bei anderen ebenfalls gelangweilten Urlaubern. (1)
- Da ich wie immer auch warme Klamotten im Koffer habe, macht mir das nicht allzuviel aus. Regen soll ja bekanntlich schön machen. (0)
- Da ich mich voll und ganz auf Sonne eingestellt hatte, bin ich stinksauer und lasse meine Wut bestimmt am Hotelpersonal aus. (2)

Sie erzählen beim Kaffeekränzchen ein Urlaubserlebnis. Dabei werden sie ständig unterbrochen. Stört Sie das?

- Etwas schon – ich habe Angst, „den Faden zu verlieren“. (1)
- Eigentlich nicht – ich lasse den- oder diejenige erzählen und fahre dann mit meiner Geschichte fort. (0)
- Sehr – ich unterbreche den- oder diejenige mit den Worten „Laß doch mich erst einmal ausreden!“. (2)

Sie können Ihre neue Kollegin „nicht riechen", und auch Sie scheinen ihr nicht besonders sympathisch zu sein. Was machen Sie?

- Obwohl sich meine Nackenhaare schon sträuben, wenn ich nur an sie denke, beiße ich eben die Zähne zusammen und „halte die Stellung". (1)
- Ich suche mir einen neuen Job und reiche dann die Kündigung ein. (0)
- Ich kündige auf der Stelle. (2)

Ihre Kollegin hat sich ein Bein gebrochen und wird mindestens drei Monate ausfallen. Ihr Chef erwartet nun von Ihnen, daß Sie ihre Arbeit miterledigen. Wie reagieren Sie?

- Ich bin sauer und frage mich, wie ich das alles schaffen soll, traue mich aber aus Angst vor einer Kündigung nichts zu sagen. (1)
- Ich verspreche, daß ich mein Bestes geben werde, mache ihm aber klar, daß sicher nicht immer alles reibungslos klappen wird. (0)
- Ich sage meinem Chef sofort, daß ich nicht gewillt bin, für zwei zu arbeiten und er unbedingt eine Aushilfe einstellen muß. (2)

Ihr Partner verlangt von Ihnen, daß Sie mit ihm in einer Nudisten-Clubanlage Urlaub machen. Allein schon die Vorstellung verursacht Ihnen Übelkeit. Lassen Sie sich letztendlich trotzdem dazu überreden?

- Ich hoffe nicht! (1)
- Ich denke ja! (0)
- Bestimmt nicht! (2)

Sie kochen ein neues Rezept nach und merken plötzlich, daß Ihnen einige Zutaten fehlen. Was machen Sie?

- Ich laufe zur Nachbarin oder fahre in die Stadt und besorge mir die fehlenden Zutaten. (1)
- Ich improvisiere und ersetze die fehlenden Zutaten nach Möglichkeit durch andere. (0)
- Weiß nicht. (2)

Normalerweise gehen Sie um 12.30 Uhr in die Mittagspause. Um 12.00 Uhr bittet Sie eine Kollegin wegen eines Termins, mit ihr zu tauschen und bis 14.00 Uhr zu warten. Was machen Sie?

- Ich sage ihr, daß ich vor Hunger schon umkäme; das hätte sie mir schon früher sagen müssen. (2)
- Kein Problem! Den größten Hunger stille ich mit ein paar Keksen, die ich immer für solche „Notfälle" in meiner Schublade habe. (0)

Sie ziehen los, um sich ein neues Kleid zu kaufen. Es gefällt oder paßt Ihnen aber keines. Kann es sein, daß Sie stattdessen mit einer Hose nach Hause kommen?

- Ausgeschlossen ist das nicht. (1)
- Ist mir schon oft passiert. (0)
- Bestimmt nicht! (2)

Sie sind für oder gegen etwas. Ist es dann möglich, Sie vom Gegenteil zu überzeugen?

- Das hängt ganz von den Argumenten ab. (1)
- Ja, das ist sogar ziemlich oft der Fall (0)
- Nein, ich habe meine Prinzipien. (2)

0 bis 6 Punkte

In puncto Flexiblität sind Sie wirklich zu beneiden! Situationen, die schnelles Umdenken erfordern, sind für Sie nun wirklich kein Problem! Anpassungsfähig wie Sie sind, stellen Sie sich in Windeseile darauf ein und sagen sich „Wenn nicht so, dann eben anders". Nicht selten ist Ihnen Unvorhergesehenes sogar höchst willkommen, vor allem, wenn Sie dadurch die Möglichkeit sehen, aus dem Alltagstrott herauszukommen. Doch übertreiben Sie's nicht mit Ihrer Anpassungsfähigkeit und Kompromißbereitschaft. Sonst kann es passieren, daß man Sie regelrecht ausnutzt. Setzen sie klare Grenzen oder fordern Sie von den anderen auch mal, sich Ihren Wünschen anzupassen.

7 bis 15 Punkte

Die Fähigkeit zum raschen Umdenken liegt Ihnen zwar nicht gerade im Blut, aber Sie bemühen sich, mit ungewohnten Situationen so schnell wie möglich klarzukommen. Manchmal gelingt Ihnen das, manchmal nicht! Und niemand verlangt von Ihnen, daß Sie sich von einer Minute zur anderen beispielsweise dazu durchringen, Ihren Arbeitsplatz an Ihrem Heimatort gegen einen Job in Australien einzutauschen. So etwas will gut überlegt sein. Bei weniger „lebenswichtigen" Dingen könnte es jedoch nicht schaden, noch ein bißchen mehr Flexibilität und Kompromißbereitschaft an den Tag zu legen. Ganz nach dem Motto „Der Klügere gibt nach".

16 bis 22 Punkte

Flexibilität gehört ebensowenig zu Ihren Stärken wie Kompromißbereitschaft und Anpassungsfähigkeit. Sie hassen es, wenn man von Ihnen verlangt, Dinge zu tun, die Ihren gewohnten Tagesablauf auf den Kopf stellen, und Veränderungen, sei es im beruflichen oder privaten Bereich, sind Ihnen zutiefst zuwider. Zudem haben Sie – im Gegensatz zu den meisten Ihrer Mitmenschen – zu (fast) allem eine feste Meinung, und an Ihren Prinzipien halten Sie fest, komme da was wolle. Diese Geradlinigkeit bringt Ihnen aber nicht selten ziemlichen Ärger ein. Vielleicht sollten Sie künftig versuchen, öfter mal nachzugeben, über Ihren eigenen Schatten zu springen und Kompromisse zu schließen, besonders bei Lappalien. Niemand verlangt von Ihnen, daß Sie Ihre Grundsätze „über den Haufen schmeißen" und zu allem „Ja und Amen" sagen, doch sollten Sie auch anderen das Recht zubilligen, ihre Ansicht der Dinge zu haben und zu äußern.

Sind Sie eine gute „beste" Freundin?

Welche Frau wünscht sich nicht eine „Busenfreundin", die nicht nur für gemeinsame Freizeitaktivitäten zu haben ist, sondern der sie darüber hinaus volles Vertrauen schenken kann, ohne daß ihre Geheimnisse am nächsten Tag gleich halb Deutschland weiß. Verfügen Sie selbst über die Eigenschaften, die für solch eine Freundschaft notwendig sind?

Ihre Freundin liegt mit Grippe im Bett. Werden Sie sich um sie kümmern?

- Ja, wenn's nicht zu lange dauert. (1)
- Ja, auf jeden Fall! (0)
- Nein, ich kann es mir nicht leisten, mich anzustecken. (2)

Behalten Sie Ihnen anvertraute Geheimnisse für sich?

- Kommt darauf an, wie wichtig mir etwas erscheint. (1)
- Unbedingt! (0)
- Selten (2)

Halten Sie sich selbst für eine gute Zuhörerin?

- Nein (2)
- Ja (0)

Angenommen, Ihre Freundin erzählt Ihnen, daß sie mit einem verheirateten Mann „anbandeln" möchte. Würden Sie versuchen, sie von ihrem Vorhaben abzubringen?

- Vielleicht (1)
- Bestimmt (0)
- Nein, das geht mich nichts an! (2)

Haben Sie schon einmal versucht, den Lover Ihrer Freundin zu verführen?

- Ja (2)
- Nein (0)

Können Sie mit Ihrer Freundin offen über „Gott und die Welt", auch über sexuelle Probleme, sprechen?

- Nein (2)
- Ja (0)

Fragen Sie selbst Ihre Freundin um Rat?

- Nein (2)
- Ja (0)

Haben Sie immer ein offenes Ohr für die Probleme Ihrer Freundin?

- Nein (2)
- Ja (0)

Ihre Freundin ist in einer finanziellen Notlage. Helfen Sie ihr, auch auf die Gefahr hin, daß Sie das Geld nicht zurückbekommen?

- Kommt drauf an mit welcher Summe (1)
- Auf jeden Fall! (0)
- Nein, bei Geld hört die Freundschaft auf. (2)

Ihre Freundin führt Ihnen stolz ein neues Kleid vor. Sie sind der Ansicht, daß es ihr überhaupt nicht steht. Sagen Sie ihr das?

- Vielleicht „durch die Blume" (1)
- Ja, wer sollte es ihr sonst sagen? (0)
- Nein, ich will sie nicht verletzen. (2)

Stört es Sie, wenn Ihre Freundin bei Ihnen „hereinschneit", obwohl es in Ihrer Wohnung wie nach einem „Bombenangriff" aussieht?

- Ja, ich will nicht, daß sie mich für chaotisch hält. (2)
- Nein, sollte es? (0)

Glauben Sie, man kann mehrere „beste" Freundinnen gleichzeitig haben?

- Ja (2)
- Nein (0)

Sind Sie der Ansicht, daß eine „Busenfreundschaft" zwanzig Jahre oder länger halten kann?

- Das ist wohl eher selten der Fall. (1)
- Ja sicher, meine Freundin und ich sind das beste Beispiel dafür. (0)
- Ich glaube, das gibt's nur im Film. (2)

Würden Sie für Ihre beste Freundin eine Bankbürgschaft übernehmen?

- Kommt drauf an wofür. (1)
- Auf jeden Fall! (0)
- Nein, und ich würde das im umgekehrten Fall auch nicht erwarten. (2)

Wissen Sie das genaue Geburtsdatum Ihrer besten Freundin?

- Auswendig nicht, aber es steht in meinem Kalender. (1)
- Ja, sicher (0)
- Nein (2)

Sie haben einen neuen Partner, der Ihre Freundin nicht leiden kann. Würden Sie ihm zuliebe jeden Kontakt zu ihr abbrechen?

- Schon möglich (2)
- Sicher nicht (0)

Die Ehe bzw. Partnerschaft Ihrer Freundin steckt in „der Krise". Unternehmen Sie etwas?

- Ich ergreife Partei für meine Freundin und kümmere mich intensiv um sie, um sie von ihren Sorgen abzulenken. (1)
- Ich versuche, zwischen den beiden zu vermitteln. (0)
- Ich halte mich da voll und ganz raus. Da müssen die beiden alleine klarkommen. (2)

Könnten Sie sich vorstellen, mit Ihrer Freundin eine Wohngemeinschaft zu gründen?

- Nein, das würde nicht lange gutgehen. (2)
- Ja, sofort! (0)

Man berichtet Ihnen, daß Ihre angeblich beste Freundin bei anderen schlecht von Ihnen spricht. Wie reagieren Sie?

- Ich bin enttäuscht und ziehe mich zurück. (2)
- Ich frage sie, ob das stimmt. (0)

Ihre Freundin ist alleinerziehende Mutter. Würden Sie im Falle ihres Todes ihr Kind großziehen?

- Wenn es keine anderen Verwandten gibt, vielleicht. (1)
- Auf jeden Fall! (0)
- Das kann ich mir nicht vorstellen. (2)

Ihre Freundin hat einige Haustiere. Nun hat sie die Chance, ein Jahr im Ausland zu arbeiten. Sie bittet Sie, die Tiere so lange zu sich zu nehmen. Machen Sie das?

- Vielleicht (1)
- Sicher (0)
- Nein (2)

Sie gewinnen in der Lotterie. Würden Sie den Gewinn mit Ihrer besten Freundin teilen?

- Vielleicht (1)
- Sicher (0)
- Nein (2)

0 bis 14 Punkte

Sie sind rücksichtsvoll, hilfsbereit und ehrlich, können zuhören und sich in einen anderen Menschen hineinversetzen und Ihnen Anvertrautes für sich behalten – besitzen demnach alle Eigenschaften, die für eine tiefe und langjährige Freundschaft nötig sind. Wer Sie zur Freundin hat, kann sich wirklich beglückwünschen! Nicht zuletzt deshalb, weil Sie der Meinung sind, daß man einen nahestehenden Menschen ruhig auch mal kritisieren darf. Wer sonst, wenn nicht die beste Freundin, sollte einem denn sonst schon wirklich ehrlich auf den Kopf zusagen, daß man sich manchmal einfach „unmöglich" benimmt oder unvorteilhaft kleidet? Trotzdem noch ein Rat an Sie: Seien Sie nicht zu vertrauensselig! Leider kommt es immer wieder vor, daß eine Ehe zerbricht, weil sich die sogenannte „beste" Freundin der Frau an deren Mann heranmacht, oder daß jemand wegen einer zu leichtsinnig gegebenen Bürgschaft vor dem finanziellen Ruin steht.

15 bis 29 Punkte

Die Beziehung zu Ihrer Freundin bedeutet Ihnen sehr viel, und Sie sind durchaus bereit, für diese Freundschaft auch Opfer zu bringen. Allerdings nur in einem gewissen Rahmen. Ihr „letztes Hemd" würden Sie dafür nicht hergeben. Es würde Ihnen wahrscheinlich aber auch nie in den Sinn kommen, dies im umgekehrten Fall von Ihrer Freundin zu verlangen. Darüber hinaus ist es Ihnen sehr wichtig, Ihr eigenes Leben zu führen, d.h. Sie möchten nicht Ihre gesamte Freizeit mit Ihrer Freundin verbringen oder gar in einer Art Lebensgemeinschaft mit ihr zusammenleben.

30 bis 44 Punkte

Sie sind ein bißchen zu sehr auf die Erfüllung Ihrer eigenen Wünsche und Bedürfnisse konzentriert. Opfer zu bringen, das liegt Ihnen nicht so sehr.

Möglicherweise hat Ihre Freundin in dieser Hinsicht dieselbe Einstellung wie Sie. Dann ist das auch völlig in Ordnung so. Hat sie jedoch für Ihre Sorgen und Nöte stets ein offenes Ohr oder verlangen Sie das gar von ihr, dann dürfen Sie das Prädikat „Busenfreundin“ sich selbst nicht verleihen.

Warum will er nicht heiraten?

Ein Test für Frauen

Sie lieben Ihren Partner sehr und wünschen sich nichts sehnlicher als ihn zu heiraten. Ihr Auserwählter jedoch scheint diesen Wunsch nicht zu hegen und blockt regelrecht ab, wenn Sie Pläne für die Zukunft schmieden wollen, und Sie fragen sich allmählich: „Was mache ich falsch?“ oder „Ist es besser, ich gebe auf?“ Nach diesem Test sehen Sie (vielleicht) klarer.

Verspricht Ihnen Ihr Freund häufig etwas, hält seine Versprechen jedoch meistens nicht?

- Nein (2)
- Ja (0)

Weigert sich Ihr Freund, Sie seiner Familie vorzustellen?

- Nein (2)
- Ja (0)

Kommt es in letzter Zeit immer öfter vor, daß Ihr Freund mit voller Absicht auf Ihren Gefühlen „herumtrampelt“?

- Nein (2)
- Ja (0)

Hat Ihr Freund Ihnen schon am Anfang Ihrer Beziehung gesagt, daß er nicht heiraten will?

- Nein (2)
- Ja (0)

Wissen Sie mit Bestimmtheit, daß Ihr Freund nicht schon mit einer anderen Frau verheiratet ist?

- Ja (2)
- Nein (0)

Wie oft kommt es vor, daß Sie vergeblich auf Ihren Freund warten oder er Verabredungen telefonisch absagt?

- Selten (2)
- Oft (0)

Gibt Ihr Freund offen zu, weiterhin Kontakt zu diversen Ex-Freundinnen zu haben?

- Nein (2)
- Ja (0)

Haben Sie das Gefühl, bei Meinungsverschiedenheiten immer den Kürzeren zu ziehen oder sich am Ende gar als die Schuldige zu fühlen, obwohl Sie anfangs sicher waren, im Recht zu sein?

- Nein (2)
- Ja (0)

„Klammern" Sie vielleicht zu sehr, wollen Sie Ihren Freund „mit Haut und Haaren" für sich haben?

- Ich weiß nicht recht (2)
- Nein (0)

Wenn Sie Ihren Freund auf eine gemeinsame Zukunft ansprechen, antwortet er dann zumeist mit Phrasen wie: „Liebling, bitte laß mir noch Zeit – ich bin noch nicht so weit!" oder „Wir sind doch auch so glücklich, oder etwa nicht?"

- Nein (2)
- Ja (0)

0 bis 6 Punkte

Falls Sie sicher sind, daß er nicht bereits verheiratet ist und Sie demnach gar nicht heiraten kann, dann haben Sie Ihr Herz an einen Bindungsscheuen, wenn nicht gar vollkommen Bindungsunfähigen verschenkt! Geben Sie sich keinen Illusionen hin – er wird sich niemals zu einer Ehe oder eheähnlichen Gemeinschaft durchringen können! Überlegen Sie genau, ob Sie die Beziehung nicht besser beenden sollten. Lieber ein Ende mit Schrecken, als ein Schrecken ohne Ende!

7 bis 13 Punkte

Haben Sie auch wirklich alle Fragen nach „bestem Wissen und Gewissen" beantwortet? Zu einem eindeutigen Ergebnis führt Ihr Punktestand nämlich leider nicht. Gehen Sie den Test bitte noch einmal durch. Falls alles beim alten bleibt, dann sollten Sie auf keinen Fall sofort eine Entscheidung treffen, sondern sowohl Ihr eigenes Verhalten als auch das Ihres Freundes noch eine Weile „unter die Lupe" nehmen. Und vor allem: Teilen Sie Ihrem Freund Ihre Gefühle und Wünsche offen mit.

14 bis 20 Punkte

Allem Anschein nach „klammern" Sie tatsächlich zu sehr, bestehen darauf, alles gemeinsam mit Ihrem Freund machen zu wollen und nehmen ihm so „die Luft zum Atmen". Lassen Sie ihm etwas mehr Freiraum und bemühen auch Sie sich um Aktivitäten ohne ihn. Sie werden sehen, das wird Ihrer Beziehung nur gut tun! Vor allem aber sollten Sie ihn nicht zu sehr mit Ihrem Ehewunsch bedrängen. Dann kann es durchaus sein, daß ihm von selbst „ein Licht aufgeht" und er Ihnen einen Antrag macht. Und wenn nicht? Hat er nicht vielleicht Recht, daß Sie beide auch ohne Trauschein glücklich sind?

Kann man Ihre Partnerschaft als „glücklich“ bezeichnen?

Ein Test für Frauen

„Oh! Daß sie ewig grünen bliebe, die schöne Zeit der jungen Liebe.“ Denken Sie bei diesen Zeilen von Friedrich v. Schiller wehmütig an längst vergangene Zeiten zurück, oder sind Sie und Ihr Partner noch immer ein glückliches Liebespaar?

Wie fühlen Sie sich im allgemeinen an der Seite Ihres Partners?

- Recht gut (1)
- Super! (0)
- Traurig (2)

Wenn mein Partner etwas mit seinen Freunden unternehmen will, ...

- fragt er mich eigentlich meistens, ob ich mitkommen möchte. (1)
- geht er davon aus, daß ich mit von der Partie bin. (0)
- ist es meist selbstverständlich, daß ich zu Hause bleibe. (2)

Wie fühlen Sie sich nach einer Diskussion mit Ihrem Partner?

- Manchmal gut, manchmal schlecht (1)
- Gut (0)
- Schlecht (2)

Wieviele Freunde und Verwandte Ihres Partners kennen Sie?

- Die meisten (1)
- Alle (0)
- Keinen (2)

Wie oft kritisiert Ihr Partner Ihr Aussehen und Ihren Kleidungsstil?

- Gelegentlich (1)
- Nie (0)
- Oft (2)

Wie verhält sich Ihr Partner, wenn er glaubt, daß Sie etwas falsch gemacht haben?

- Er spielt die beleidigte Leberwurst. (1)
- Er sagt mir das meist gleich, außer wir sind mit anderen zusammen; dann wartet er, bis wir zu Hause sind. (0)
- Egal wo wir sind, er sagt es mir sofort. (2)

Verlangt Ihr Partner von Ihnen, daß Sie den Kontakt zu Ihrer besten Freundin aufgeben, nur weil er sie nicht ausstehen kann?

- Ja (2)
- Nein (0)

Wie fühlen Sie sich auf Familienfeiern Ihres Partners?

- Weniger gut (1)
- Sehr gut (0)
- Ziemlich ausgeschlossen (2)

Wie oft versuchen Sie, mit Ihrem Partner über Ihre Beziehung sprechen, aber er blockt regelrecht ab?

- Selten (1)
- Eigentlich nie (0)
- Sehr oft (2)

Wie oft haben Sie das Gefühl, daß Ihr Partner nur an sich denkt?

- Manchmal schon (1)
- Gar nicht (0)
- Immer (2)

Fühlen Sie sich von Ihrem Partner ausgenutzt?

- Manchmal kommt mir dieser Gedanke schon. (1)
- Überhaupt nicht (0)
- Seit einiger Zeit ja (2)

Wie empfängt Sie Ihr Partner, wenn Sie sehr viel später als üblich nach Hause kommen?

- „Also wirklich, Du könntest zumindest anrufen, wenn du so spät kommst." (1)
- „Gott sei Dank! Ich hatte schon Angst, Dir könnte was passiert sein." (0)
- „Na endlich!" (2)

Begrüßt und verabschiedet Sie Ihr Partner mit einem Kuß?

- Meistens (1)
- Immer (0)
- Nie (2)

Wie oft verbringen Sie und Ihr Partner ein gemütliches Wochenende zu Hause?

- Gelegentlich (1)
- Ziemlich oft (0)
- Nie (2)

Lieben Sie Ihren Partner noch genauso wie am ersten Tag Ihrer Beziehung?

- Nein (2)
- Ja (0)

Überraschen Sie und Ihr Partner sich gelegentlich gegenseitig mit einem kleinen Präsent?

- Nein (2)
- Ja (0)

Wie oft haben Sie das Gefühl, daß Ihr Partner mit voller Absicht auf Ihren Gefühlen „herumtrampelt"?

- Manchmal (1)

- Nie (0)
- Oft (2)

Hegen Sie den Verdacht, daß Ihr Partner Sie betrügt?

- Ja (2)
- Nein (0)

Haben Sie das Gefühl, bei Meinungsverschiedenheiten immer den Kürzeren zu ziehen oder sich am Ende gar als die Schuldige zu fühlen, obwohl Sie anfangs sicher waren, im Recht zu sein?

- Ja (2)
- Nein (0)

Stellen Sie sich Folgendes vor: Sie und Ihr Partner sitzen „alt und grau" auf einer Gartenbank. Wie gefällt Ihnen dieses Bild?

- Geht so (1)
- Sehr gut (0)
- Kann ich mir nicht vorstellen (2)

Welche „Note" geben Sie sich und Ihrem Partner in puncto Sexualleben?

- Unbefriedigend (2)
- Befriedigend (0)

Wie häufig kommt es vor, daß aus einer anfänglichen „Plänkelei" mit Ihrem Partner ein ernsthafter, nur sehr schwer oder gar nicht zu beendender „Ehekrach" wird?

- Selten (1)
- Eigentlich nie (0)
- Sehr häufig (2)

Wie fanden Sie den letzten gemeinsam mit Ihrem Partner verbrachten Urlaub?

- Ganz nett (1)
- Wundervoll (0)
- Unerträglich (2)

Welche Bezeichnung paßt am besten für Ihre Partnerschaft?

- Freundschaft (1)
- Liebesbeziehung (0)
- Zweckgemeinschaft (2)

Wie oft spielen Sie mit dem Gedanken, sich scheiden zu lassen bzw. Ihren Partner zu verlassen?

- Sehr selten (1)
- Nie (0)
- Oft (2)

Haben Sie vor Ihrem Partner Geheimnisse oder glauben Sie, Ihr Partner ist Ihnen gegenüber nicht ehrlich?

- Gelegentlich schon (1)
- Nein (0)
- Ja (2)

Spricht Ihr Partner mit Ihnen über seine beruflichen Erfolge bzw. Mißerfolge?

- Nein (2)
- Ja (0)

Wie oft wirft Ihnen Ihr Partner vor, daß Sie mit Ihrem Beruf verheiratet seien und nicht mit ihm?

- Manchmal (1)

- Nie (0)
- Oft (2)

Haben Sie selbst das Gefühl, daß Ihr Partner eher mit seiner Firma als mit Ihnen verheiratet ist?

- Ja (2)
- Nein (0)

Haben Sie oder Ihr Partner ein Alkohol- oder Drogenproblem?

- Ja (2)
- Nein (0)

Haben Sie das Gefühl, daß es Ihrem Partner egal ist, wie Sie aussehen und was Sie machen?

- Ja (2)
- Nein (0)

Wie oft macht Ihnen Ihr Partner ein Kompliment?

- Manchmal (1)
- Oft (0)
- Eigentlich nie (2)

Stören Sie die „Macken" Ihres Partners heute mehr als zu Beginn Ihrer Beziehung, oder sind sie schlimmer geworden?

- Ein bißchen (2)
- Nein (0)

Haben Sie das Gefühl, daß Ihnen Ihr Partner gar nicht zuhört, wenn Sie etwas sagen?

- Manchmal schon (1)
- Nein (0)
- Ja (2)

Denkt Ihr Partner an Ihren Geburtstag oder den Hochzeitstag?

- Nicht immer (1)
- Immer (0)
- Nie (2)

Ihr Partner und Sie – vier Wochen ganz allein auf einer unbewohnten Südseeinsel. Könnte Ihnen das gefallen?

- Nicht so besonders (1)
- Sehr (0)
- Überhaupt nicht (2)

0 bis 23 Punkte

Ihnen kann man nur gratulieren! Ihre Partnerschaft verdient tatsächlich das Prädikat „glücklich". Sie und Ihr Partner bilden ein „Traumpaar", wie es wirklich nur sehr selten zu finden ist. Und damit dies auch so bleibt, handeln Sie beide nach dem Motto „Glück und Glas, wie leicht bricht das" und begegnen einander voller Respekt und Zuvorkommenheit. Sie wissen, daß eine Beziehung nur auf Dauer glücklich sein kann, wenn die Partner nie die nötige Balance zwischen Geben und Nehmen aus den Augen verlieren.

24 bis 48 Punkte

Man könnte Ihre Partnerschaft als „noch glücklich" bezeichnen. Nehmen Sie sich jedoch in acht, daß Ihre Beziehung nicht in Gleichgültigkeit abrutscht und zu einer Art Zweckgemeinschaft wird. Versuchen Sie unbedingt, wieder mehr aufeinander zuzugehen und offener miteinander zu reden. Teilen Sie Ihrem Partner ehrlich Ihre Gefühle und Wünsche mit und verlangen Sie dasselbe auch von ihm. Halten Sie sich immer das Sprichwort vor Augen „Glück und Glas, wie leicht bricht das".

49 bis 72 Punkte

Ihre Partnerschaft ist an einem Tiefpunkt angelangt. Sie sind oft so unglücklich, daß Sie sich überlegen, ob eine Trennung nicht das beste wäre. Führen Sie so schnell wie möglich eine Entscheidung herbei, denn dieser „Kriegszustand" ist für beide Seiten unerträglich. Falls Sie Ihren Partner trotz allem noch lieben, müssen Sie ihn – am besten noch heute – zu einer klaren Stellungnahme zwingen. Ist auch Ihr Partner ernstlich daran interessiert, die Beziehung aufrechtzuerhalten, sollten Sie beide zusammen überlegen, ob überhaupt und wie Sie wieder zueinander finden könnten. Oberstes Gebot ist hierbei absolute Ehrlichkeit. Möglicherweise kommen Sie aus der Sackgasse jedoch nur wieder heraus, wenn Sie die Hilfe einer Partnerschaftsberatung in Anspruch nehmen.

Kann man Ihre Partnerschaft als „glücklich" bezeichnen?

Ein Test für Männer

„Oh! Daß sie ewig grünen bliebe, die schöne Zeit der jungen Liebe." Denken Sie bei diesen Zeilen von Friedrich v. Schiller wehmütig an längst vergangene Zeiten zurück, oder sind Sie und Ihre Partnerin noch immer ein glückliches Liebespaar?

Wie fühlen Sie sich im allgemeinen an der Seite Ihrer Partnerin?

- Recht gut (1)
- Super! (0)
- Traurig (2)

Wenn meine Partnerin etwas mit ihren Freundinnen unternehmen will, ...

- fragt sie mich eigentlich meistens, ob ich mitkommen möchte. (1)
- geht sie davon aus, daß ich mit von der Partie bin. (0)
- ist es meist selbstverständlich, daß ich zu Hause bleibe. (2)

Wie fühlen Sie sich nach einer Diskussion mit Ihrer Partnerin?

- Manchmal gut, manchmal schlecht (1)
- Gut (0)
- Schlecht (2)

Wieviele Freunde und Verwandte Ihrer Partnerin kennen Sie?

- Die meisten (1)
- Alle (0)
- Keinen (2)

Wie oft kritisiert Ihre Partnerin Ihr Aussehen und Ihren Kleidungsstil?

- Gelegentlich (1)
- Nie (0)
- Oft (2)

Wie verhält sich Ihre Partnerin, wenn sie glaubt, daß Sie etwas falsch gemacht haben?

- Sie spielt die beleidigte Leberwurst. (1)
- Sie sagt mir das meist gleich, außer wir sind mit anderen zusammen; dann wartet sie, bis wir zu Hause sind. (0)
- Egal wo wir sind, sie sagt es mir sofort. (2)

Verlangt Ihre Partnerin von Ihnen, daß Sie den Kontakt zu Ihren Freunden aufgeben, nur weil sie sie nicht ausstehen kann?

- Ja (2)
- Nein (0)

Wie fühlen Sie sich auf Familienfeiern Ihrer Partnerin?

- Weniger gut (1)
- Sehr gut (0)
- Ziemlich ausgeschlossen (2)

Wie oft versuchen Sie, mit Ihrer Partnerin über Ihre Beziehung sprechen, aber sie blockt regelrecht ab?

- Selten (1)
- Eigentlich nie (0)
- Sehr oft (2)

Wie oft haben Sie das Gefühl, daß Ihre Partnerin nur noch an sich denkt?

- Manchmal schon (1)
- Gar nicht (0)
- Immer (2)

Fühlen Sie sich von Ihrer Partnerin ausgenutzt?

- Manchmal kommt mir dieser Gedanke schon. (1)
- Überhaupt nicht (0)
- Seit einiger Zeit ja (2)

Wie empfängt Sie Ihre Partnerin, wenn Sie sehr viel später als üblich nach Hause kommen?

- „Also wirklich, Du könntest zumindest anrufen, wenn du so spät kommst." (1)
- „Gott sei Dank! Ich hatte schon Angst, Dir könnte was passiert sein." (0)
- „Na endlich!" (2)

Begrüßt und verabschiedet Sie Ihre Partnerin mit einem Kuß?

- Meistens (1)
- Immer (0)
- Nie (2)

Wie oft verbringen Sie und Ihre Partnerin ein Wochenende zu Hause?

- Gelegentlich (1)
- Ziemlich oft (0)
- Nie (2)

Lieben Sie Ihre Partnerin noch genauso wie am ersten Tag Ihrer Beziehung?

- Nein (2)
- Ja (0)

Überraschen Sie und Ihre Partnerin sich gelegentlich gegenseitig mit einem kleinen Präsent?

- Nein (2)
- Ja (0)

Wie oft haben Sie das Gefühl, daß Ihre Partnerin mit voller Absicht auf Ihren Gefühlen „herumtrampelt".

- Manchmal (1)

- Nie (0)
- Oft (2)

Hegen Sie den Verdacht, daß Ihre Partnerin Sie betrügt?

- Ja (2)
- Nein (0)

Haben Sie das Gefühl, bei Meinungsverschiedenheiten immer den Kürzeren zu ziehen oder sich am Ende gar als der Schuldige zu fühlen, obwohl Sie anfangs sicher waren, im Recht zu sein?

- Ja (2)
- Nein (0)

Stellen Sie sich Folgendes vor: Sie und Ihre Partnerin sitzen „alt und grau" auf einer Gartenbank. Wie gefällt Ihnen dieses Bild?

- Geht so (1)
- Sehr gut (0)
- Kann ich mir nicht vorstellen (2)

Welche „Note" geben Sie sich und Ihrer Partnerin in puncto Sexualleben?

- Unbefriedigend (2)
- Befriedigend (0)

Wie häufig kommt es vor, daß aus einer anfänglichen „Plänkelei" mit Ihrer Partnerin ein ernsthafter, nur sehr schwer oder gar nicht zu beendender „Ehekrach" wird?

- Selten (1)
- Eigentlich nie (0)
- Sehr häufig (2)

Wie fanden Sie den letzten gemeinsam mit Ihrer Partnerin verbrachten Urlaub?

- Ganz nett (1)
- Wundervoll (0)
- Unerträglich (2)

Welche Bezeichnung paßt am besten für Ihre Partnerschaft?

- Freundschaft (1)
- Liebesbeziehung (0)
- Zweckgemeinschaft (2)

Wie oft spielen Sie mit dem Gedanken, sich scheiden zu lassen bzw. Ihre Partnerin zu verlassen?

- Sehr selten (1)
- Nie (0)
- Oft (2)

Haben Sie vor Ihrer Partnerin Geheimnisse oder glauben Sie, Ihre Partnerin ist Ihnen gegenüber nicht ehrlich?

- Gelegentlich schon (1)
- Nein (0)
- Ja (2)

Spricht Ihre Partnerin mit Ihnen über Ihren Beruf?

- Nein (2)
- Ja (0)

Wie oft wirft Ihnen Ihre Partnerin vor, daß Sie mit Ihrem Beruf verheiratet seien und nicht mit ihr?

- Manchmal (1)
- Nie (0)
- Oft (2)

Haben Sie selbst das Gefühl, daß Ihre Partnerin eher mit ihrer Firma als mit Ihnen verheiratet ist?

- Ja (2)
- Nein (0)

Haben Sie oder Ihre Partnerin ein Alkohol- oder Drogenproblem?

- Ja (2)
- Nein (0)

Haben Sie das Gefühl, daß es Ihrer Partnerin egal ist, wie Sie aussehen und was Sie machen?

- Ja (2)
- Nein (0)

Wie oft macht Ihnen Ihre Partnerin ein Kompliment?

- Manchmal (1)
- Oft (0)
- Eigentlich nie (2)

Stören Sie die „Macken" Ihrer Partnerin heute mehr als zu Beginn Ihrer Beziehung, oder sind sie schlimmer geworden?

- Ein bißchen (2)
- Nein (0)

Haben Sie das Gefühl, daß Ihnen Ihre Partnerin gar nicht zuhört, wenn Sie etwas sagen?

- Manchmal schon (1)
- Nein (0)
- Ja (2)

Denkt Ihre Partnerin an Ihren Geburtstag oder den Hochzeitstag?

- Nicht immer (1)
- Immer (0)
- Nie (2)

Ihre Partnerin und Sie – vier Wochen ganz allein auf einer unbewohnten Südseeinsel. Könnte Ihnen das gefallen?

- Nicht so besonders (1)
- Sehr (0)
- Überhaupt nicht (2)

0 bis 23 Punkte

Ihnen kann man nur gratulieren! Ihre Partnerschaft verdient tatsächlich das Prädikat „glücklich“. Sie und Ihr Partnerin bilden ein „Traumpaar“, wie es wirklich nur sehr selten zu finden ist. Und damit dies auch so bleibt, handeln Sie beide nach dem Motto „Glück und Glas, wie leicht bricht das“ und begegnen einander voller Respekt und Zuvorkommenheit. Sie wissen, daß eine Beziehung nur auf Dauer glücklich sein kann, wenn die Partner nie die nötige Balance zwischen Geben und Nehmen aus den Augen verlieren.

24 bis 48 Punkte

Man könnte Ihre Partnerschaft als „noch glücklich“ bezeichnen. Nehmen Sie sich jedoch in acht, daß Ihre Beziehung nicht in Gleichgültigkeit abrutscht und zu einer Art Zweckgemeinschaft wird. Versuchen Sie unbedingt, wieder mehr aufeinander zuzugehen und offener miteinander zu reden. Teilen Sie Ihrer Partnerin ehrlich Ihre Gefühle und Wünsche mit und verlangen Sie dasselbe auch von ihr. Halten Sie sich immer das Sprichwort vor Augen „Glück und Glas, wie leicht bricht das“.

49 bis 72 Punkte

Ihre Partnerschaft ist an einem Tiefpunkt angelangt. Sie sind oft so unglücklich, daß Sie sich überlegen, ob eine Trennung nicht das beste wäre.

Führen Sie so schnell wie möglich eine Entscheidung herbei, denn dieser „Kriegszustand" ist für beide Seiten unerträglich. Falls Sie Ihre Partnerin trotz allem noch lieben, müssen Sie sie – am besten noch heute – zu einer klaren Stellungnahme zwingen. Ist auch Ihre Partnerin ernstlich daran interessiert, die Beziehung aufrechtzuerhalten, sollten Sie beide zusammen überlegen, ob überhaupt und wie Sie wieder zueinander finden könnten. Oberstes Gebot ist hierbei absolute Ehrlichkeit. Möglicherweise kommen Sie aus der Sackgasse jedoch nur wieder heraus, wenn Sie die Hilfe einer Partnerschaftsberatung in Anspruch nehmen.

Ist „er" der „Richtige"?

Ein Test für Frauen

Ihr Partner hat Ihnen einen Heiratsantrag gemacht. Obwohl Sie ihn lieben (oder zu lieben glauben) und nicht verlieren möchten, konnten Sie sich bisher noch zu keiner klaren Antwort durchringen. Vielleicht hilft Ihnen der folgende Test dabei ein bißchen. Wie Sie sich letztendlich entscheiden, das kann Ihnen allerdings niemand abnehmen!

Bei jungen Paaren: Haben Sie den Wunsch nach Kindern zu beider Zufriedenheit geklärt?

- Nicht so ganz (1)
- Darüber haben wir eigentlich noch gar nicht gesprochen. (0)
- Ja, in dieser Hinsicht sind wir uns einig. (2)

Wenn Sie viel jünger als Ihr Partner sind: Haben Sie manchmal das Gefühl, daß er Sie nur heiraten möchte, um im Krankheitsfall über eine „hauseigene" Krankenschwester verfügen zu können?

- Nein, bestimmt nicht! (2)
- Wenn ich ehrlich bin, ist mir dieser Gedanke schon öfter gekommen. (0)

Glauben Sie, ihm seine „Macken“, die Sie stören (Unpünktlichkeit, Unordentlichkeit usw.), abgewöhnen zu können?

- Vielleicht (1)
- Ja (0)
- Nein (2)

Stellen Sie sich Folgendes vor: Sie und Ihr Mann sitzen „alt und grau“ auf einer Gartenbank. Wie gefällt Ihnen dieses Bild?

- Nicht so besonders (1)
- Ganz und gar nicht (0)
- Sehr gut (2)

Haben Sie Probleme, Ihrem Partner Ihre Gefühle und Bedürfnisse mitzuteilen?

- Manchmal schon (1)
- Ja (0)
- Nein (2)

Welche „Note“ geben Sie sich und Ihrem Partner in puncto Sexualleben?

- Mittelprächtig (1)
- Unbefriedigend (0)
- Befriedigend (2)

Haben Sie beide von ehelicher Treue dieselbe Vorstellung?

- Ich bin mir nicht sicher. (1)
- Nein, da gehen unsere Auffassungen weit auseinander. (0)
- Ja (2)

Ist es Ihnen schon mehrmals passiert, daß Sie glaubten, den Mann fürs Leben gefunden zu haben, sich aber bereits nach kurzer Zeit „Hals über Kopf" wieder in einen anderen verliebt haben?

- Nein (2)
- Ja (0)

Wie häufig kommt es vor, daß aus einer anfänglichen „Plänkelei" mit Ihrem Partner ein ernsthafter, nur sehr schwer zu beendender „Ehekrach" wird?

- Ab und zu (1)
- Ziemlich häufig (0)
- Eigentlich nie (2)

Versteht sich Ihr Partner mit Ihrer Familie?

- Nicht so besonders (1)
- Überhaupt nicht (0)
- Ja (2)

Können Sie Ihrem Partner zuliebe auch mal auf etwas verzichten?

- Kommt drauf an (1)
- Fällt mir sehr schwer. (0)
- Ja, das fällt mir nicht schwer. (2)

Welcher Satz paßt am besten zu Ihnen?

- Liebe überwindet vieles, aber nicht alles. (1)
- Vertrauen ist gut, Kontrolle ist besser. (0)
- Von der Liebe allein kann man nicht leben. (2)

Ist Ihnen Ihr Partner rücksichtsvoll, zuverlässig und ehrlich genug und glauben Sie, daß auch Sie in dieser Hinsicht seine Erwartungen erfüllen?

- Ich bin mir nicht so ganz sicher. (1)
- Eher nein (0)
- Ja (2)

Haben Sie und Ihr Partner möglicherweise gescheiterte Beziehungen noch nicht gänzlich verwunden?

- Nein (2)
- Ja (0)

Erwartet Ihr Partner, daß Sie nach der Heirat Ihren Beruf aufgeben, obwohl Sie das eigentlich nicht möchten?

- Ich weiß nicht. (1)
- Ja (0)
- Nein (2)

Haben Sie das Gefühl, an einen „Geizkragen" geraten zu sein?

- Nein (2)
- Ja (0)

Kontrolliert Sie Ihr Partner „auf Schritt und Tritt", obwohl Sie ihm noch nie Anlaß zu berechtigter Eifersucht gegeben haben?

- Nein (2)
- Ja (0)

Sind Sie selbst übermäßig mißtrauisch und neigen zu Eifersuchtsszenen?

- Nein (2)
- Ja (0)

Sie möchten Ihre Hobbies auf keinen Fall aufgeben! Kann das zu Unstimmigkeiten nach der Hochzeit führen?

- Vielleicht (1)
- Ja (0)
- Nein (2)

Haben Sie Angst, Ihr Partner könnte als Ehemann seinen Charme ablegen?

- Nein (2)
- Ja (0)

Hat Ihr Partner Sie schon einmal gefragt, ob Sie ihm zuliebe zu einem Schönheitschirurgen gehen würden?

- Nein (2)
- Ja (0)

Sind Alkohol oder Zigaretten in Ihrer Partnerschaft ein Streitpunkt?

- Manchmal schon (1)
- Ja, ziemlich häufig (0)
- Nein, überhaupt nicht (2)

Wissen Sie beide über das „frühere Leben“ des anderen Bescheid?

- Nicht so ganz (1)
- Nein (0)
- Ja (2)

Könnte eine unterschiedliche Konfessionszugehörigkeit zu ernsthaften Problemen mit Ihrem Partner führen?

- Nein (2)
- Ja (0)

Wenn Ihr Partner ab und zu einen Abend oder gar ein verlängertes Wochenende mit seinen Freunden verbringen möchte, reagieren Sie dann sauer?

- Manchmal schon (1)
- Ja, ich finde, wenn man sich wirklich liebt, sollte man alles gemeinsam machen. (0)
- Nein, überhaupt nicht; das gibt auch mir Gelegenheit, etwas „in eigener Sache" zu unternehmen. (2)

Befürchten Sie Probleme aufgrund unterschiedlichen Bildungsstandes (z.B. Ärztin/Handwerker oder Verkäuferin/Hochschullehrer)?

- Vielleicht (1)
- Ja (0)
- Nein (2)

0 bis 16 Punkte

Wahrscheinlich wissen Sie im Grunde Ihres Herzens selbst, daß Sie sich und Ihrem Partner mit einem klaren „Nein" so manchen (weiteren) Kummer ersparen würden. Denn, abgesehen von der Liebe, scheint es wenig Gemeinsamkeiten mit Ihrem Freund zu geben. Und die Liebe kann bekanntermaßen ja schnell ins Gegenteil umschlagen.

17 bis 35 Punkte

Sie und Ihr Partner haben sehr viele Gemeinsamkeiten, und die Chancen für eine für beide Seiten glückliche (möglicherweise sogar lebenslange) Ehe stehen demnach sehr gut! Worauf warten Sie eigentlich noch? Auf den „Märchenprinzen" ohne jeglichen Fehler? Den gibt es nicht, genausowenig wie die Garantie für ewiges Glück! Entscheidend für die Dauer und die Qualität einer Beziehung ist, abgesehen von der Liebe, vor allem die Bereitschaft, auf den Partner einzugehen.

36 bis 52 Punkte

Falls Sie nicht selbst zu den bindungsunfähigen (zu keiner festen Beziehung fähigen) Frauen gehören und bei der Beantwortung der Testfragen auch bestimmt nicht gemogelt haben, sollten Sie „mit beiden Händen zugreifen". Einen idealeren Mann werden Sie wohl kaum noch finden! Es besteht durchaus die Chance, daß diese Ehe zu den 50 Prozent gehört, die nicht vor den Scheidungsrichter kommen und darüber hinaus tatsächlich das Prädikat „glücklich" verdienen. Vorausgesetzt natürlich, daß sowohl Sie als auch Ihr Partner nie die nötige Balance zwischen Geben und Nehmen aus den Augen verlieren.

Ist „sie" die „Richtige"?

Ein Test für Männer

Sie wissen, daß Ihre Partnerin auf Ihren „Antrag" wartet. Obwohl Sie sie lieben (oder zu lieben glauben) und nicht verlieren möchten, konnten Sie sich bisher noch nicht zu diesem Schritt durchringen. Vielleicht hilft Ihnen der folgende Test dabei ein bißchen. Wie Sie sich letztendlich entscheiden, das kann Ihnen allerdings niemand abnehmen!

Bei jungen Paaren: Haben Sie den Wunsch nach Kindern zu beider Zufriedenheit geklärt?

- Nicht so ganz (1)
- Darüber haben wir eigentlich noch gar nicht gesprochen. (0)
- Ja, in dieser Hinsicht sind wir uns einig. (2)

Wenn Sind Sie viel älter als Ihre Partnerin sind: Haben Sie sich schon einmal gefragt, ob sie in Ihnen nicht eventuell einen Vaterersatz sucht oder/und finanziell abgesichert sein möchte?

- Nein, bestimmt nicht! (2)
- Wenn ich ehrlich bin, hege ich diese Zweifel tatsächlich. (0)

Glauben Sie, ihr ihre „Macken", die Sie stören (Unpünktlichkeit, Unordentlichkeit usw.), abgewöhnen zu können?

- Vielleicht (1)
- Ja (0)
- Nein (2)

Stellen Sie sich Folgendes vor: Sie und Ihre Frau sitzen „alt und grau“ auf einer Gartenbank. Wie gefällt Ihnen dieses Bild?

- Nicht so besonders (1)
- Ganz und gar nicht (0)
- Sehr gut (2)

Haben Sie Probleme, Ihrer Partnerin Ihre Gefühle und Bedürfnisse mitzuteilen?

- Manchmal schon (1)
- Ja (0)
- Nein (2)

Welche „Note“ geben Sie sich und Ihrer Partnerin in puncto Sexualleben?

- Mittelprächtig (1)
- Unbefriedigend (0)
- Befriedigend (2)

Haben Sie beide von ehelicher Treue dieselbe Vorstellung?

- Ich bin mir nicht sicher. (1)
- Nein, da gehen unsere Auffassungen weit auseinander. (0)
- Ja (2)

Ist es Ihnen schon mehrmals passiert, daß Sie glaubten, die Frau fürs Leben gefunden zu haben, sich aber bereits nach kurzer Zeit „Hals über Kopf“ wieder in eine andere verliebt haben?

- Nein (2)
- Ja (0)

Wie häufig kommt es vor, daß aus einer anfänglichen „Plänkelei" mit Ihrer Partnerin ein ernsthafter „Ehekrach" wird?

- Ab und zu (1)
- Ziemlich häufig (0)
- Eigentlich nie (2)

Versteht sich Ihre Partnerin mit Ihrer Familie?

- Nicht so besonders (1)
- Überhaupt nicht (0)
- Ja (2)

Können Sie Ihrer Partnerin zuliebe auch mal auf etwas verzichten?

- Kommt drauf an (1)
- Fällt mir sehr schwer (0)
- Ja, das fällt mir nicht schwer. (2)

Welcher Satz paßt am besten zu Ihnen?

- Liebe überwindet vieles, aber nicht alles. (1)
- Vertrauen ist gut, Kontrolle ist besser. (0)
- Von der Liebe allein kann man nicht leben. (2)

Ist Ihnen Ihre Partnerin rücksichtsvoll, zuverlässig und ehrlich genug und glauben Sie, daß auch Sie in dieser Hinsicht ihre Erwartungen erfüllen?

- Ich bin mir nicht so ganz sicher. (1)
- Eher nein (0)
- Ja (2)

Haben Sie und Ihre Partnerin möglicherweise gescheiterte Beziehungen noch nicht gänzlich verwunden?

- Nein (2)
- Ja (0)

Kontrolliert Sie Ihre Partnerin „auf Schritt und Tritt", obwohl Sie ihr noch nie Anlaß zu berechtigter Eifersucht gegeben haben?

- Nein (2)
- Ja (0)

Sind Sie selbst übermäßig mißtrauisch und neigen zu Eifersuchtsszenen?

- Nein (2)
- Ja (0)

Sie möchten Ihre Hobbies auf keinen Fall aufgeben! Kann das zu Unstimmigkeiten nach der Hochzeit führen?

- Vielleicht (1)
- Ja (0)
- Nein (2)

Sind Alkohol oder Zigaretten in Ihrer Partnerschaft ein Streitpunkt?

- Manchmal schon (1)
- Ja, ziemlich häufig (0)
- Nein, überhaupt nicht (2)

Wissen Sie beide über das „frühere Leben" des anderen Bescheid?

- Nicht so ganz (1)
- Nein (0)
- Ja (2)

Könnte eine unterschiedliche Konfessionszugehörigkeit zu ernsthaften Problemen mit Ihrer Partnerin führen?

- Nein (2)
- Ja (0)

Wenn Ihre Partnerin ab und zu einen Abend oder gar ein verlängertes Wochenende mit ihrer Freundin verbringen möchte, reagieren Sie dann sauer?

- Manchmal schon (1)
- Ja, ich finde, wenn man sich wirklich liebt, sollte man alles gemeinsam machen. (0)
- Nein, überhaupt nicht; das gibt auch mir Gelegenheit, etwas „in eigener Sache" zu unternehmen. (2)

Befürchten Sie Probleme aufgrund eines unterschiedlichen Bildungsstandes (z.B. Handwerker/Ärztin oder Hochschullehrer/Verkäuferin)?

- Vielleicht (1)
- Ja (0)
- Nein (2)

Ist Ihnen Ihre Partnerin attraktiv genug?

- Ja (2)
- Nein (0)

0 bis 14 Punkte

Wahrscheinlich wissen Sie im Grunde Ihres Herzens selbst, daß Sie sich und Ihrer Partnerin so manchen (weiteren) Kummer ersparen würden, wenn Sie sich schnellstmöglichst zu einer Trennung entschließen könnten. Denn, abgesehen von der Liebe, scheint es wenig Gemeinsamkeiten mit Ihrer Freundin zu geben. Und die Liebe kann bekanntermaßen ja schnell ins Gegenteil umschlagen.

15 bis 31 Punkte

Sie und Ihr Partnerin haben sehr viele Gemeinsamkeiten, und die Chancen für eine für beide Seiten glückliche (möglicherweise sogar lebenslange) Ehe stehen demnach sehr gut! Worauf warten Sie eigentlich noch? Auf die „Märchenprinzessin" ohne jeglichen Fehler? Die gibt es nicht, genausowenig wie die Garantie für ewiges Glück! Entscheidend für die Dauer und die Qualität einer Beziehung ist, abgesehen von der Liebe, vor allem die Bereitschaft, auf den Partner einzugehen.

32 bis 46 Punkte

Falls Sie nicht selbst zu den bindungsunfähigen Männern gehören oder aber bei der Beantwortung der Testfragen gemogelt haben, sollten Sie „mit beiden Händen zugreifen". Eine idealere Frau werden Sie wohl kaum noch finden! Es besteht durchaus die Chance, daß diese Ehe zu den 50 Prozent gehört, die nicht vor den Scheidungsrichter kommen und darüber hinaus tatsächlich das Prädikat „glücklich" verdienen. Vorausgesetzt natürlich, daß sowohl Sie als auch Ihre Partnerin nie die nötige Balance zwischen Geben und Nehmen aus den Augen verlieren.

Sozialverhalten

Sind Sie etwa eine „Nervensäge"?

Sie stehen unter der Dusche. Da klingelt das Telefon. Ihre Schwiegermutter will Sie zum fünften Mal an diesem Tag „Nur mal schnell etwas fragen…". Kommt Ihnen das irgendwie bekannt vor? Sie selbst sind doch sicher keine solche „Nervensäge", oder etwa doch?

Wie oft rufen Sie Freunde oder Verwandte an und erzählen ihnen von Ihren Sorgen?

- Manchmal (1)
- Täglich (0)
- Nie (2)

Angenommen, jemand erzählt von seiner Urlaubsreise, und Sie waren schon mal am selben Ort. Reichern Sie seinen Bericht ausführlich mit Ihrem eigenen Wissen über Land und Leute an?

- Wenn ich danach gefragt werde, ja (1)
- Ja, sicher (0)
- Kaum (2)

Wie oft klingeln Sie bei Ihren Nachbarn und bitten um Eier, Zucker oder sonstige Dinge, die sie einzukaufen vergessen haben?

- Selten (1)
- Ziemlich oft (0)
- Nie (2)

Sie sind überzeugter Anhänger einer Partei bzw. einer Religion. Versuchen Sie hartnäckig, Menschen mit anderer Einstellung „auf den wahren Weg“ zu führen?

- Kommt ganz auf die Situation an. (1)
- Ja, ich halte das für meine Pflicht. (0)
- Nein, ich lebe nach dem Motto „Leben und leben lassen“. (2)

Sie treffen einen früheren Schulkameraden, der bereits seit längerem arbeitslos ist. Sprechen Sie trotzdem unaufgefordert von Ihrem beruflichen und privaten Erfolg und erteilen ihm Ratschläge, wie er wieder auf die Beine kommen könnte?

- Nein; wenn er meinen Rat möchte, wird er mir das schon sagen. (2)
- Ja; vielleicht reißt er sich dann ja am Riemen und unternimmt endlich etwas. (0)

Wann erledigen Sie in der Regel Ihre Weihnachtseinkäufe?

- Am letzten „langen Samstag“ vor Weihnachten (1)
- Heilig Abend kurz vor Ladenschluß (0)
- Im großen und ganzen schon im November (2)

Ein Kollege erzählt Ihnen, daß er gerade eben einen Flug nach Mallorca gebucht habe. Warnen Sie ihn davor, daß er dort „halb Deutschland“ antreffen wird bzw. vor lauter Lärm sowieso nicht zum Schlafen kommt, und ermuntern ihn zur Umbuchung?

- Nur, wenn er mich um meine Meinung bittet. (1)
- Ja, auf jeden Fall! (0)
- Nein, das geht mich nichts an. (2)

Wieviele Modelle probieren Sie im Regelfall an, bis Sie sich für ein Kleidungsstück entscheiden?

- Drei bis vier (1)
- Fünf bis zehn (0)
- Ein bis zwei (2)

Ihre Mutter liest nur Groschenhefte. Ermuntern Sie sie immer wieder, doch mal auch ein „gutes Buch" in die Hand zu nehmen, bzw. schenken Sie ihr zum Geburtstag oder zu Weihnachten eines?

- Nein (2)
- Ja (0)

Ihre Freundin/Ihr Freund erzählt in geselliger Runde etwas, das sie beide erlebt haben. Korrigieren Sie dabei jedes Detail, das nicht so ganz der Wahrheit entspricht?

- Nein (2)
- Ja (0)

Stört es Sie, wenn Ihnen im Wartezimmer der Arztpraxis andere Patienten ausführlich ihre Krankengeschichten erzählen und dasselbe auch von Ihnen erwarten?

- Ein bißchen schon (1)
- Nein, ist doch interessant. (0)
- Sehr (2)

Wie reagieren Sie, wenn andere Fremdwörter falsch aussprechen bzw. an falscher Stelle einsetzen?

- Ich versuche, die richtige Aussprache bzw. das richtige Wort noch einmal in das Gespräch einzuflechten. (1)
- Ich korrigiere sie grundsätzlich. (0)
- Ich sehe einfach darüber hinweg. (2)

0 bis 7 Punkte

Um es vorweg zu nehmen: Ohne es zu wollen, können Sie Ihren Mitmenschen ganz schön auf die Nerven gehen! Sie sind selbstbewußt, hilfsbereit und ehrlich. Alles gute Eigenschaften. Aber Sie nehmen sich selbst ein bißchen zu wichtig. Es mag ja sein, daß Sie sich in vielen Dingen besser auskennen als andere und über eine enorm gute Allgemeinbildung verfügen. In Ihrem Bestreben, anderen zu helfen bzw. Ihr Wissen an andere weiterzugeben, fehlt es Ihnen allerdings etwas an Takt und Feingefühl. Oder würde es Ihnen gefallen, andauernd belehrt zu werden? Genauso, wie Sie selbst anderen stets mit Rat und Tat zur Seite stehen – gefragt oder ungefragt – erwarten Sie von Ihren Mitmenschen, daß sie auch für Sie sozusagen Tag und Nacht dienstbereit sind. Auch in dieser Hinsicht sollten Sie sich ein bißchen mehr zurückhalten.

8 bis 16 Punkte

Wohl kaum jemand wird auf die Idee kommen, Sie als „Nervensäge" zu bezeichnen. Im Gegenteil: Die meisten Ihrer Mitmenschen werden Sie sicherlich als hilfsbereiten, rücksichtsvollen, ehrlichen und sympathischen Zeitgenossen empfinden. Dank Ihrer guten Menschenkenntnis und der Fähigkeit, sich in andere „hineindenken" zu können, haben Sie nämlich ein feines Gespür dafür, was anderen auf die Nerven gehen könnte und handeln dementsprechend. Darüber hinaus verfügen Sie über großes diplomatisches Geschick. Dadurch sind Sie in der Lage, Ihre Ansicht der Dinge an den Mann bzw. die Frau zu bringen, ohne daß sich Ihr jeweiliger Gesprächspartner bevormundet oder belehrt fühlt. Ihre Devise scheint zu sein: „Der Ton macht die Musik." Und damit liegen Sie genau richtig!

17 bis 24 Punkte

In Ihrem Bestreben, anderen nur ja nicht auf die Nerven zu gehen, sind Sie fast etwas zu zurückhaltend und rücksichtsvoll. Aus Angst „anzuecken" halten Sie mit Ihrer Meinung meist „hinter dem Berg" und trauen sich auch nicht, unaufgefordert Ihre Hilfe anzubieten oder gar für sich selbst um Hilfe zu bitten. Dadurch geraten Sie aber in Gefahr, von weniger rücksichtsvollen Zeitgenossen auf's Abstellgleis abgeschoben oder übervorteilt zu werden. Zumindest wissen viele nicht, ob sie Sie nun für hochnäsig halten oder eher in die Kategorie „Duckmäuser" einteilen sollen. Da

Sie jedoch weder das eine noch das andere sind, sollten Sie in Zukunft ruhig etwas mehr aus sich herausgehen, Ihre Gedanken und Gefühle öfter mal zum Ausdruck bringen. Zur „Nervensäge" entwickeln Sie sich deswegen dank Ihres Einfühlungsvermögens mit Sicherheit nicht!

Wie kommen Sie mit Ihren Nachbarn klar?

Der eine ist froh, wenn er seine Nachbarn nur aus der Ferne sieht, der andere wiederum hat sogar ein sehr freundschaftliches Verhältnis zu Ihnen. Und Sie?

„Es kann der Frömmste nicht in Frieden leben, wenn es dem bösen Nachbar nicht gefällt." Wie sehr trifft dieser Satz auf Sie zu?

- Weniger (1)
- Sehr (0)
- Überhaupt nicht (2)

Sie haben Ihrem Nachbarn bereits vor einiger Zeit gesagt, daß mehrere Zweige seines Apfelbaumes zu weit in Ihren Garten ragen. Obwohl er versprochen hat, das in Kürze zu erledigen, hat er nichts unternommen. Was nun?

- Ich schreibe ihm selbst einen Brief. (1)
- Ich lasse ihm durch meinen Rechtsanwalt einen Brief schreiben. (0)
- Ich spreche ihn noch einmal darauf an. (2)

Wieviele vor den Kadi gezogene Nachbarschafts-Streitfälle könnte man Ihrer Meinung nach auch außergerichtlich schlichten?

- Etwa die Hälfte (1)
- Die wenigsten (0)
- Die meisten (2)

Welche Redewendung entspricht am ehesten Ihrem Naturell?

- Abgeredet vor der Zeit, gibt nachher keinen Streit. (1)
- Auge um Auge – Zahn um Zahn (0)
- Der Klügere gibt nach. (2)

Wie würden Sie, verglichen mit dem Wetter, das Verhältnis zu Ihren Nachbarn bezeichnen?

- Heiter bis wolkig (1)
- Überwiegend sonnig (0)
- Schwül, mit Hang zu Gewittern (2)

Treffen Sie sich mit Ihren Nachbarn zum Kaffee oder Bier?

- Gelegentlich (1)
- Nie (0)
- Oft (2)

Ist es Ihnen recht, wenn Ihre Kinder mit den Nachbarskindern spielen?

- Im großen und ganzen ja (1)
- Nein (0)
- Ja, sehr (2)

Wenn in Ihrer Nachbarschaft jemand krank ist, der allein lebt, wird er dann sozusagen in Nachbarschaftshilfe versorgt?

- Vielleicht (1)
- Bestimmt nicht (0)
- Sicher (2)

Worauf legen Sie bei Ihren Nachbarn am meisten Wert?

- Höflichkeit (1)
- Anonymität (0)
- Herzlichkeit (2)

Wann haben Sie sich das letzte Mal über den Gartenzaun hinweg länger als zwei Minuten mit Ihren Nachbarn über die Kinder, das Wetter, den Hund, das Unkraut und andere „Nebensächlichkeiten" unterhalten?

- Vielleicht vor vier Wochen (1)
- Keine Ahnung – muß schon eine halbe Ewigkeit her sein! (0)
- Gestern (2)

Lassen Sie Ihre Nachbarin auch in Ihre Wohnung, wenn es wie nach einem „Bombeneinschlag" aussieht?

- Ungern (1)
- Bestimmt nicht! (0)
- Sicher, warum nicht? (2)

Stört es Sie, wenn am Samstag nachmittag sämtliche Rasenmäher der Umgebung auf Hochtouren laufen?

- Manchmal schon (1)
- Ja, nicht zum Aushalten! (0)
- Nein, meiner surrt ja auch. (2)

Wie finden Sie das Sprichwort „Ein guter Nachbar ist besser als ein Bruder in der Ferne"?

- Nicht übel (1)
- Blödsinn! (0)
- Sehr gut! (2)

Ihre Nachbarn haben Nachwuchs bekommen. Das Baby schreit die halbe Nacht und bringt Sie um Ihren wohlverdienten Schlaf. Was unternehmen Sie?

- Nichts. Vielleicht besorge ich mir morgen Ohrenstöpsel, denn das wird ja nun sicher öfter der Fall sein. (2)
- Ich rufe an und frage, ob sie das Geplärr nicht abdrehen könnten. (0)

Haben Sie zusammen mit Ihren Nachbarn schon mal eine Art Straßenfest organisiert?

- Ja – war toll! (2)
- Um Gotteswillen – Nein! (0)

Sie fahren in die Stadt zum Einkaufen. Fragen Sie Ihre Nachbarin, ob Sie ihr etwas mitbringen sollen oder ob sie mitfahren möchte?

- Gelegentlich; meistens vergesse ich es allerdings. (1)
- Bestimmt nicht! (0)
- Ja (2)

Stört es Sie, wenn Ihre Nachbarn bei Ihnen klingeln und um „Leihgaben" wie Eier, Zucker oder ähnliches bitten?

- Manchmal schon (1)
- Ja (0)
- Nein, ich bin froh, wenn ich mir auch mal etwas borgen kann. (2)

Würden Sie lieber heute als morgen nur wegen Ihren „lieben" Nachbarn umziehen?

- Manchmal wünsche ich mir das schon. (1)
- Ja (0)
- Nein, mir gefällt's hier sehr gut. (2)

Kümmern Sie sich um den Garten und/oder die Topfpflanzen Ihrer Nachbarn, wenn diese in Urlaub fahren?

- Ja, und umgekehrt natürlich auch. (2)
- Nein (0)

Hatten Sie schon mal ein Haustier Ihrer Nachbarn in Pflege?

- Ja (2)
- Nein (0)

Unternehmen Sie mit Ihren Nachbarn öfter etwas gemeinsam (z.B. Radtour, Spaziergang, Grillfest)?

- Ja (2)
- Nein (0)

Wie oft hatten Sie mit Ihren Nachbarn schon rechtliche Schwierigkeiten?

- Einmal (1)
- Schon öfter (0)
- Noch nie; wenn's wirklich mal Meinungsverschiedenheiten gibt, dann regeln wir das unter uns. (2)

0 bis 14 Punkte

Sie scheinen mit Ihren Nachbarn nicht besonders gut klarzukommen und mit einigen sogar regelrecht auf „Kriegsfuß" zu stehen. Haben Sie sich schon einmal Gedanken darüber gemacht, daß möglicherweise Sie selbst daran schuld sein könnten? Zum Streiten gehören nämlich immer zwei. Vielleicht sollten Sie sich überwinden und den ersten Schritt zur Versöhnung unternehmen oder aber künftig nicht gleich wegen jeder Lappalie explodieren. Viele Meinungsverschiedenheiten lassen sich mit Sicherheit „im Guten" regeln. Auch wenn Ihnen im Grunde eine Nachbarschaft auf Distanz lieber ist, sollten Sie Ihre Hilfe in Notfällen nicht verweigern. Es kann nämlich durchaus der Tag kommen, an dem Sie selbst froh sein werden, wenn Ihnen jemand aus der Nachbarschaft „aus der Patsche" hilft. Denken Sie mal drüber nach!

15 bis 29 Punkte

Ein gutes Verhältnis zu Ihren Nachbarn ist Ihnen sehr wichtig. Dafür nehmen Sie schon mal kleinere Unannehmlichkeiten in Kauf. Wenn's jedoch zu schlimm wird, scheuen Sie sich auch nicht vor einem klaren Wort. Allerdings versuchen Sie, Meinungsverschiedenheiten nach Möglichkeit „im Guten" zu regeln und legen es keinesfalls darauf an, vor den Kadi zu ziehen. Wenn Sie auch nicht unbedingt zu jenen Zeitgenossen gehören, die sehr engen Kontakt zu Ihrer Nachbarschaft suchen, sondern eher auf Ihre

Privatsphäre bedacht sind, so sind Sie doch stets freundlich, rücksichtsvoll und hilfsbereit und haben auch nichts gegen gelegentliche gemeinsame Unternehmungen.

30 bis 44 Punkte

Wer Sie zum Nachbarn hat, kann sich wirklich glücklich schätzen! Sie verdienen das Prädikat „sehr guter Nachbar“! Sie fühlen sich in Ihrer Wohngegend wohl und Sie geben sich alle Mühe, damit das auch so bleibt. Sie sind höflich, hilfsbereit, rücksichtsvoll und tolerant. Ihnen ist vollkommen klar, daß es – ähnlich wie in einer Ehe – immer wieder mal zu Meinungsverschiedenheiten mit dem einen oder anderen Nachbarn kommen wird. Doch Sie bemühen sich, diese so schnell wie möglich aus der Welt zu schaffen und sehen über Kleinigkeiten sowieso großzügig hinweg. Mit einigen Nachbarn haben Sie inzwischen sogar ein sehr freundschaftliches Verhältnis aufgebaut. Und dazu kann man Ihnen nur gratulieren!

Wie steht's um Ihre Opferbereitschaft?

Opferbereitschaft, d.h. bewußt auf etwas zu verzichten, und sei es es nur auf die eigene Bequemlichkeit, ist nicht jedermanns Sache. Es gibt wahre „Opferlämmer“, die für andere jederzeit durchs Feuer springen und ihr letztes Hemd geben würden, und solche, die für andere nicht einmal den kleinen Finger krumm machen. Wozu neigen Sie?

Wie oft verleihen Sie Bücher oder andere Dinge und bekommen sie dann nie wieder zurück?

- Selten (1)
- Oft (0)
- Eigentlich nie (2)

Wie oft spenden Sie für humanitäre Zwecke?

- Gelegentlich (1)

- Regelmäßig (0)
- Nie (2)

Man bittet Sie, die Patenschaft für ein Waisenkind in Asien, Afrika oder Südamerika zu übernehmen. Die monatlichen Kosten liegen bei etwa € 60. Machen Sie das?

- Vielleicht (1)
- Ja (0)
- Nein (2)

Sie können nicht schlafen, weil irgendwo in der Nachbarschaft laute Partymusik dröhnt. Was machen Sie?

- Ich gehe hin und beschwere mich. (1)
- Ich schließe das Fenster und stopfe mir die Ohren zu. (0)
- Ich rufe sofort die Polizei an. (2)

Geben Sie auch mal nach, obwohl Sie recht haben?

- Ab und zu (1)
- Kommt ziemlich oft vor. (0)
- Fällt mir doch nicht im Traum ein! (2)

Ein entfernter Verwandter muß ins Krankenhaus und bittet Sie, in der Zwischenzeit seinen Hund zu sich zu nehmen, obwohl er selbst Kinder hat. Machen Sie es trotzdem?

- Gegen Bezahlung ja (1)
- Wenn es mir irgendwie möglich ist, bestimmt. (0)
- Bestimmt nicht – wenn seine Kinder das nicht übernehmen, dann muß er das Vieh eben so lange ins Tierheim bringen. (2)

Sie werden gebeten, in Ihrem Sportverein eine ehrenamtliche Tätigkeit zu übernehmen. Machen Sie das?

- Kommt drauf an, mit wieviel Zeitaufwand die Sache verbunden ist. (1)
- Ja, sicher! (0)
- Auf keinen Fall – schließlich bezahle ich Mitgliedsbeitrag und mein bißchen Freizeit brauche ich für mich selbst! (2)

Sie wollen gerade zu einem Kinobesuch aufbrechen, da läutet es an der Wohnungstür und ein/e Freund/in bittet um Rat in puncto Liebeskummer. Was sagen Sie?

- „Laß uns doch gemeinsam ins Kino gehen, danach reden wir über alles." (1)
- „Komm rein, der Film läuft ja morgen auch noch!" (0)
- „Tut mir leid, ich muß jetzt weg. Wir sprechen morgen drüber, okay?" (2)

Sie haben sich auf ein romantisches Candle-Dinner zu zweit eingestellt. Da erscheint unerwarteter Besuch. Was machen Sie?

- Den- oder diejenigen auf einen kurzen Drink hereinbitten. (1)
- Ein drittes Gedeck auflegen, obwohl mir überhaupt nicht der Sinn danach steht. (0)
- Den- oder diejenigen unter irgendeinem Vorwand schon an der Tür abwimmeln. (2)

Welche der drei schlechten Eigenschaften stört Sie bei Ihren Mitmenschen am meisten?

- Unpünktlichkeit (1)
- Egoismus (0)
- Faulheit (2)

0 bis 6 Punkte

Sie gehören zu jenen Menschen, denen es kaum etwas ausmacht, „ihr letztes Hemd" für andere zu geben. Hilfsbereitschaft ist eine Ihrer herausragenden Stärken. Sie haben stets ein offenes Ohr für die Sorgen und Nöte Ihrer Mitmenschen und helfen, wo Sie nur können, sei es mit körperlichem Einsatz oder mit Sach- oder Geldspenden. Doch denken Sie dabei stets an das Sprichwort „Undank ist der Welt Lohn". Dann sind Sie nicht zu enttäuscht, wenn Sie für Ihre Opfer kaum ein „Vergelt's Gott" zu hören bekommen, oder Ihnen, falls Sie selbst einmal Hilfe nötig haben, diese verweigert wird.

7 bis 13 Punkte

Für einen Ihnen bekannten Personenkreis können Sie leichten Herzens Opfer bringen. Zu anonymen Sach- oder Geldspenden sind Sie jedoch aus Angst, daß Ihre Gabe in irgendwelchen „dunklen Gassen" versickern könnte, nur selten bereit.

14 bis 20 Punkte

Sie mögen ja viele Stärken haben, doch Hilfs- und Opferbereitschaft gehören nicht dazu. Freiwillig auf etwas zu verzichten ist nicht gerade Ihr Ding. Hilfe zu spenden überlassen Sie lieber denen, „die es sich auch leisten können". Falls Sie zugunsten eines anderen trotzdem mal z.B. in puncto Bequemlichkeit zurückstecken, dann soll sich die Sache wenigstens in finanzieller Hinsicht für Sie „auszahlen".

Sind Sie streitsüchtig?

Es soll ja Leute geben, die brauchen Streit wie das tägliche Brot. Andere wiederum sind so friedliebend, daß Sie, um Auseinandersetzungen aus dem Weg zu gehen, lieber alle Gemeinheiten ihrer Mitmenschen in Kauf nehmen, ja sogar auf ihre Rechte verzichten und dafür dann nicht selten mit dem Prädikat „charakterlos" ausgezeichnet werden. Wozu neigen Sie?

Sie haben Ihrem Nachbarn bereits vor einiger Zeit gesagt, daß mehrere Zweige seines Apfelbaumes zu weit in Ihren Garten ragen und er sie stutzen soll. Obwohl er versprochen hat, das in Kürze zu erledigen, hat er nichts unternommen. Was nun?

- Ich schreibe ihm selbst einen Brief. (1)
- Ich lasse ihm durch meinen Rechtsanwalt einen Brief schreiben. (0)
- Ich spreche ihn noch einmal darauf an. (2)

Wieviele Feinde glauben Sie zu haben?

- Ein paar (1)
- Viele (0)
- Überhaupt keine (2)

Beteiligen Sie sich gerne an hitzigen Diskussionen?

- Kommt auf das Thema an (1)
- Ja (0)
- Nein (2)

Könnten Sie sich vorstellen, als deutscher Botschafter in einem afrikanischen Staat zu fungieren?

- Eher nein (1)
- Ausgeschlossen! (0)
- Ja (2)

Was halten Sie von Kompromissen?

- Gelegentlich die beste Lösung (1)
- Gar nichts (0)
- Viel (2)

Hand aufs Herz: Kann man Sie „leicht auf die Palme bringen"?

- Manchmal ja (1)
- Ja, leider (0)
- Eigentlich nicht (2)

Wie oft haben Sie Ihre Rechtschutzversicherung schon in Anspruch genommen?

- 1- bis 3mal (1)
- 4- bis 5mal (0)
- Noch nie – Ich habe gar keine. (2)

Sie wollen rückwärts in eine Parklücke einscheren. Da kommt von hinten ein Auto und fährt vorwärts hinein. Wie reagieren Sie?

- Ich steige aus und frage denjenigen, ob er das immer so macht. (1)
- Ich steige aus und werfe demjenigen mein gesamtes Schimpfwörter-Vokabular an den Kopf. (0)
- Ich fahre weiter und suche mir einen anderen Parkplatz. (2)

Glauben Sie, es gibt Menschen, die Angst vor Ihnen haben?

- Ich glaube nicht (1)
- Schon möglich (0)
- Bestimmt nicht! (2)

Die Ampel schaltet auf Grün. Der Fahrer vor Ihnen erwischt den Rückwärtsgang und kracht gegen Ihre Stoßstange. Was werden Sie wohl als erstes zu ihm sagen?

- „Mußte das jetzt sein?“ (1)
- „Sie Trottel, haben Sie Ihren Führerschein in der Lotterie gewonnen?“ (0)
- „Kann schon mal vorkommen. Zum Glück gibt's ja Versicherungen.“ (2)

Für wie wichtig halten Sie es, so schnell wie möglich wieder „die Friedenspfeife zu rauchen“?

- Wichtig (1)
- Unwichtig (0)
- Sehr wichtig (2)

Wie oft streiten Sie sich heftig mit Ihrem Lebenspartner?

- Manchmal (1)
- Sehr oft (0)
- Nie (2)

Um zwei Uhr morgens klingelt das Telefon. Am anderen Ende der Leitung fragt ein offensichtlich Betrunkener nach seiner „Süßen“, hat also die falsche Nummer erwischt. Wie reagieren Sie?

- „Hier ist nicht Ihre Süße! Wissen Sie eigentlich, wieviel Uhr es ist?“ (1)
- „Sie besoffenes Schwein! Wissen Sie eigentlich, wieviel Uhr es ist? Ich bin nicht Ihre Süße!“ (0)
- „Sie haben die falsche Nummer erwischt. Na ja, kann ja jedem mal passieren.“ (2)

Wenn Sie die Meinung anderer nicht teilen, sagen Sie das dann sofort klar und deutlich?

- Kommt auf die jeweilige Situation an (1)

- Immer (0)
- Nie (2)

Fällt es Ihnen schwer, Fehler zuzugeben oder sich für etwas zu entschuldigen?

- Kommt darauf an (1)
- Ja (0)
- Nein (2)

Ist es Ihnen egal, was andere über Sie denken?

- Manchmal ja, manchmal nein (1)
- Ja, vollkommen! (0)
- Nein (2)

Genießen Sie es, im Mittelpunkt zu stehen?

- Selten (1)
- Ja sehr (0)
- Nein (2)

Wieviele vor den Kadi gezogene Nachbarschafts-Streitfälle könnte man Ihrer Meinung nach auch außergerichtlich schlichten?

- Etwa die Hälfte (1)
- Die wenigsten (0)
- Die meisten (2)

Wie oft müssen Sie sich den Satz anhören: „Sei doch nicht so streitsüchtig!"?

- Kommt selten vor (1)
- Ziemlich oft (0)
- Nie (2)

Welche Redewendung entspricht am ehesten Ihrem Naturell?

- Abgeredet vor der Zeit, gibt nachher keinen Streit. (1)
- Auge um Auge – Zahn um Zahn (0)
- Der Klügere gibt nach. (2)

0 bis 12 Punkte

Wie andere Briefmarken sammeln, suchen Sie fast schon hobbymäßig nach Vorkommnissen, die es Ihnen erlauben, sich mit jemandem „anzulegen". Bei Auseinandersetzungen mit Ihren Mitmenschen fällt es Ihnen im Traum nicht ein, auch nur einen Millimeter von Ihrem Standpunkt abzurücken. Wenn dann Ihr Kontrahent „aus dem selben Holz geschnitzt" ist wie Sie, kann es durchaus passieren, daß aus einer Mücke ein Elefant wird, und man sich vor Gericht wiedersieht. Und das kann ganz schön ins Geld gehen. Doch wie heißt es so schön: „Wenn zwei sich streiten, freut sich der Dritte!"

13 bis 27 Punkte

Sie leben nach der Devise „Mit Zank und Streit kommt man nicht weit" und versuchen, ernsthafte Auseinandersetzungen nach Möglichkeit gar nicht erst aufkommen zu lassen. Läßt sich ein Streit trotz Ihrer Bemühungen nicht vermeiden, lassen Sie sich aber auch nicht um des lieben Friedens willen alles gefallen. Dann gilt für Sie: Lieber für klare Verhältnisse sorgen als immer klein beigeben. Und mit dieser Einstellung liegen Sie völlig richtig!

28 bis 40 Punkte

Sie hassen wahrscheinlich nichts mehr als Streit. Um nur ja Ihren „Frieden" zu haben, geben Sie in Konfliktsituationen meistens nach und ertragen die Gemeinheiten Ihrer Mitmenschen mit einer wahren Engelsgeduld. Doch damit tun Sie sich selbst keinen Gefallen, da Ihre eigenen Wünsche dabei stets auf der Strecke bleiben. Versuchen Sie bei künftigen Meinungsverschiedenheiten einen Weg zu finden, Ihre Interessen wenigstens zum Teil durchzusetzen.

Visuelle Intelligenz

1.

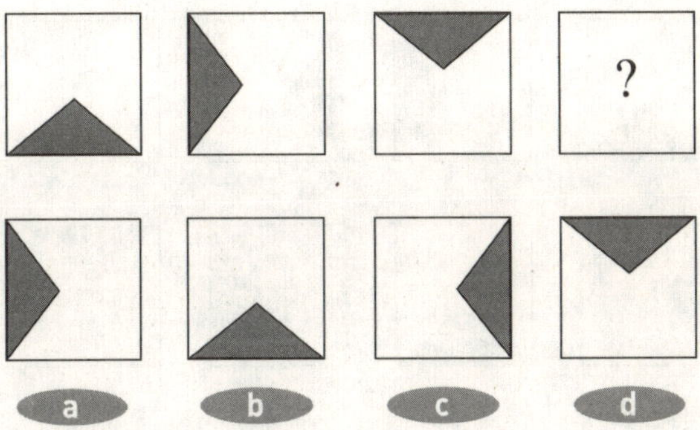

2.

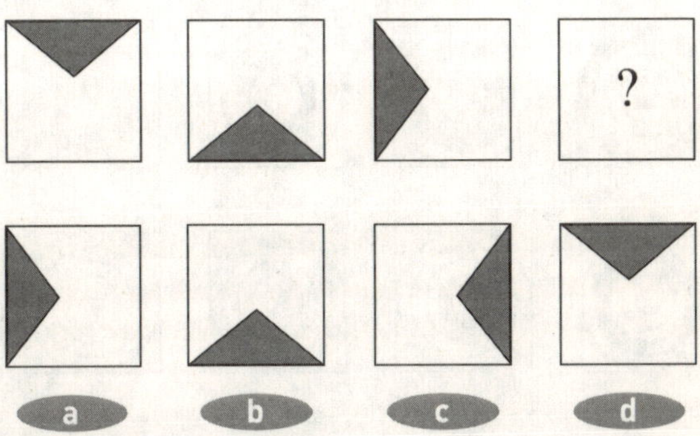

3.

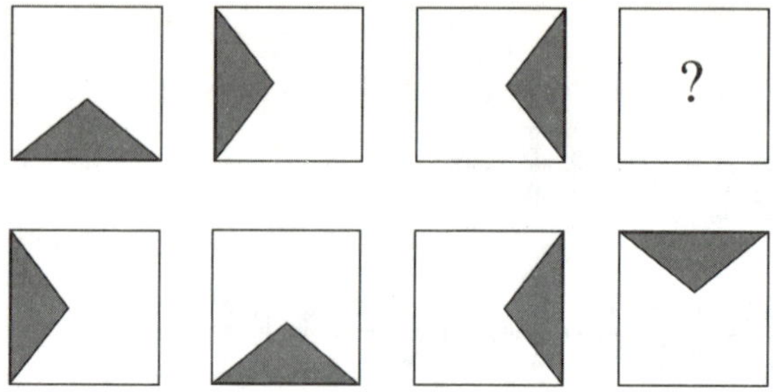

a b c d

4.

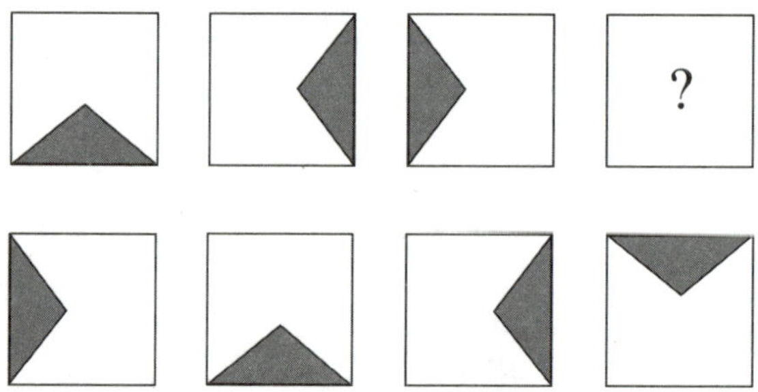

a b c d

5.

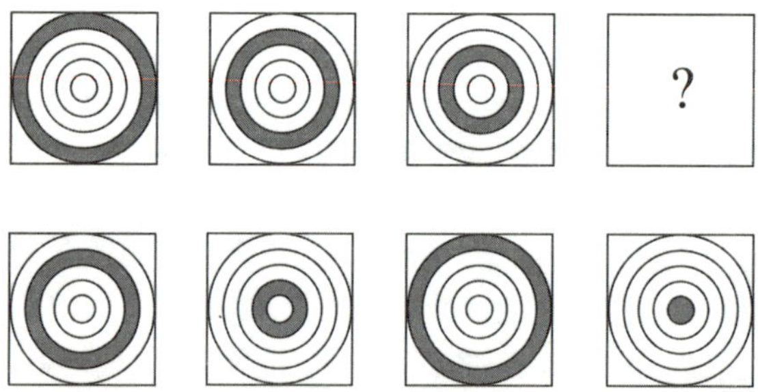

a b c d

6.

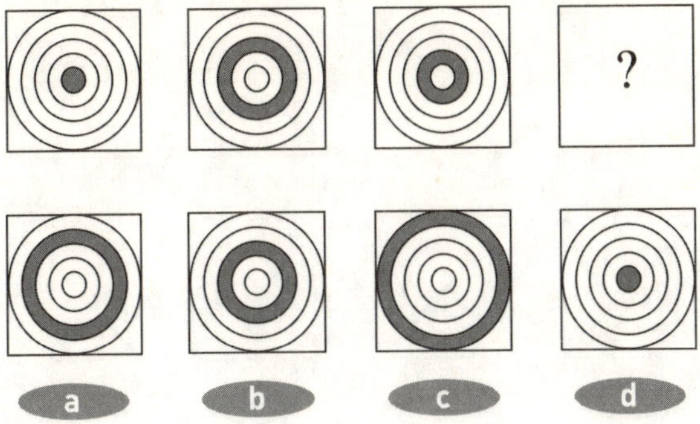

7.

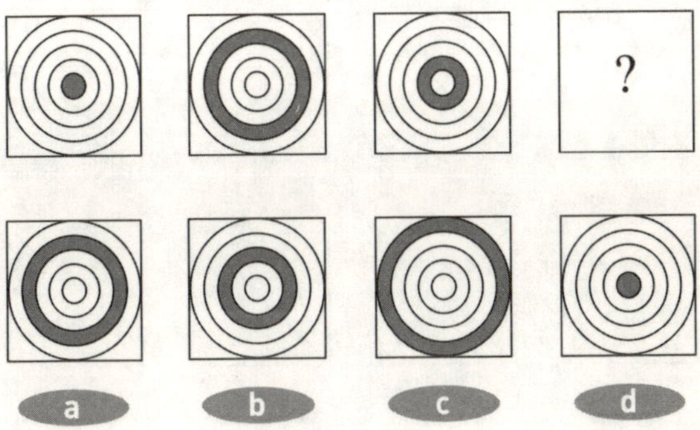

8.

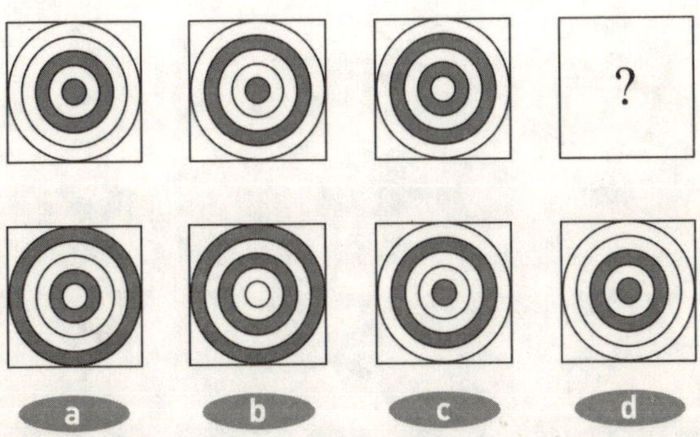

9.

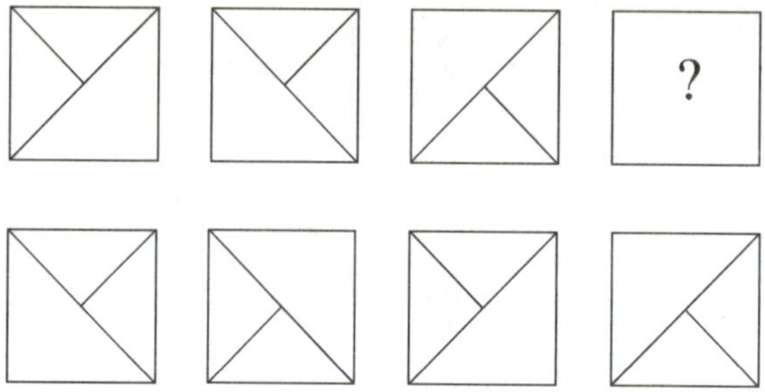

a b c d

10.

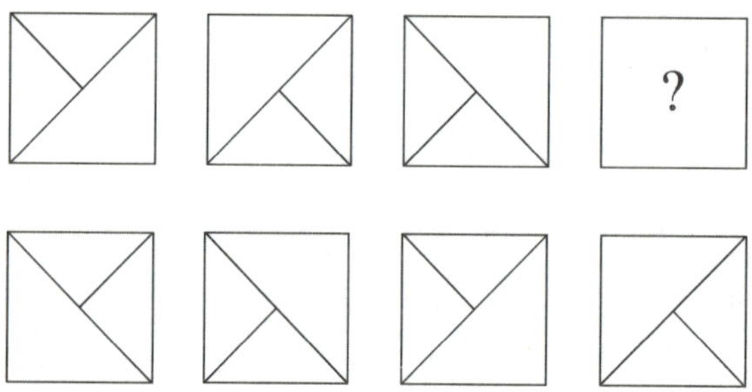

a b c d

11. Welche Figur ist im Vergleich zu den anderen gespiegelt?

a b c

d e f

12. Welche Figur ist im Vergleich zu den anderen gespiegelt?

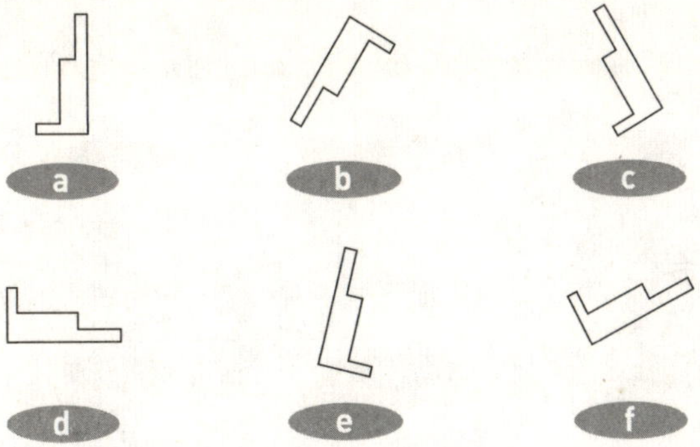

13. Welche Figur ist im Vergleich zu den anderen gespiegelt?

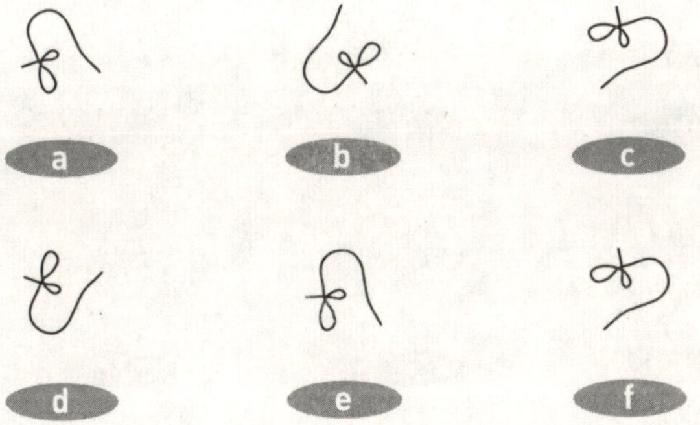

14. Welche Figur ist im Vergleich zu den anderen gespiegelt?

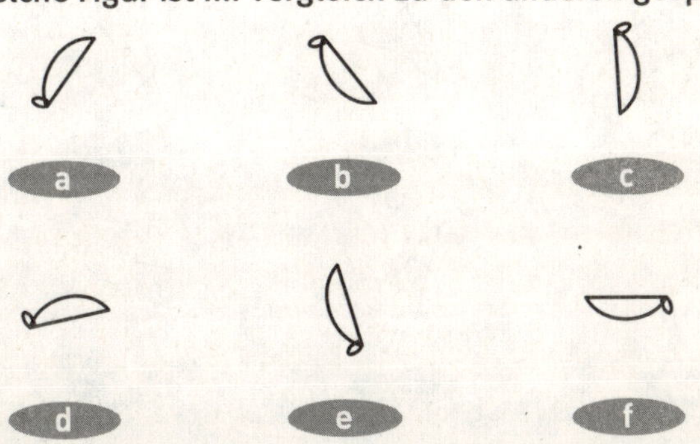

15. Welche Figur ist im Vergleich zu den anderen gespiegelt?

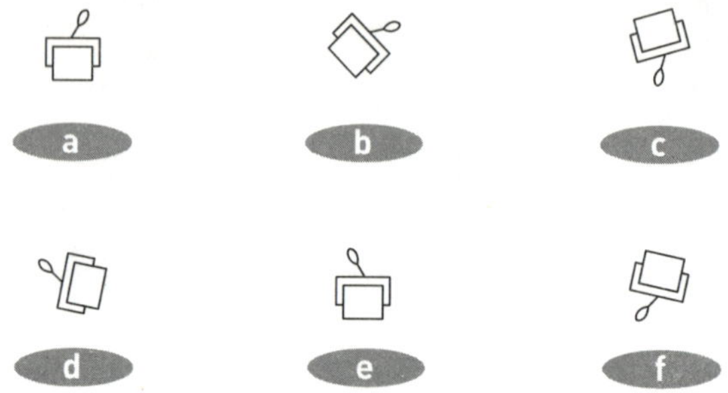

16. Welche Figur ist im Vergleich zu den anderen gespiegelt?

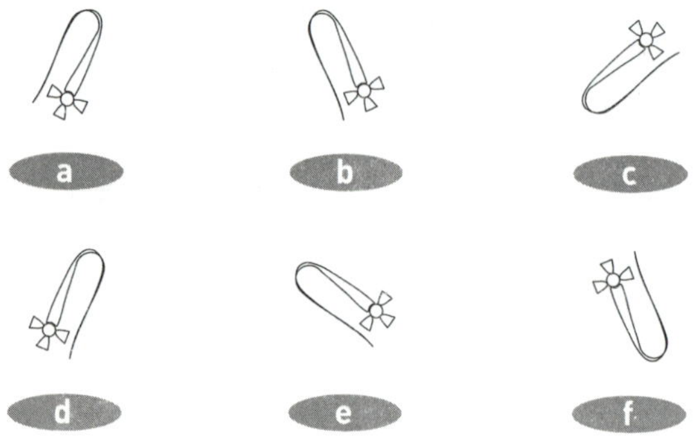

17. Welche Figur ist im Vergleich zu den anderen gespiegelt?

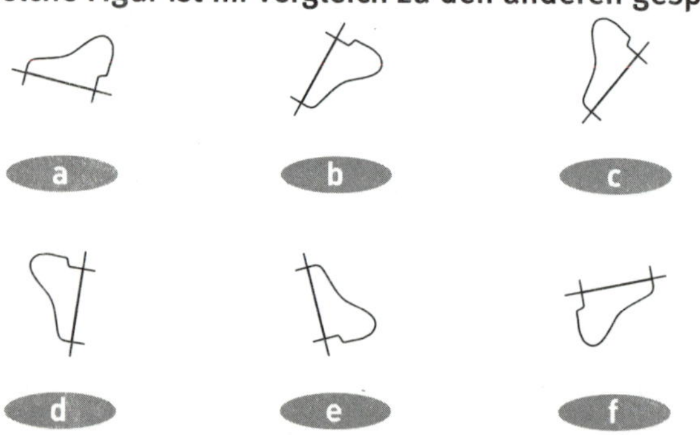

18. **Welche Figur ist im Vergleich zu den anderen gespiegelt?**

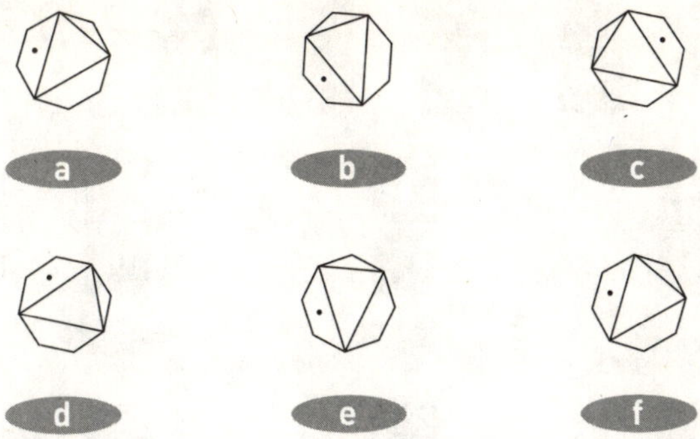

19. **Welche Figur ist im Vergleich zu den anderen gespiegelt?**

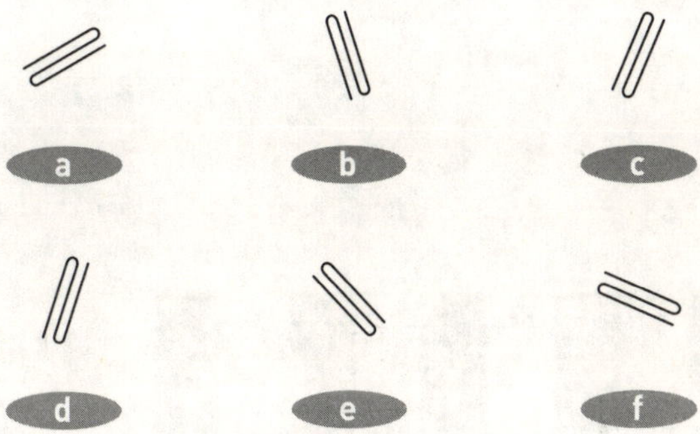

20. **Welche Figur ist im Vergleich zu den anderen gespiegelt?**

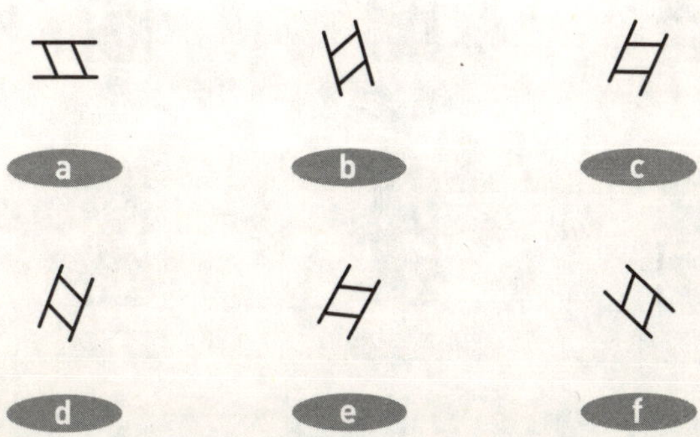

21.

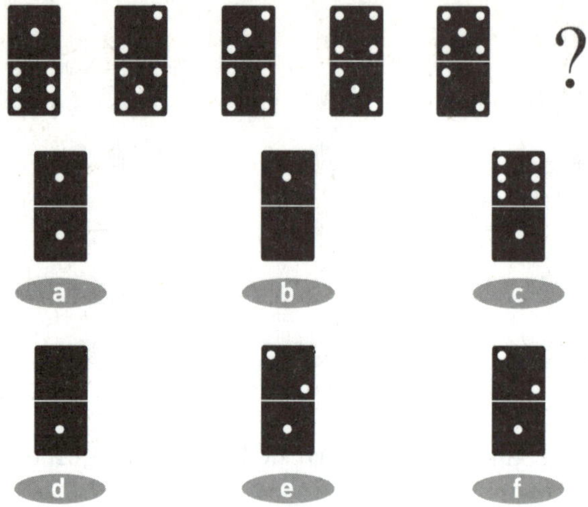

22.

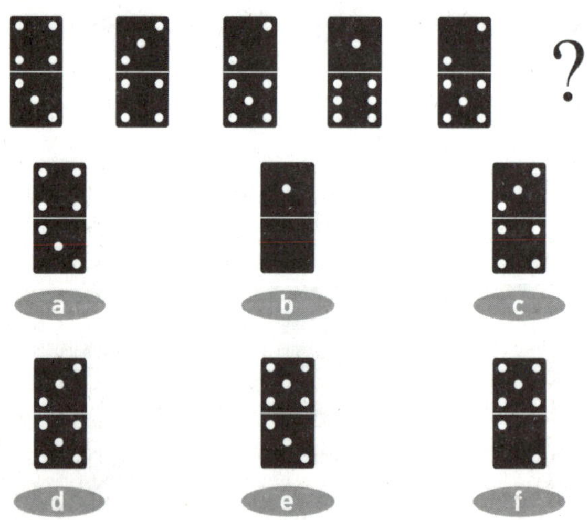

23.

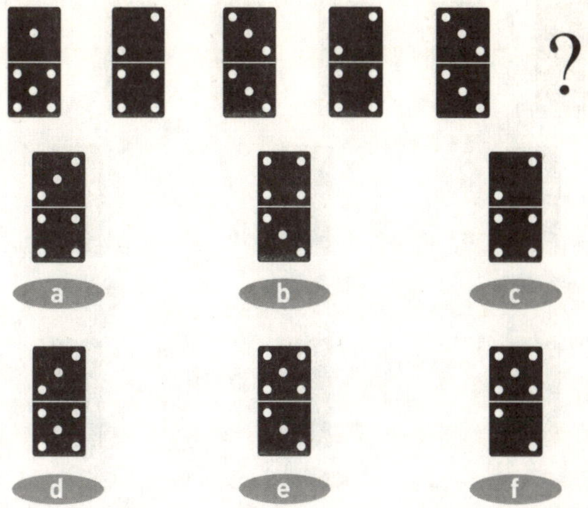

24.

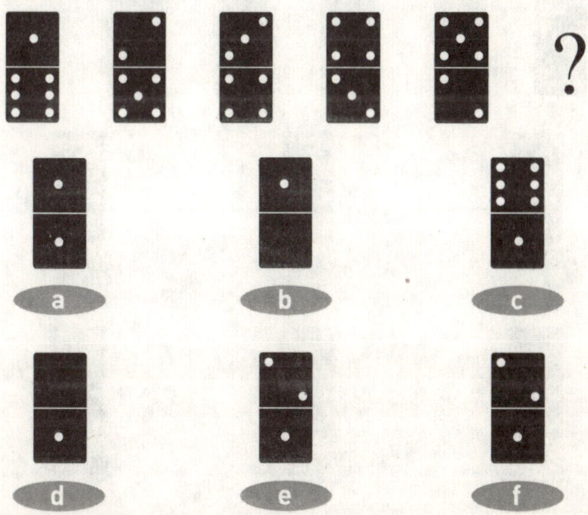

25.

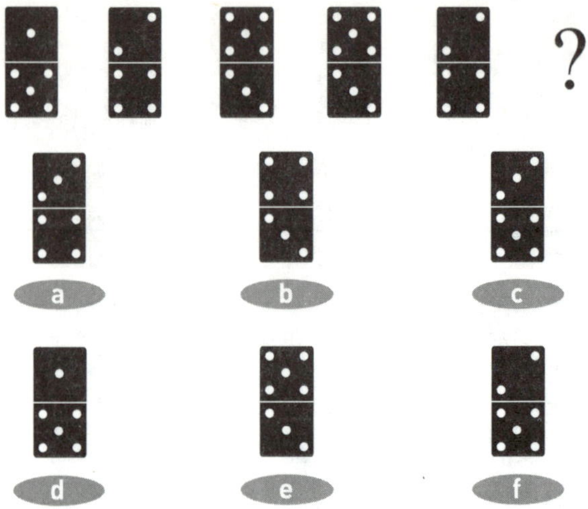

26.

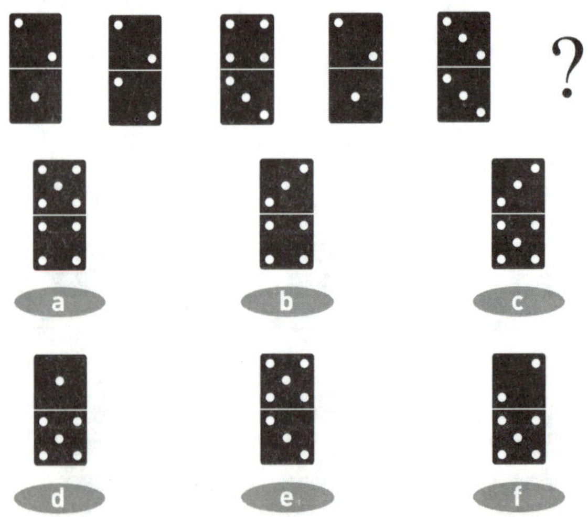

27.

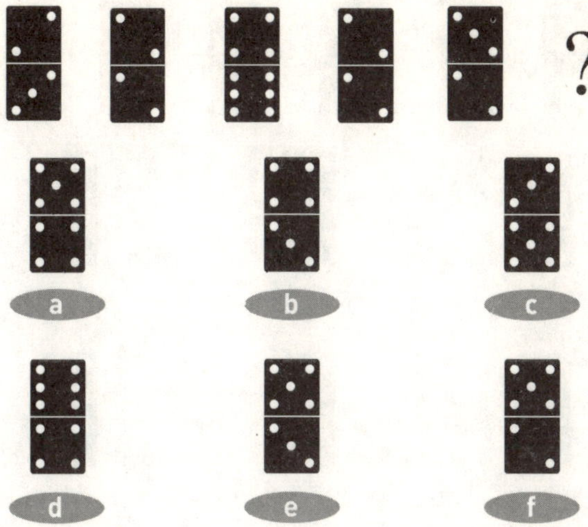

28.

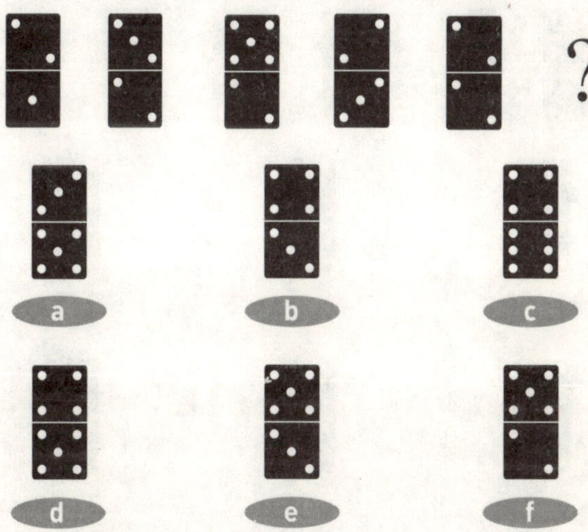

29.

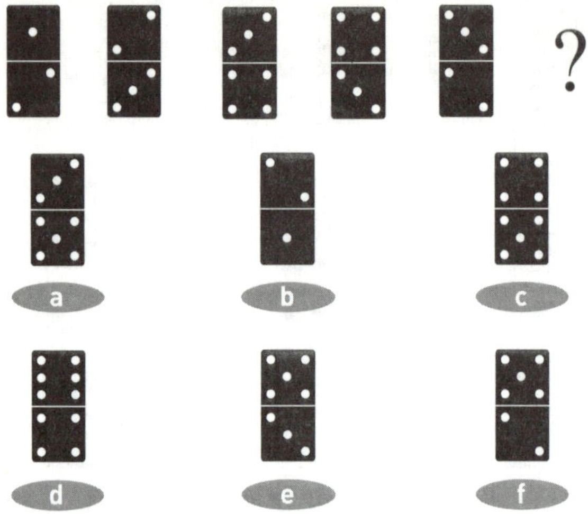

30.

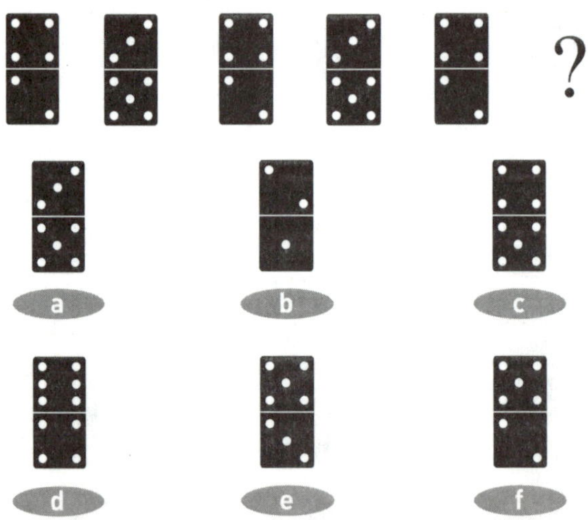

31. **Welche Figur ist im Vergleich zu den anderen gespiegelt?**

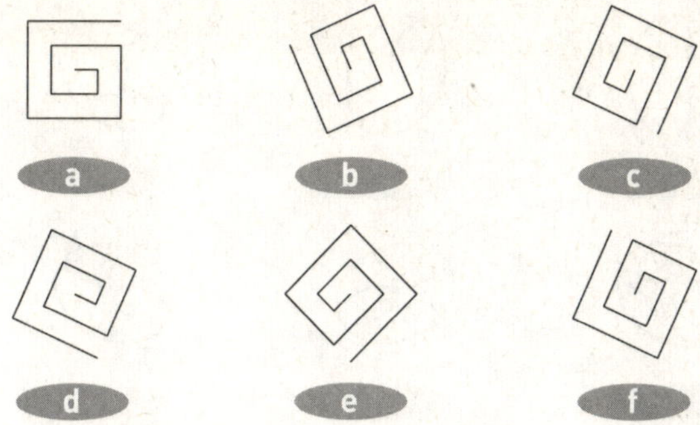

32. **Welche Figur ist im Vergleich zu den anderen gespiegelt?**

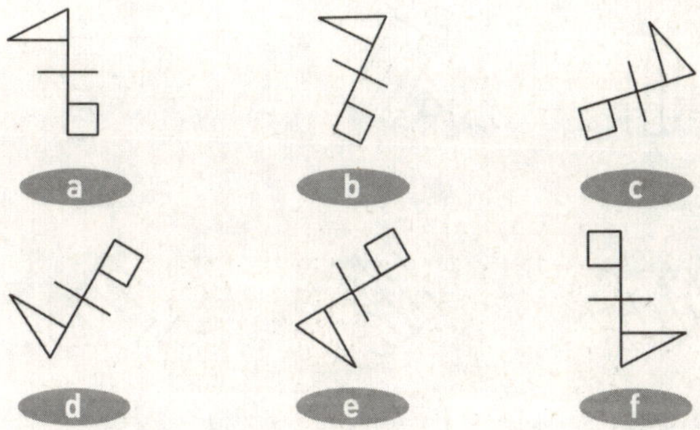

33. **Welche Figur ist im Vergleich zu den anderen gespiegelt?**

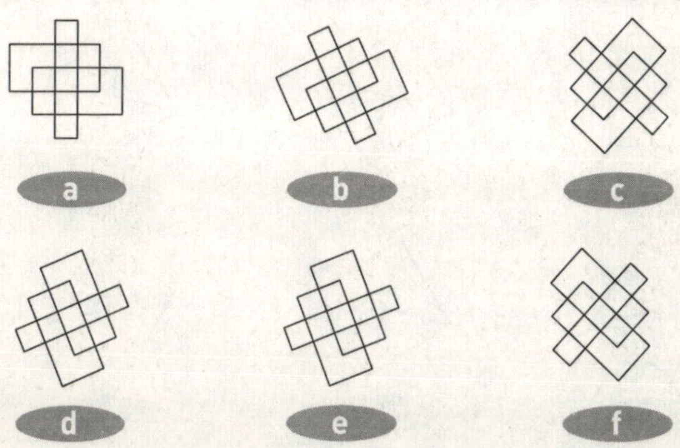

34. Welche Figur ist im Vergleich zu den anderen gespiegelt?

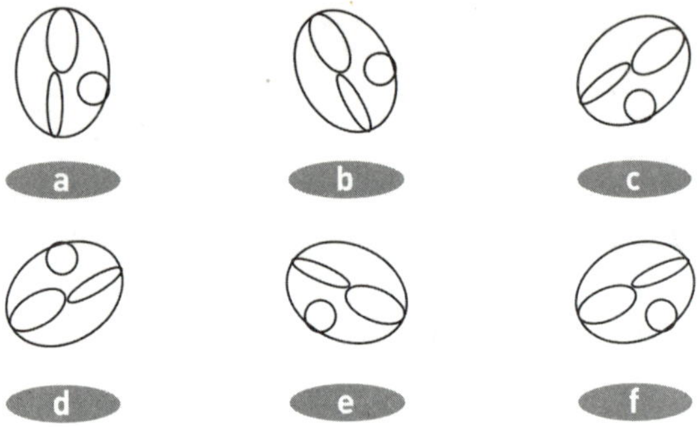

35. Welche Figur ist im Vergleich zu den anderen gespiegelt?

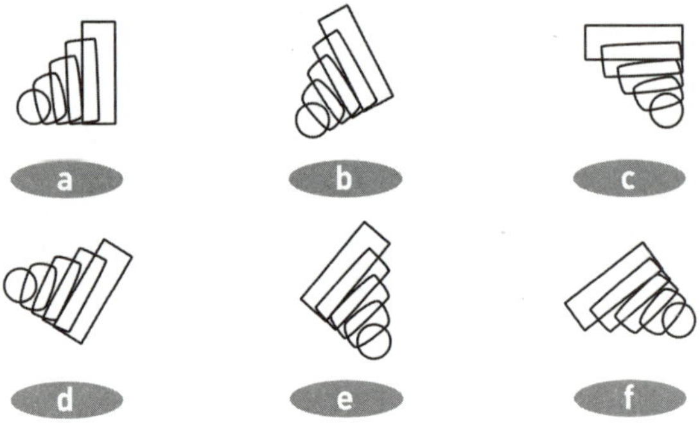

36. Welche Figur ist im Vergleich zu den anderen gespiegelt?

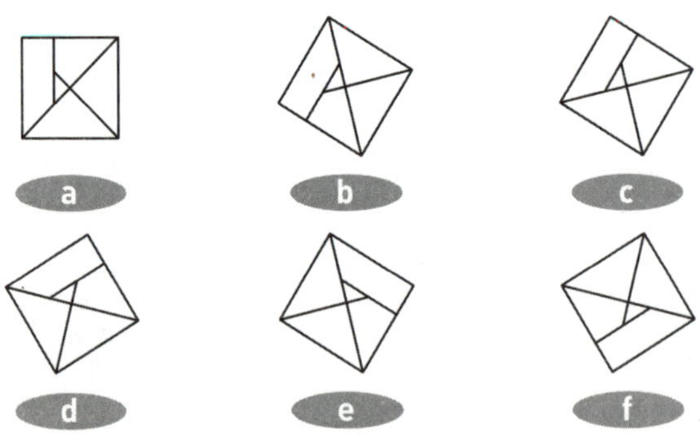

37. **Welche Figur ist im Vergleich zu den anderen gespiegelt?**

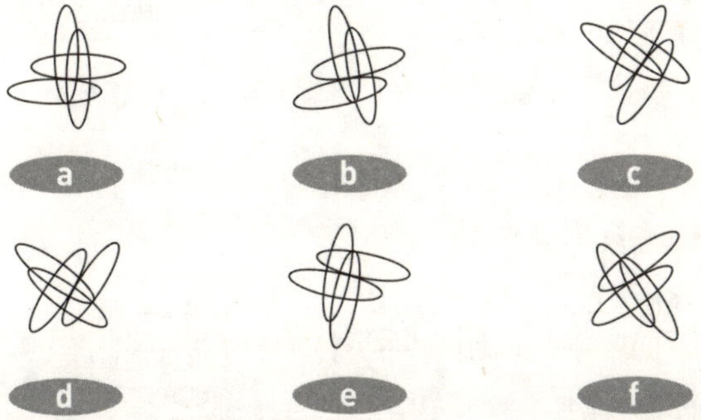

38. **Welche Figur ist im Vergleich zu den anderen gespiegelt?**

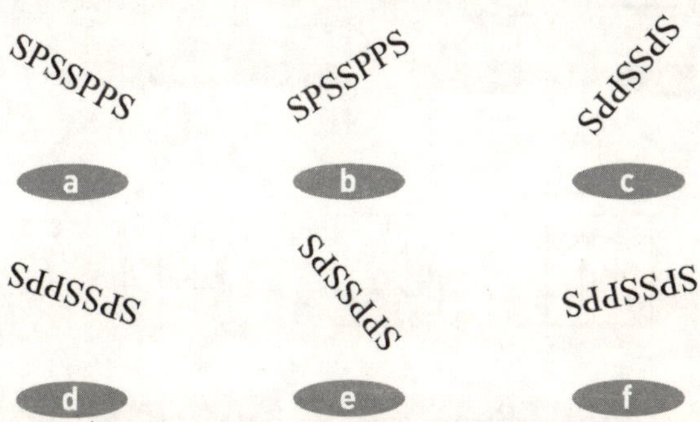

39.

a b c d

40.

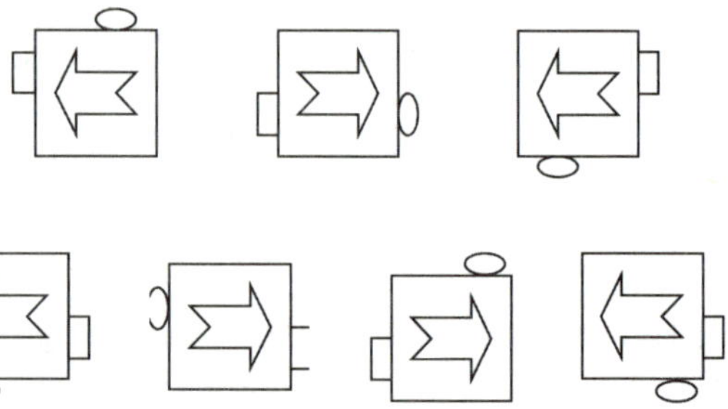

a b c d

41.

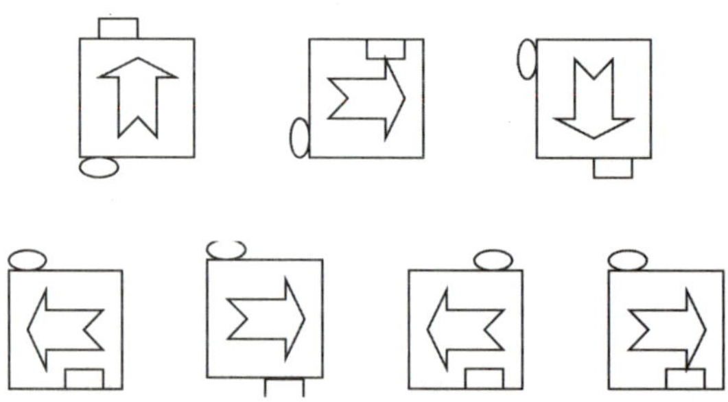

a b c d

42.

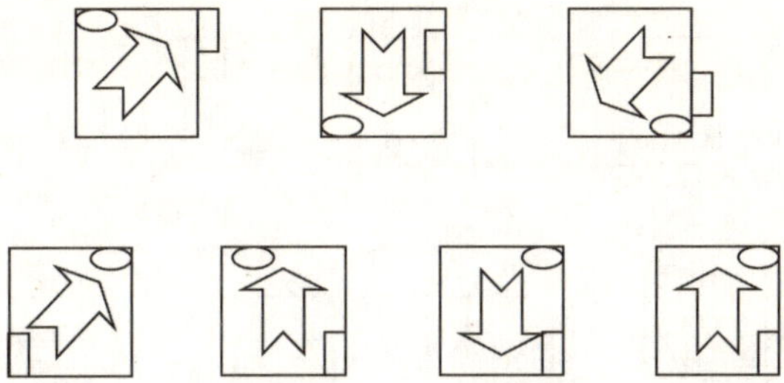

a b c d

43.

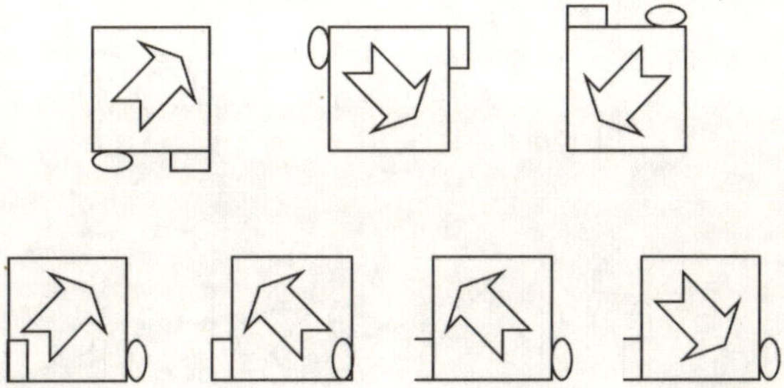

a b c d

44.

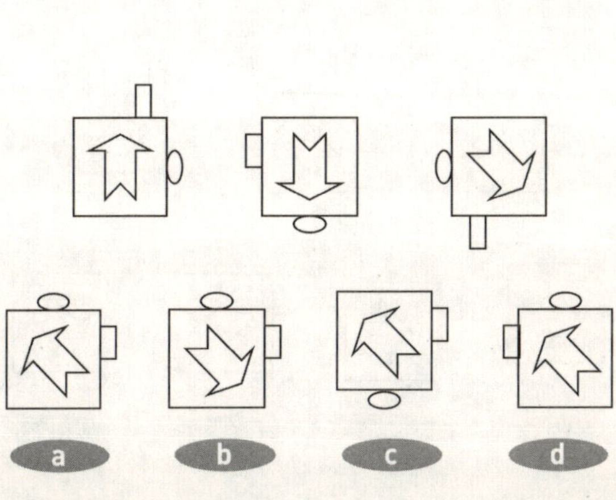

a b c d

45.

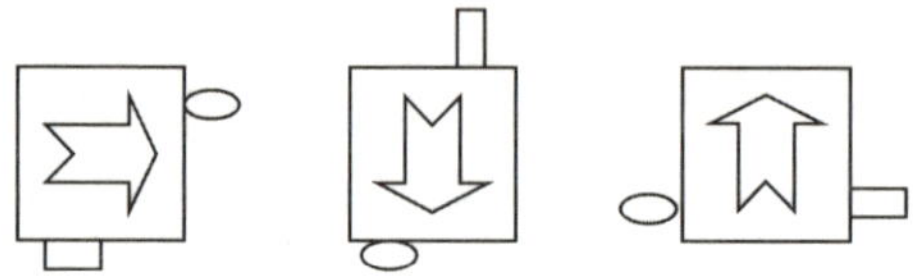

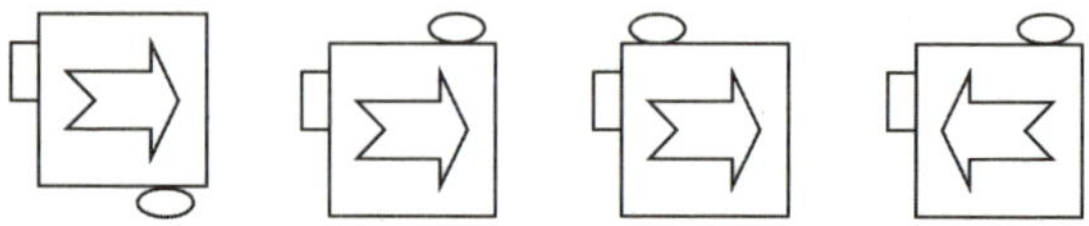

a b c d

46.

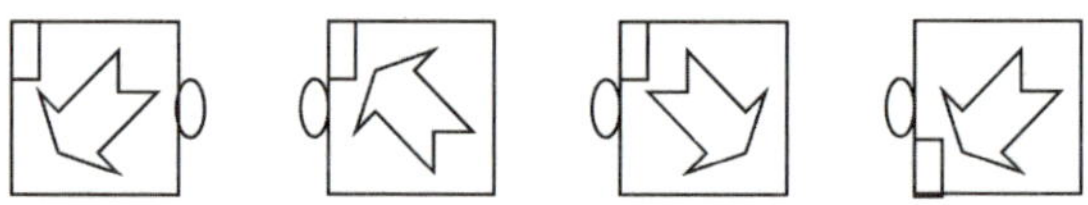

a b c d

47.

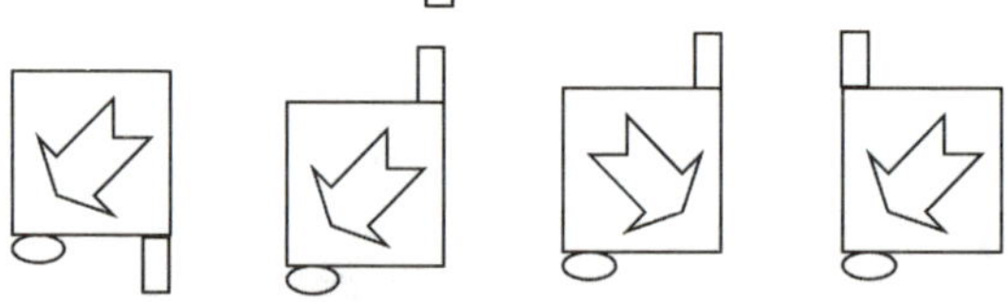

a b c d

48.

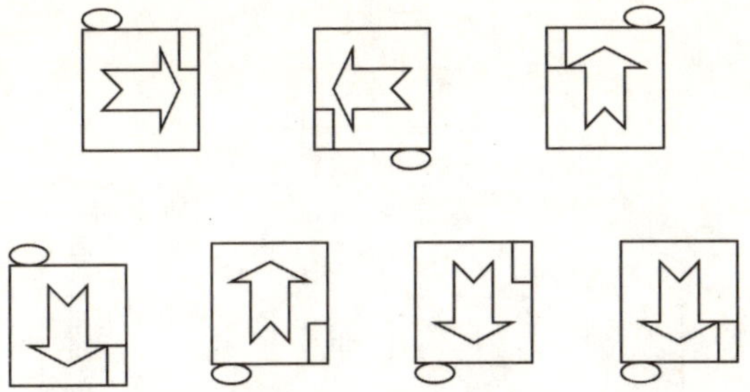

a b c d

49.

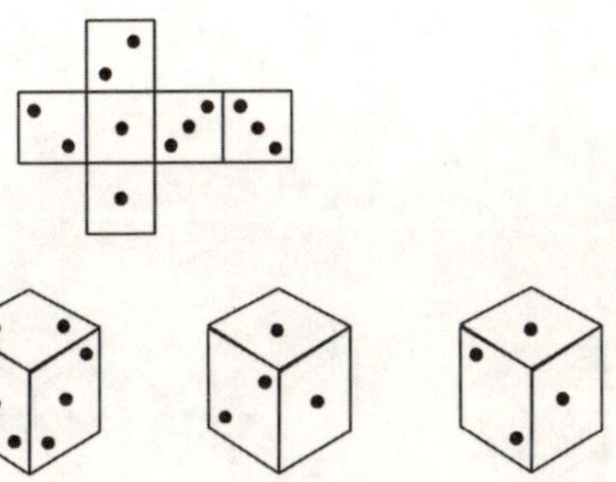

a b c d

50.

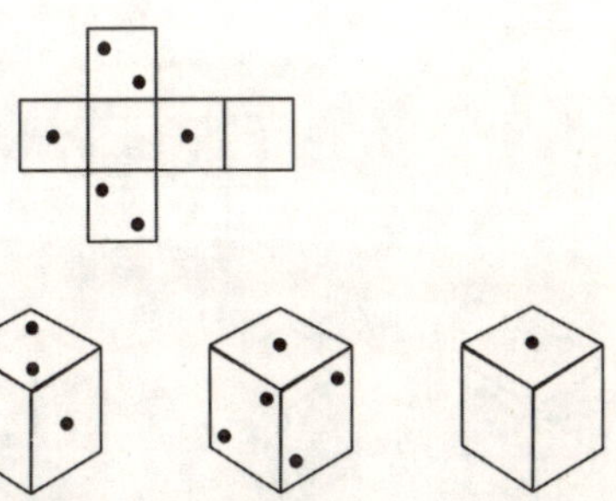

a b c d

51.

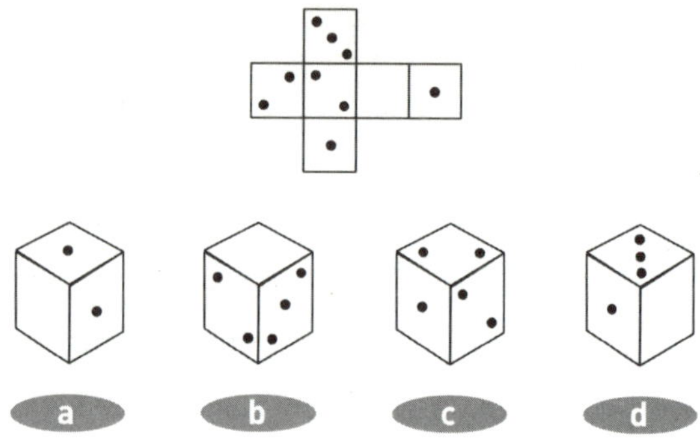

52.

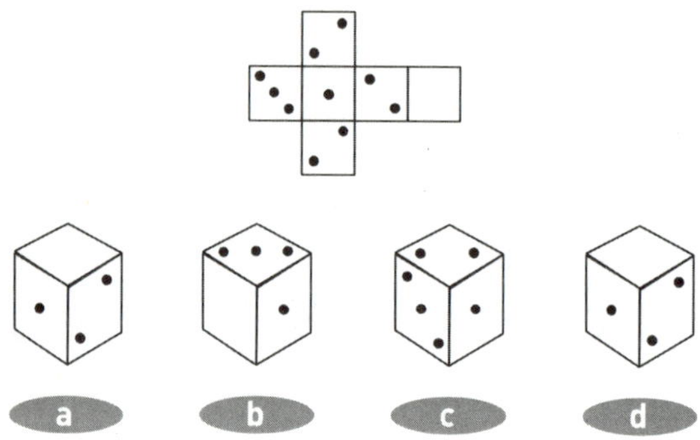

53.

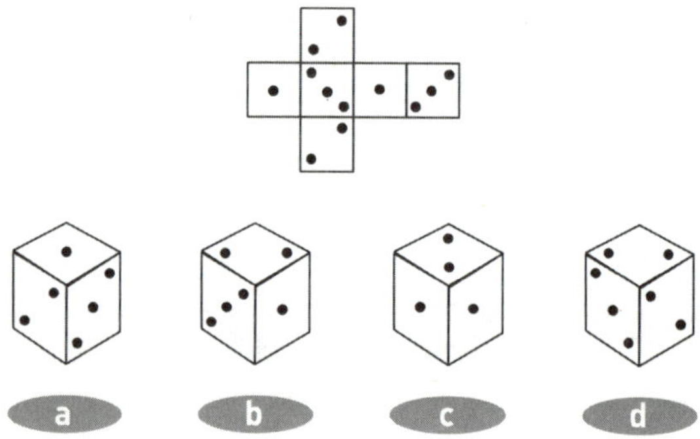

54.

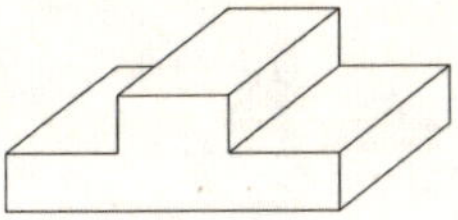

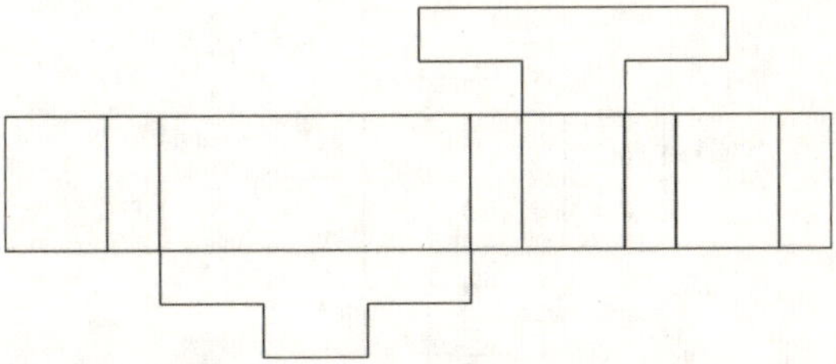

a

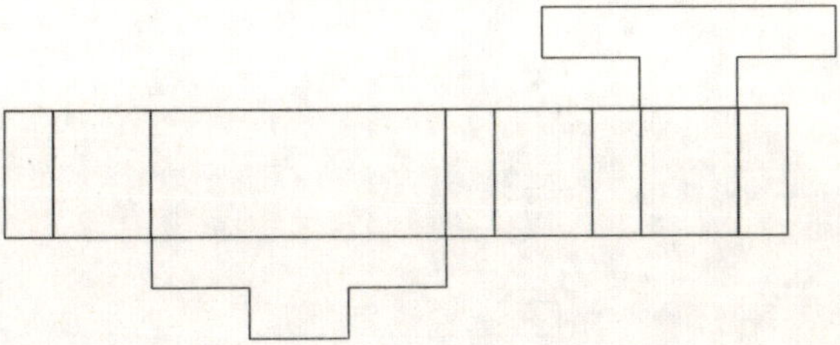

b

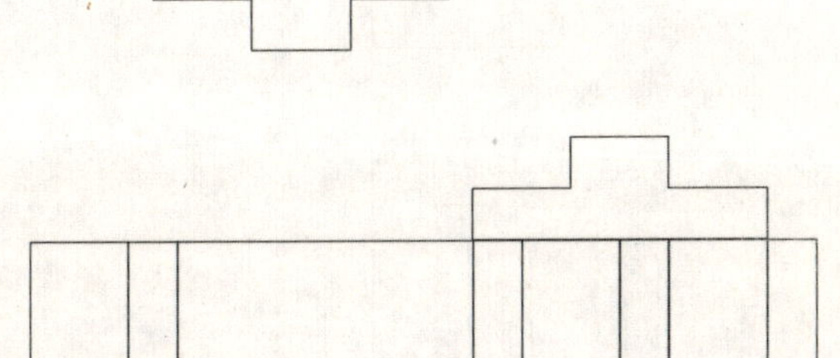

c

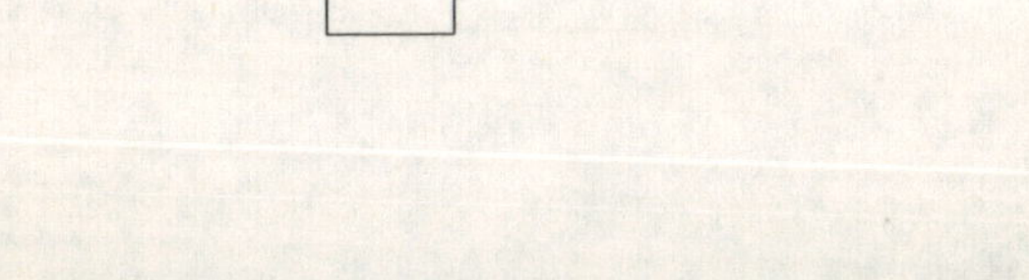

d

55.

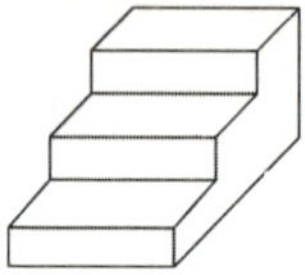

a

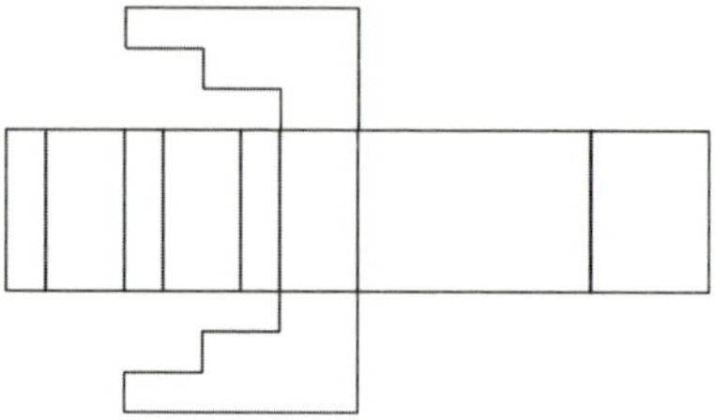

b

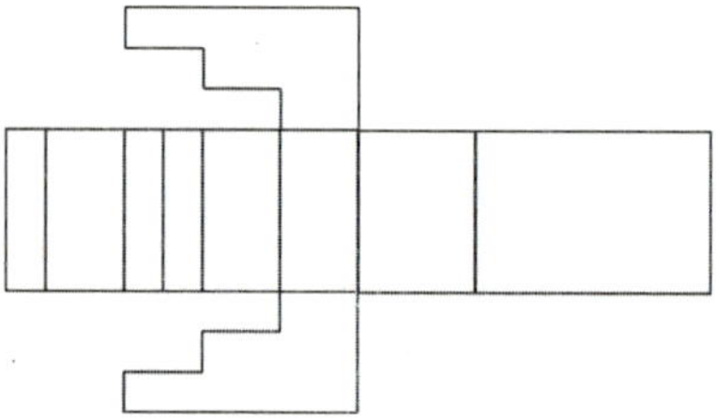

c

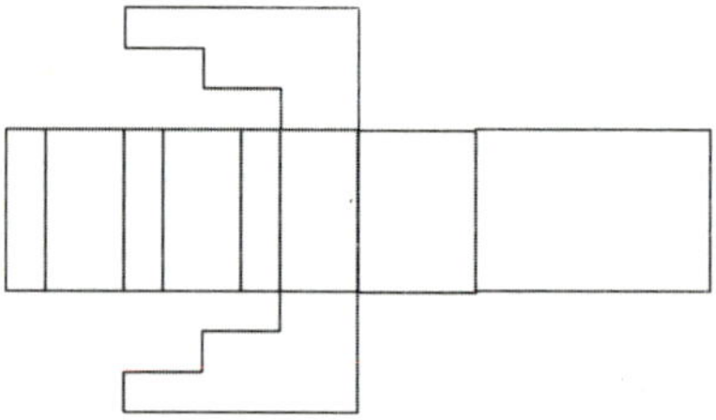

d

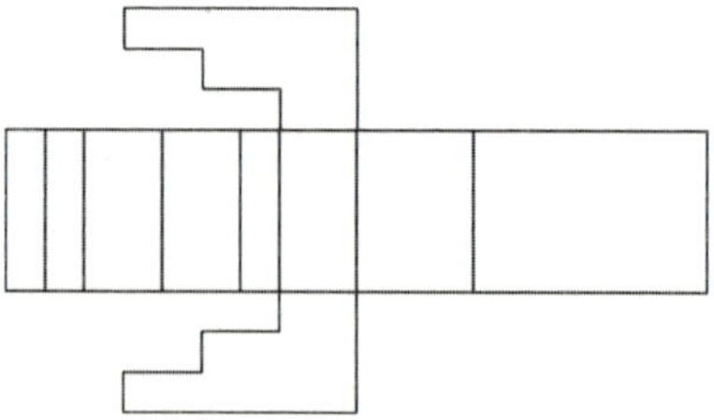

56.

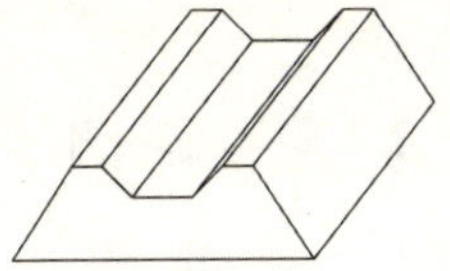

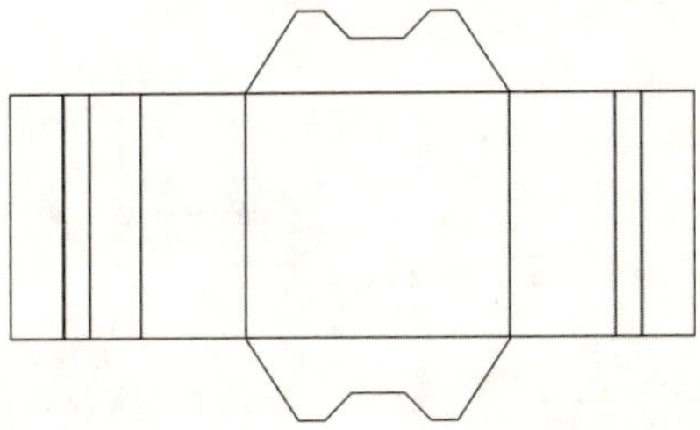

a

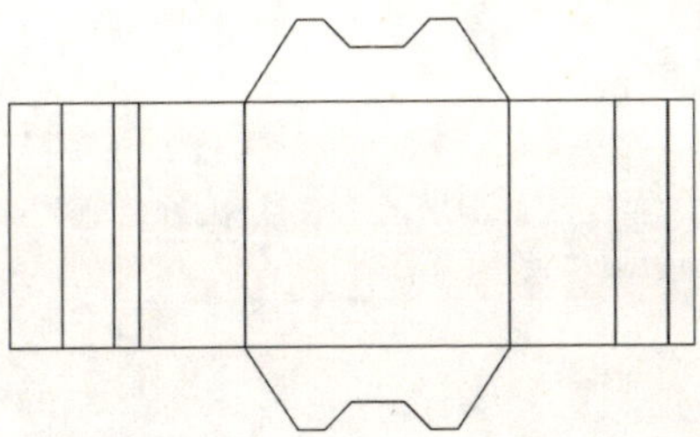

b

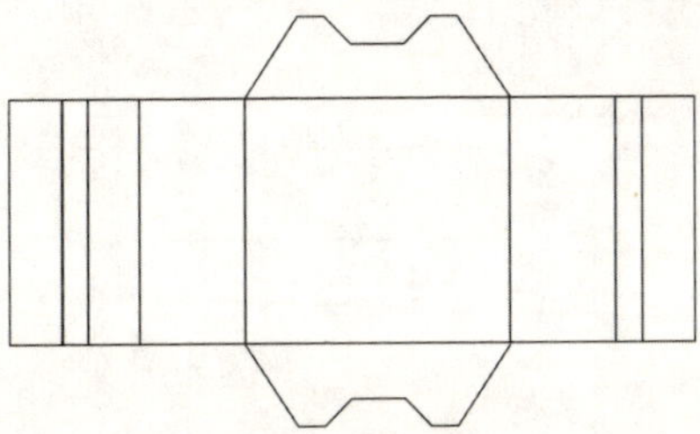

c

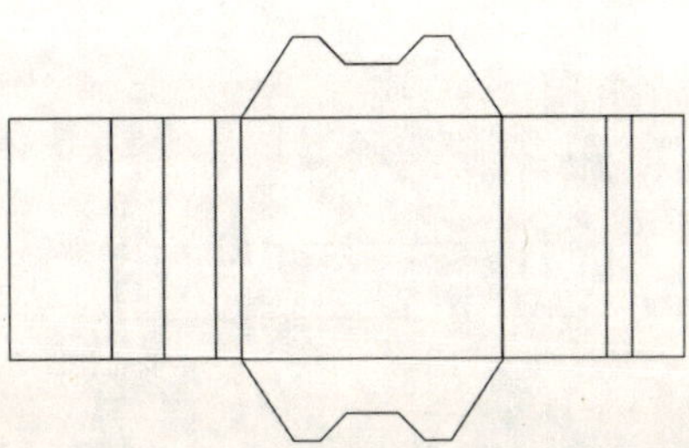

d

57.

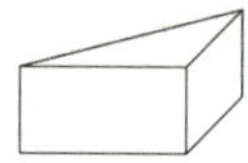

a

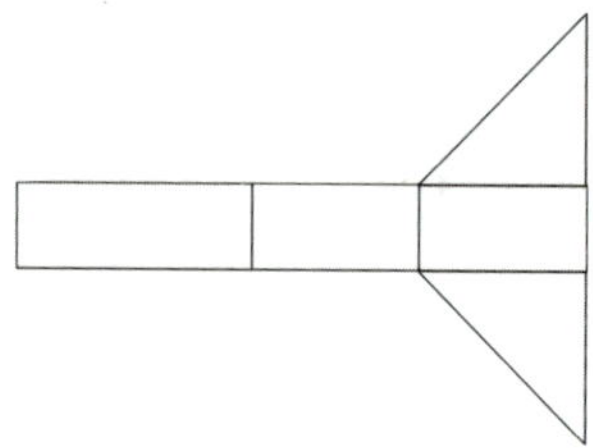

b

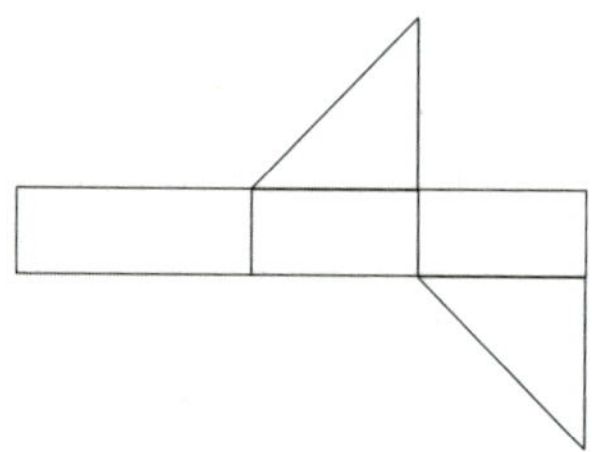

c

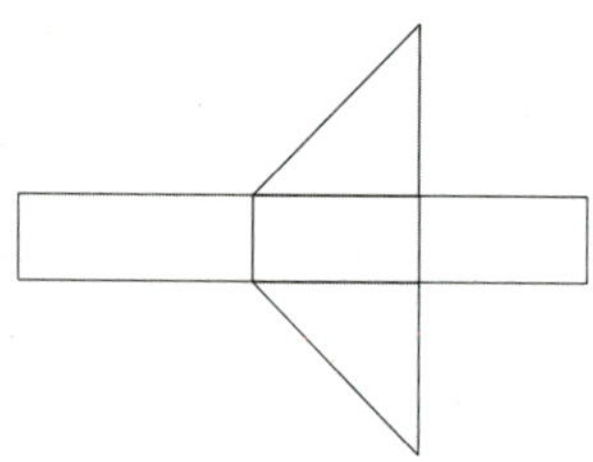

d

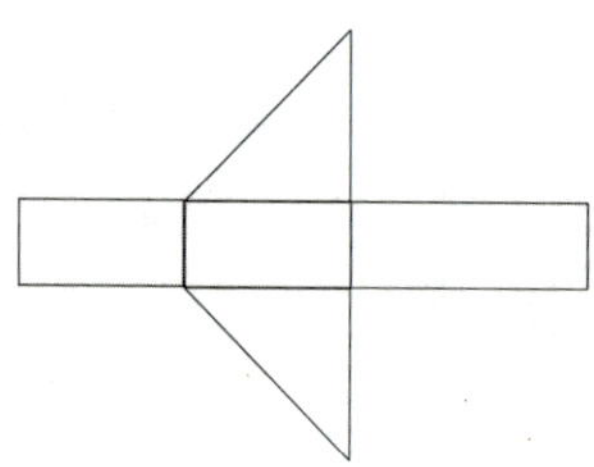

58.

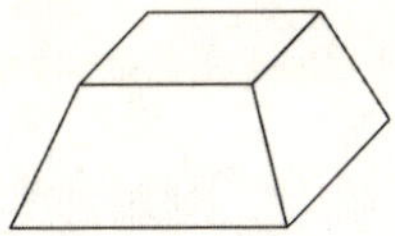

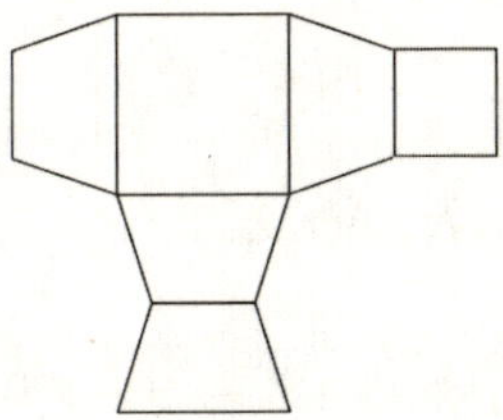

a

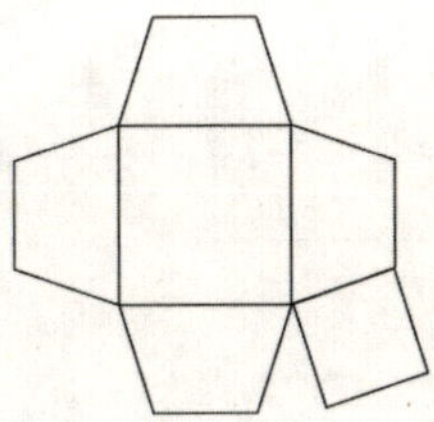

b

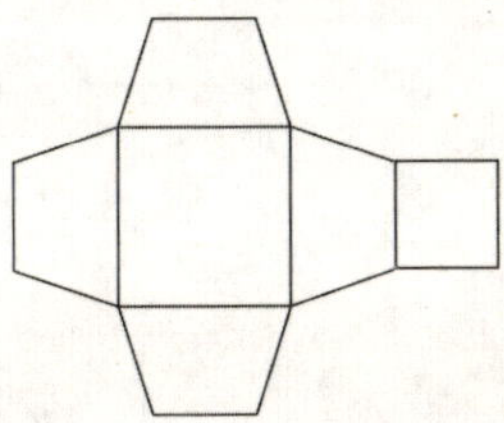

c

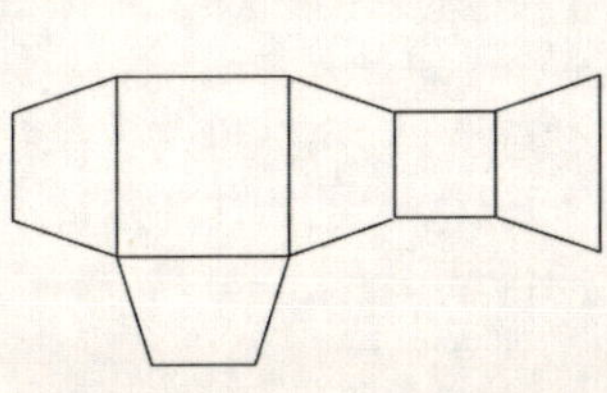

d

59.

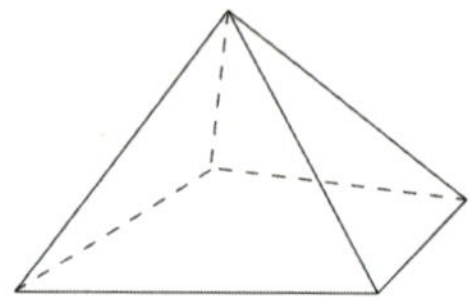

a

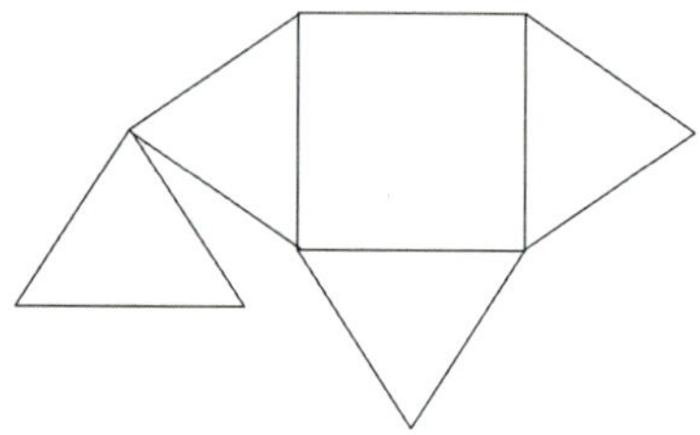

b

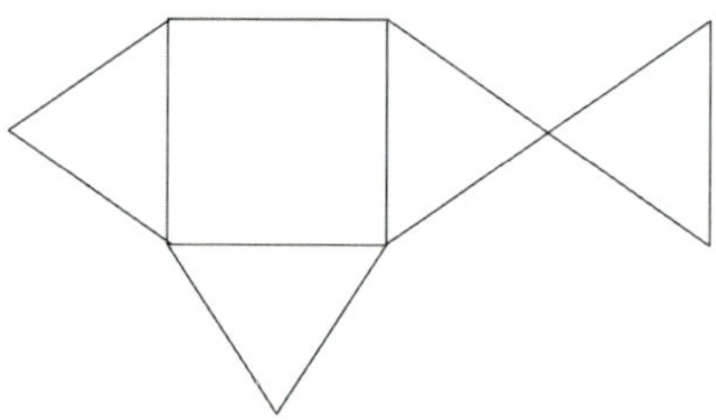

c

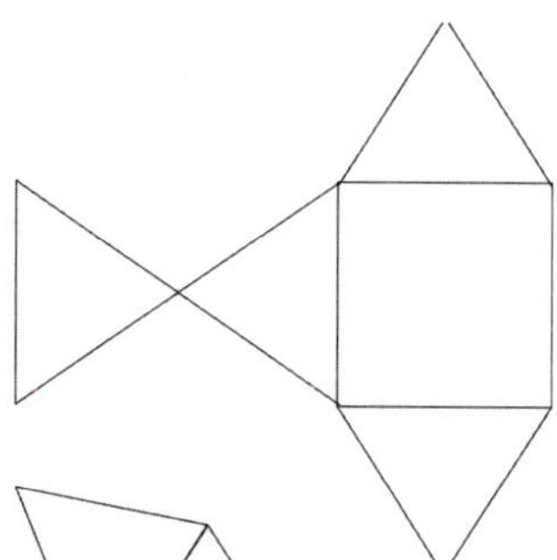

d

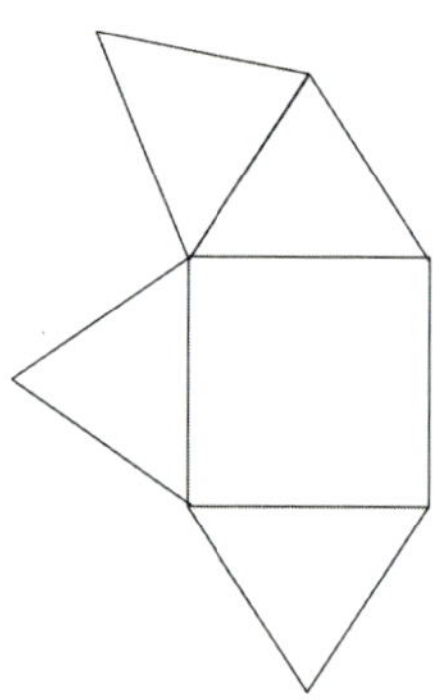

60.

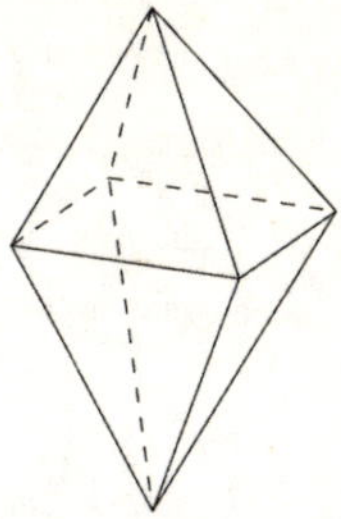

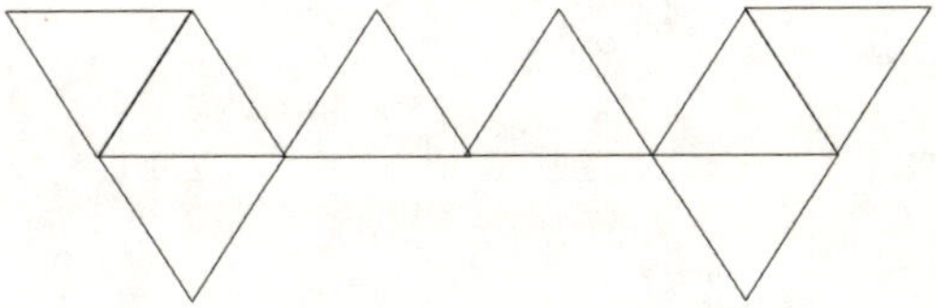

a

b

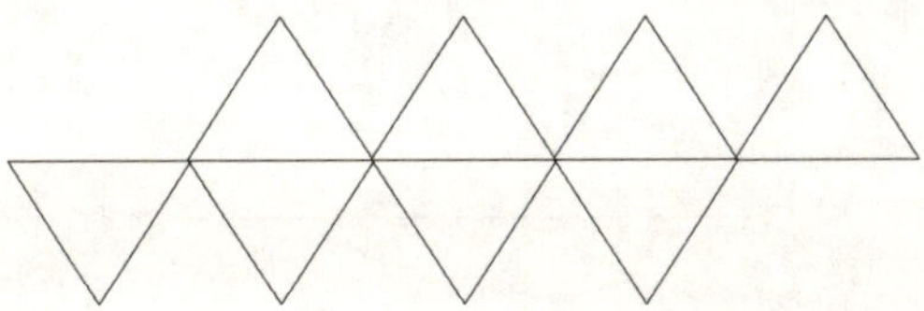

c

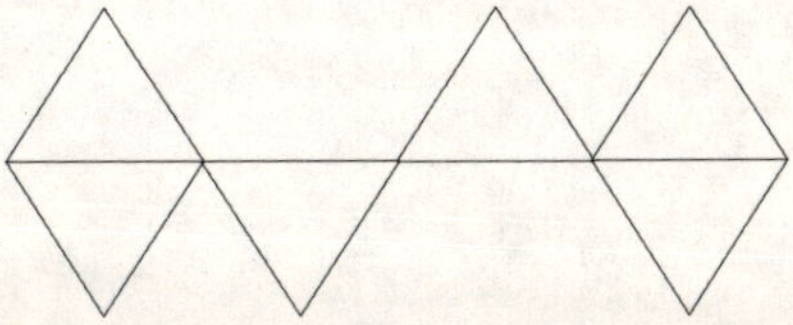

d

61.

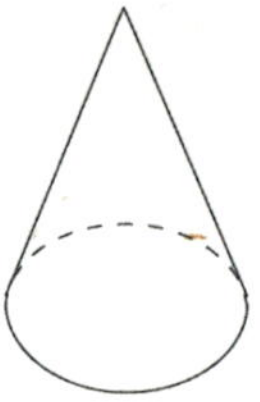

a

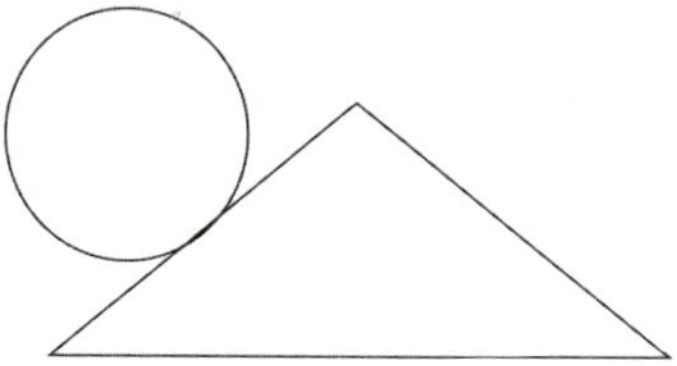

b

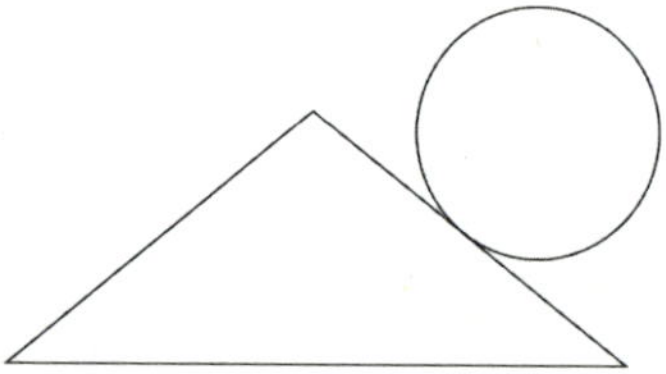

c

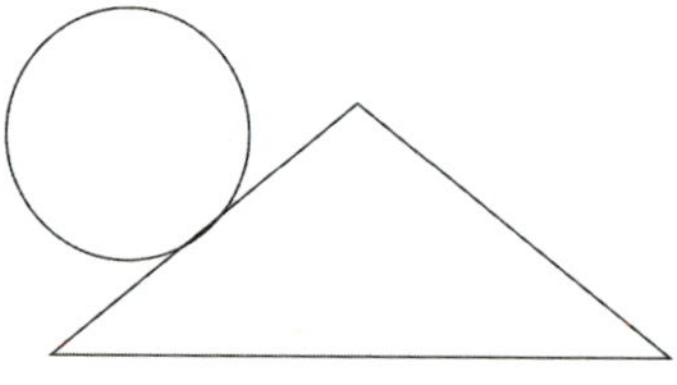

d

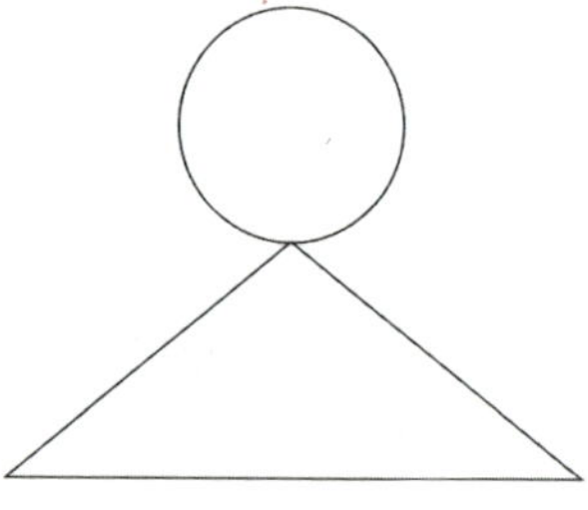

62.

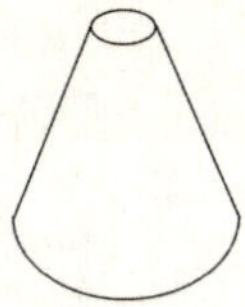

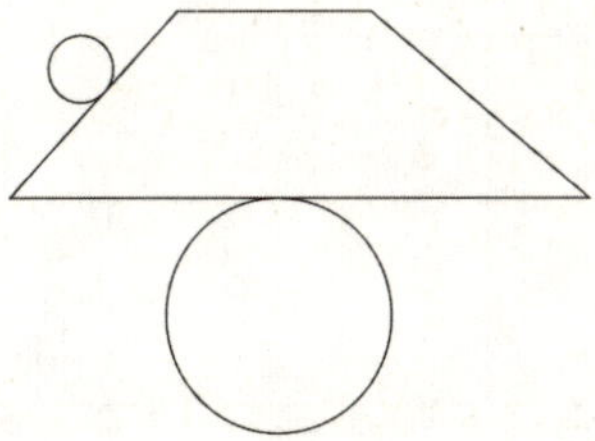

a

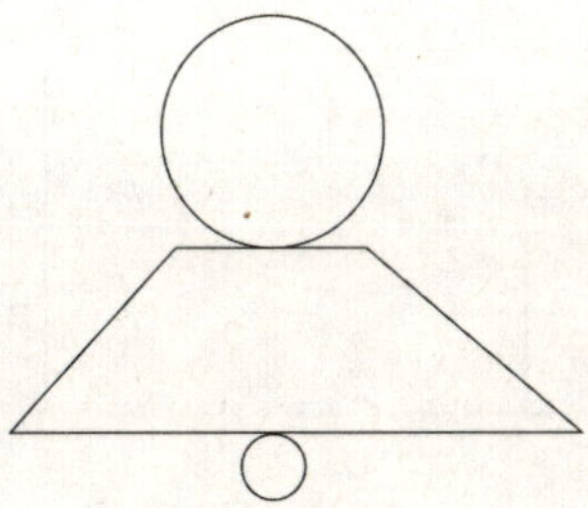

b

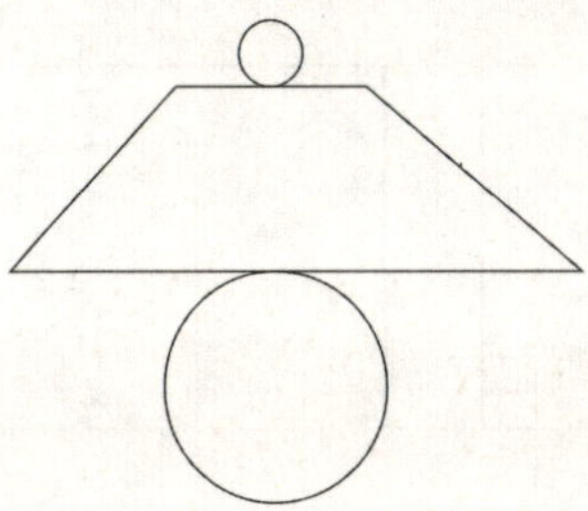

c

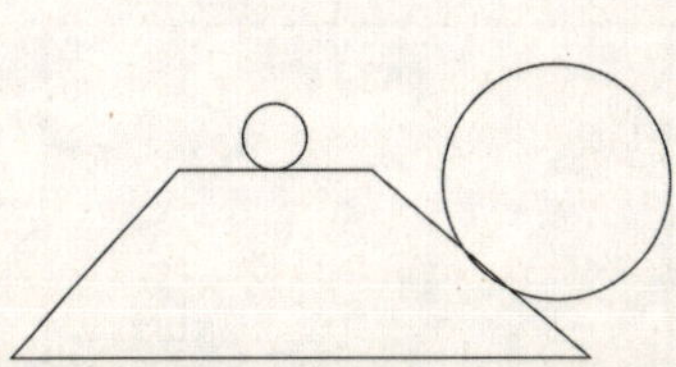

d

63.

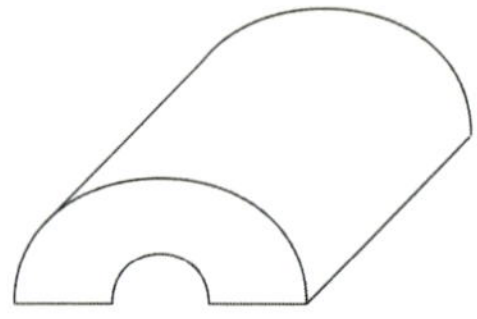

a

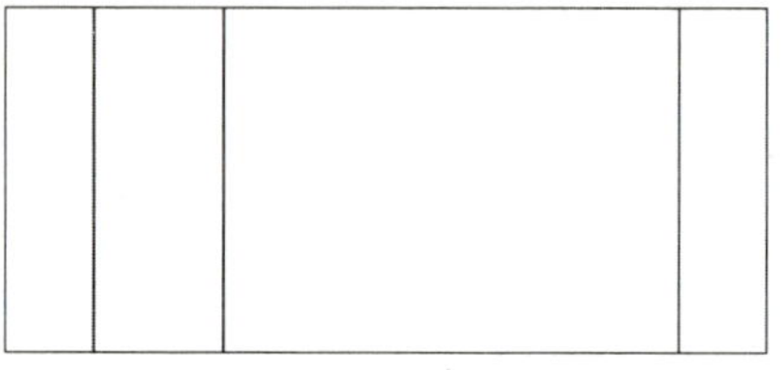

b

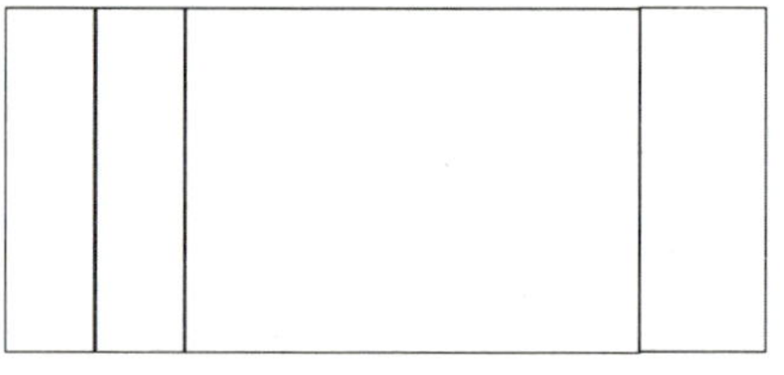

c

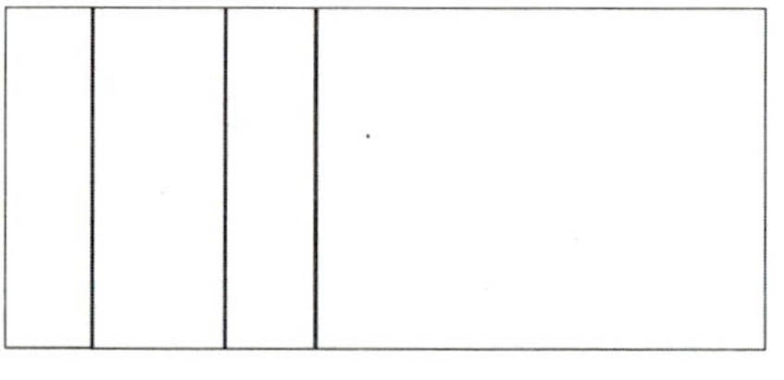

d

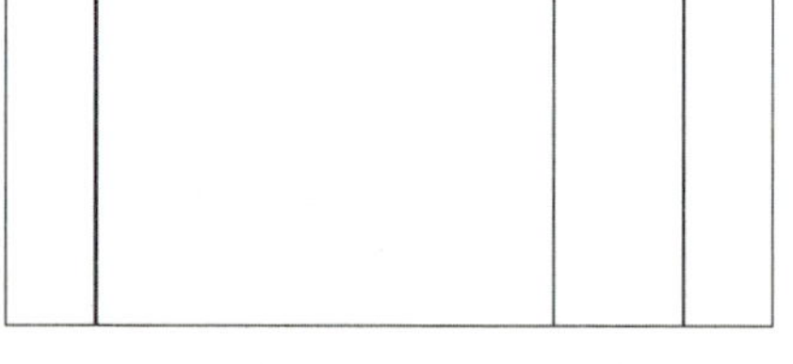

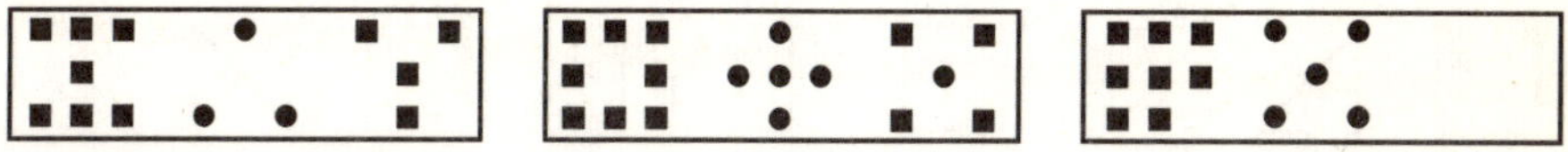

64.

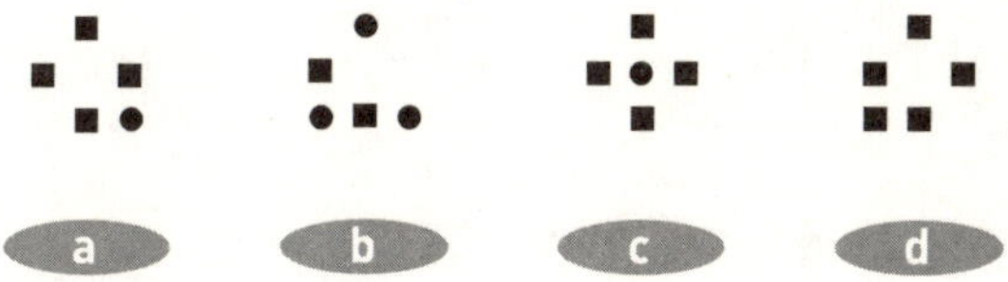

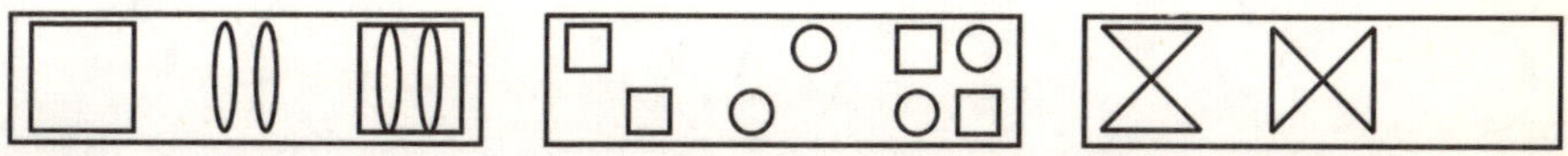

65.

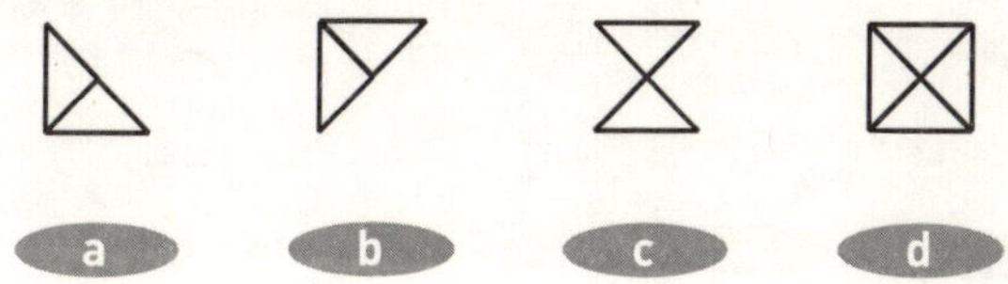

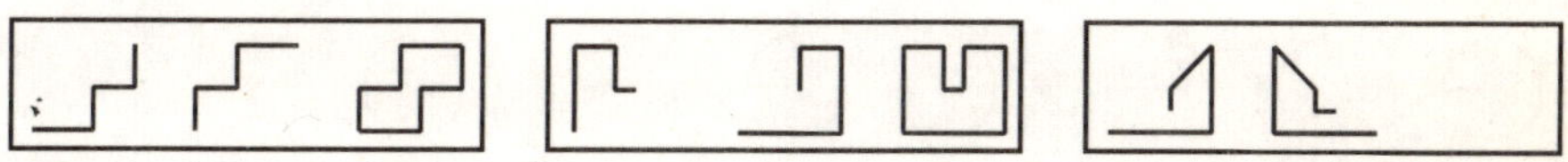

66.

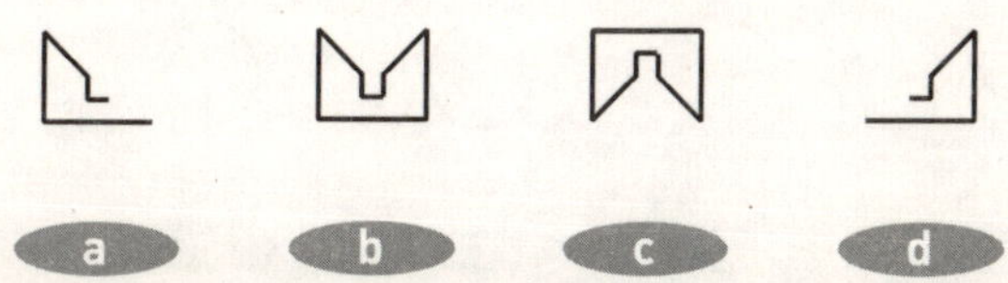

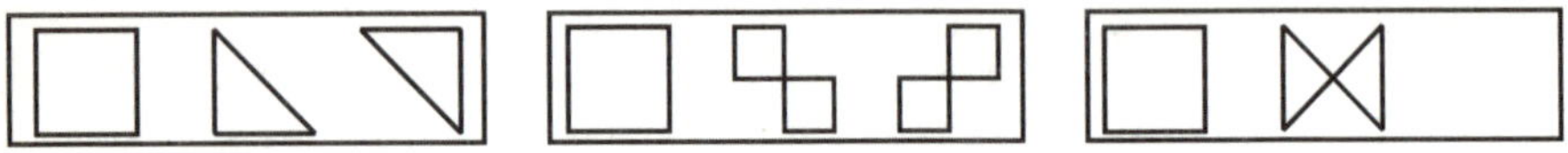

67.

a b c d

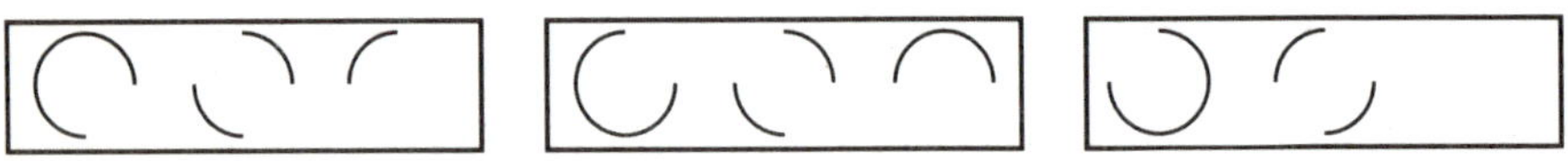

68.

a b c d

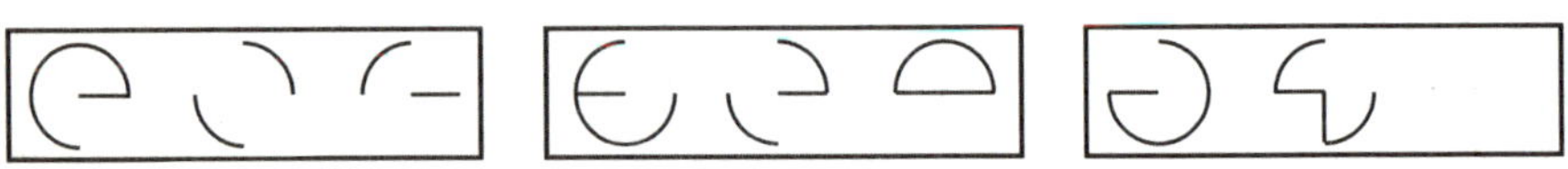

69.

a b c d

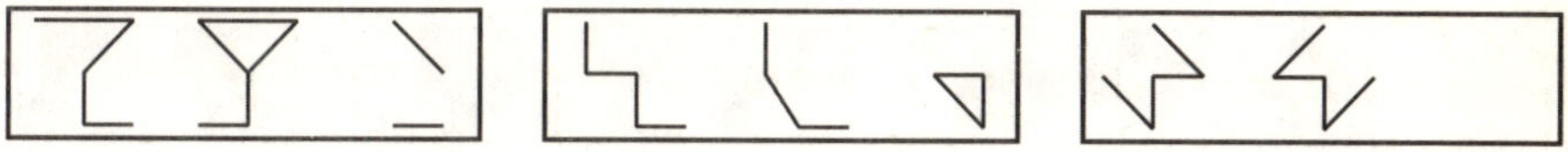

70.

a b c d

71.

a b c d

72.

a b c d

73.

a b c d

74.

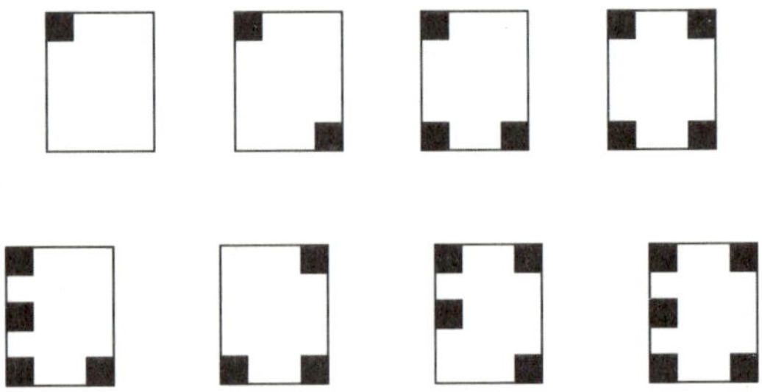

a b c d

75.

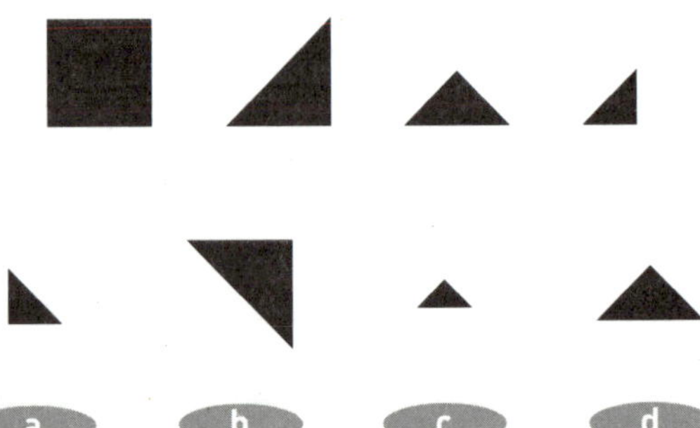

a b c d

76.

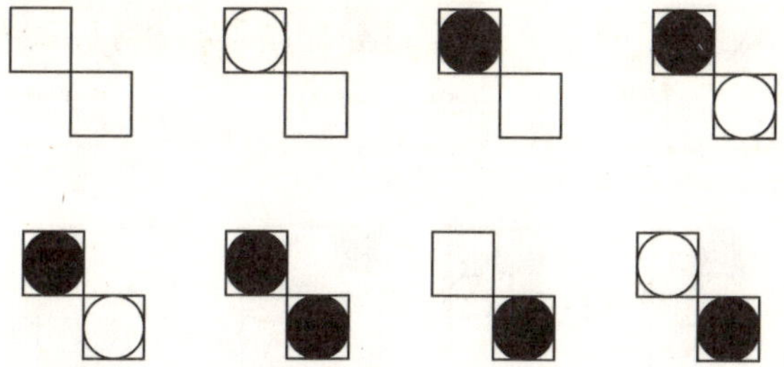

a b c d

77.

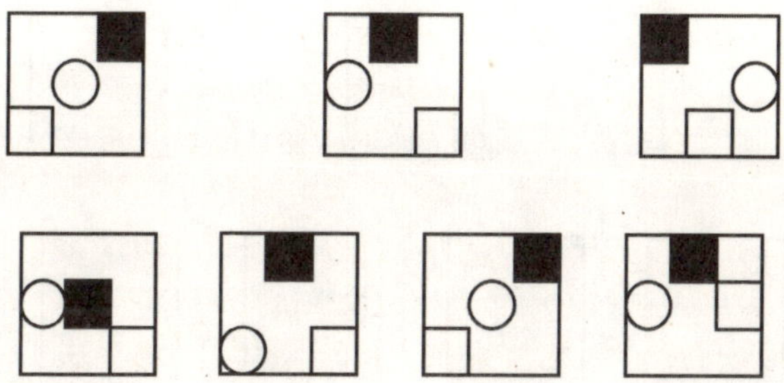

a b c d

78.

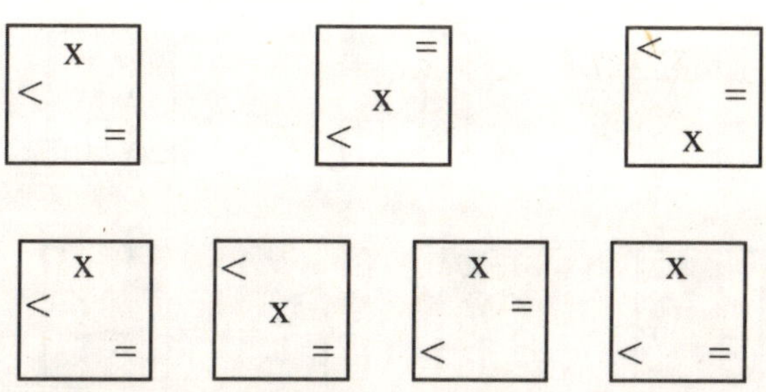

a b c d

79.

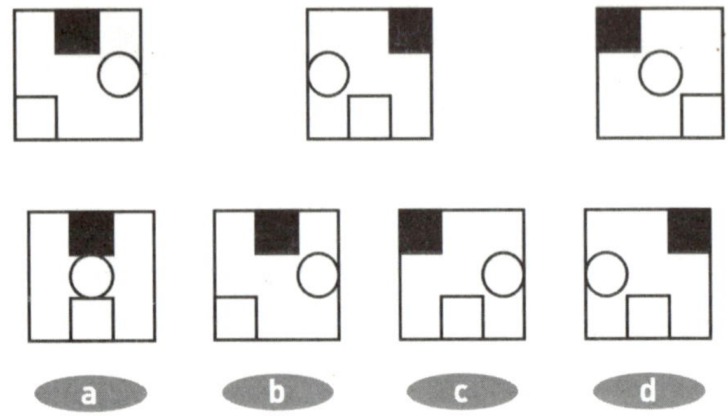

80.

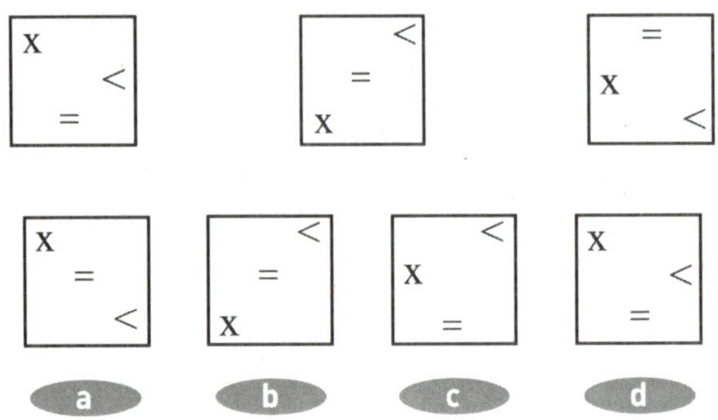

81.

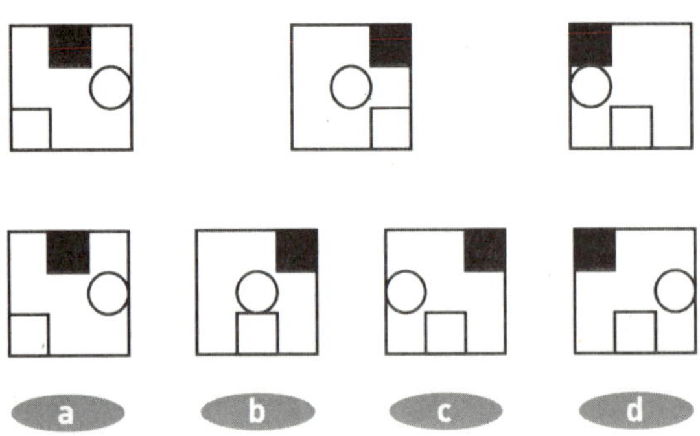

82.

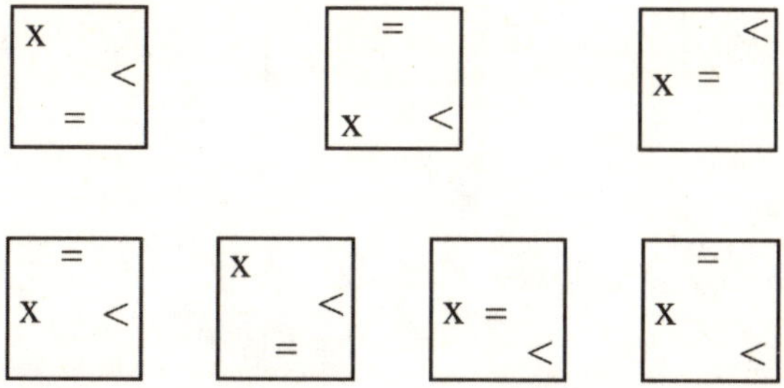

a b c d

83.

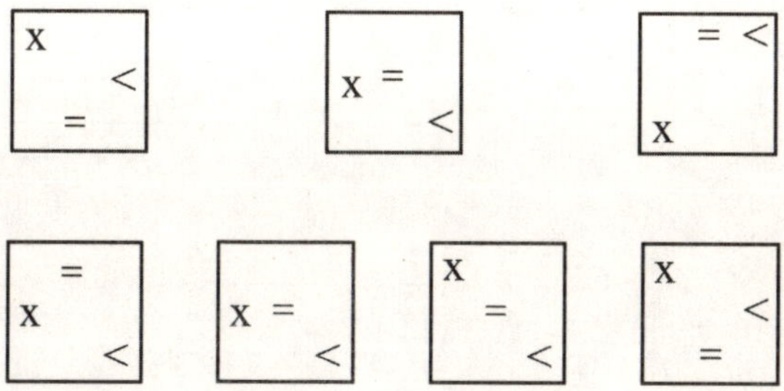

a b c d

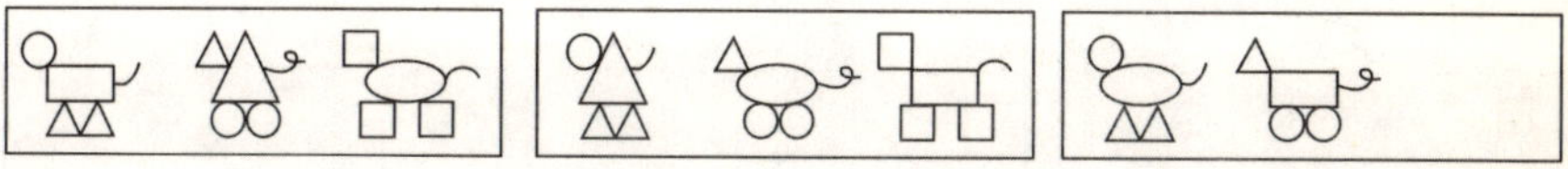

84.

a b c d

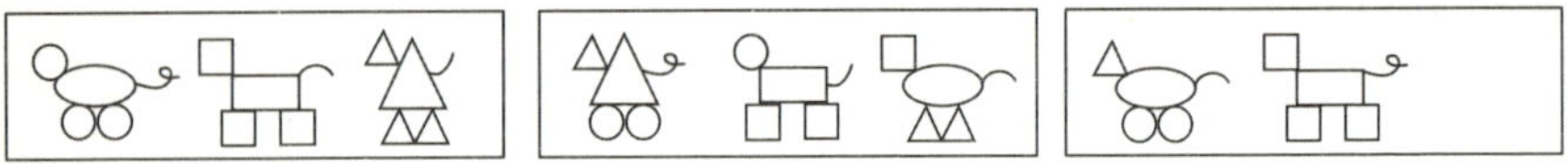

85.

a b c d

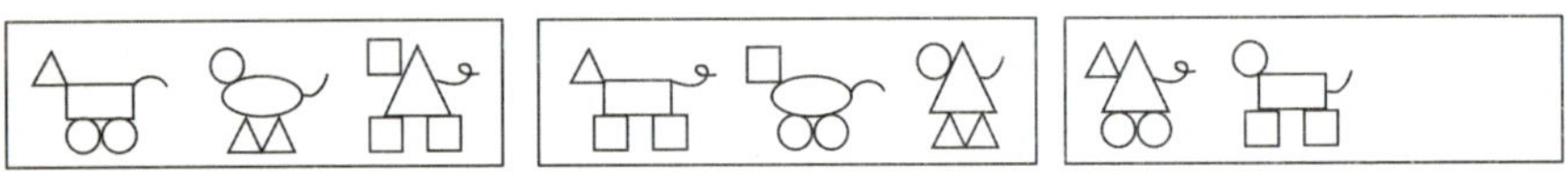

86.

a b c d

87.

a b c d

88.

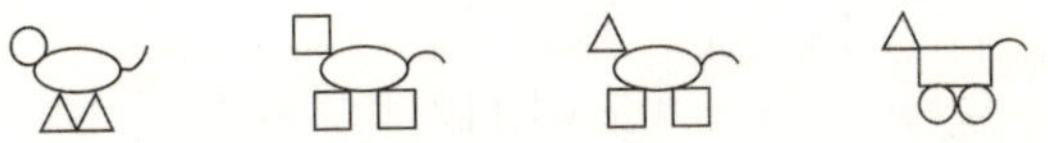

a b c d

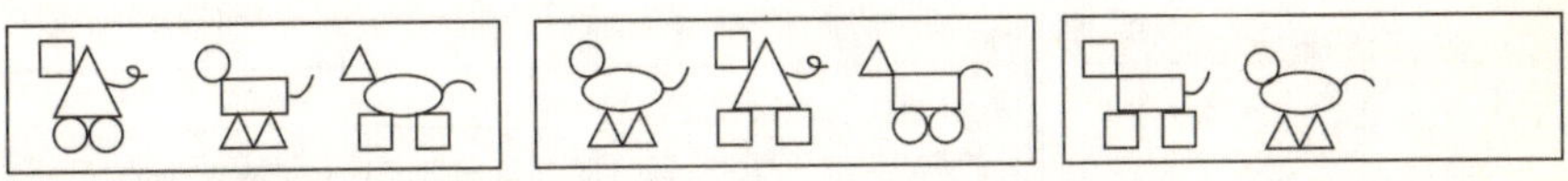

89.

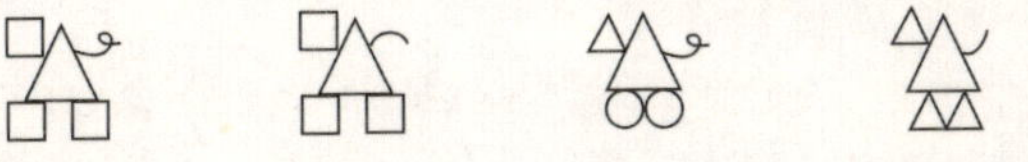

a b c d

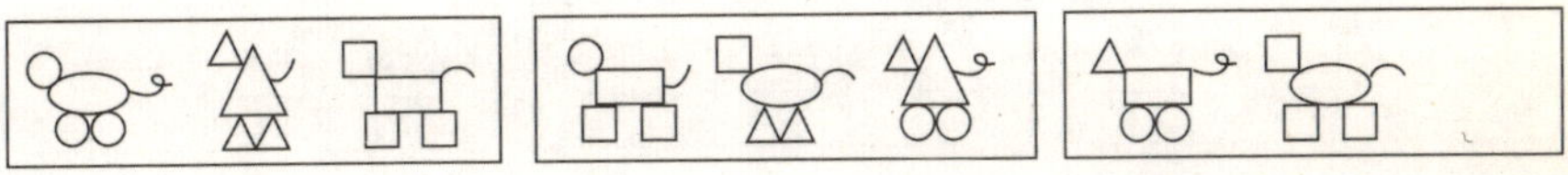

90.

a b c d

91.

a b c d

92.

a b c d

93.

a b c d

94.

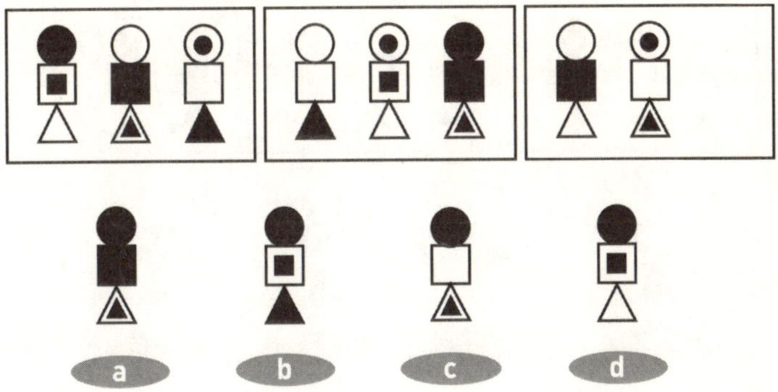

95.

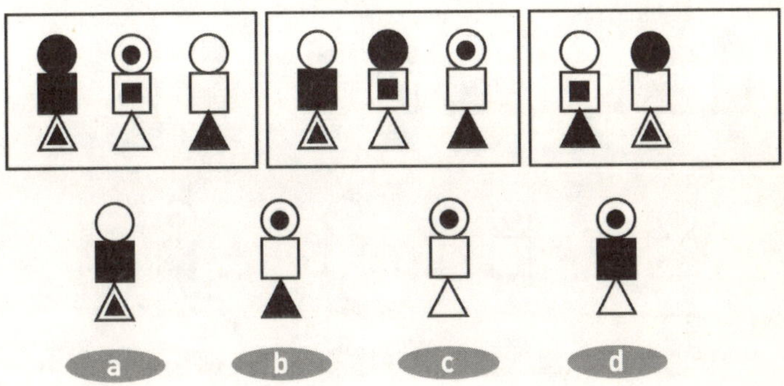

96.

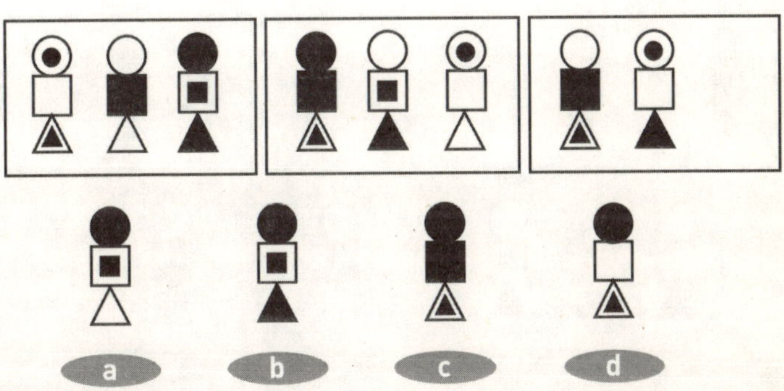

97.

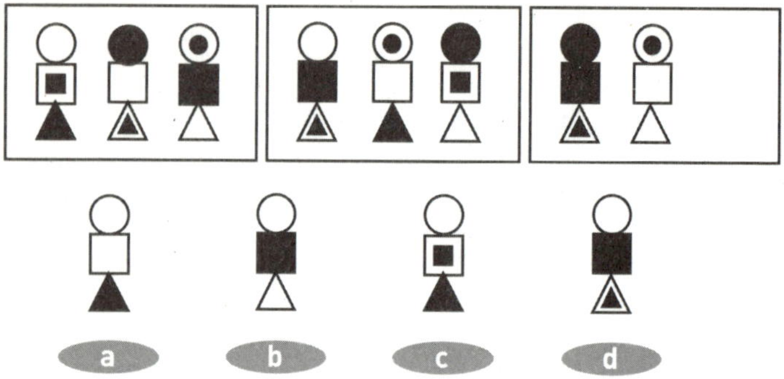

98.

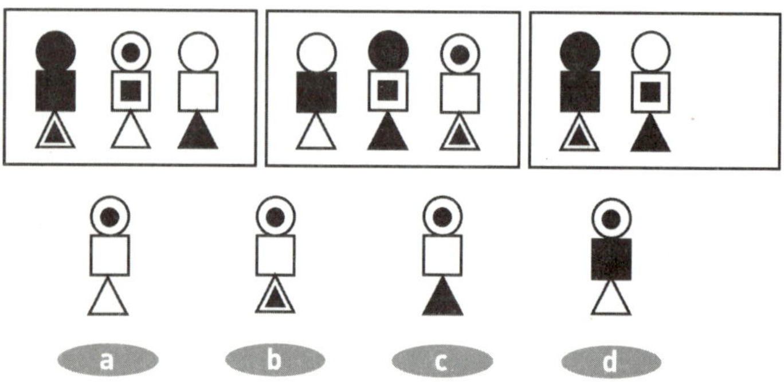

99.

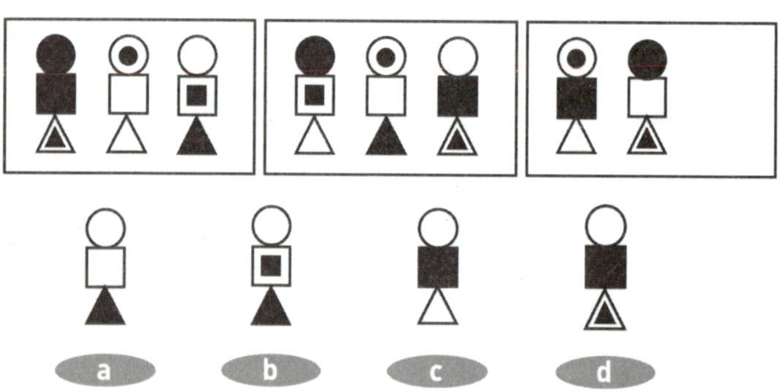

100.

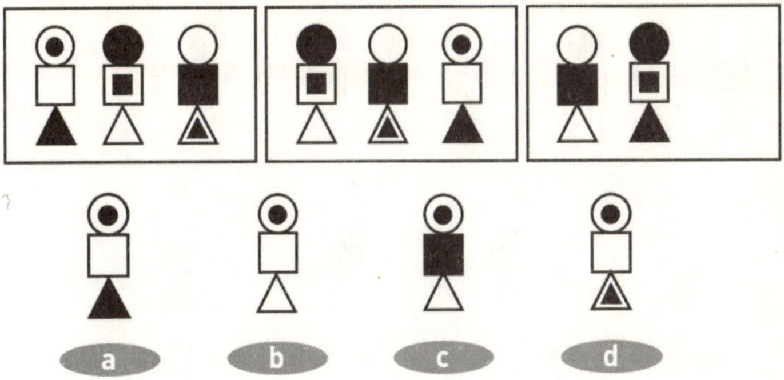

101.

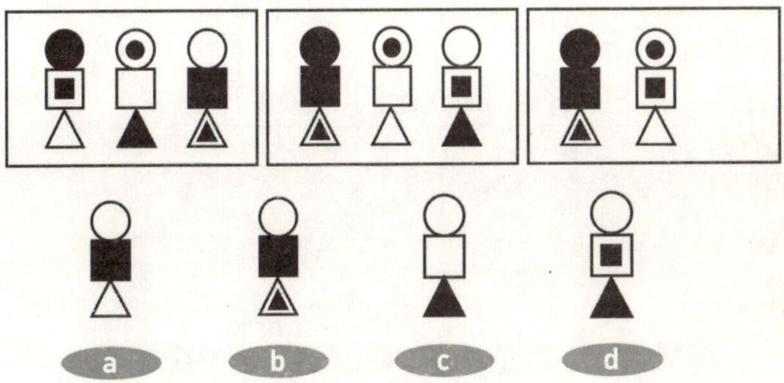

102.

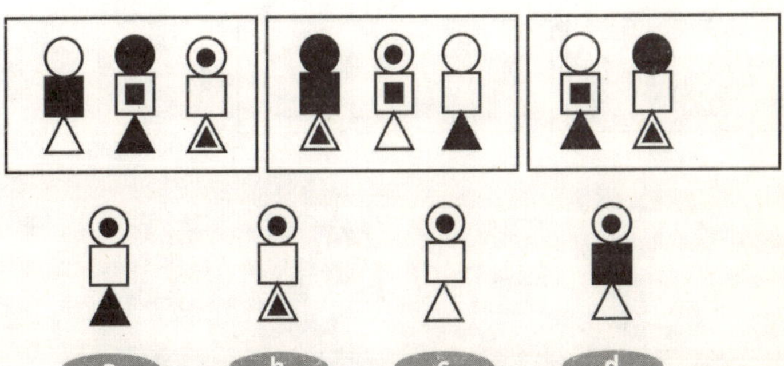

103.

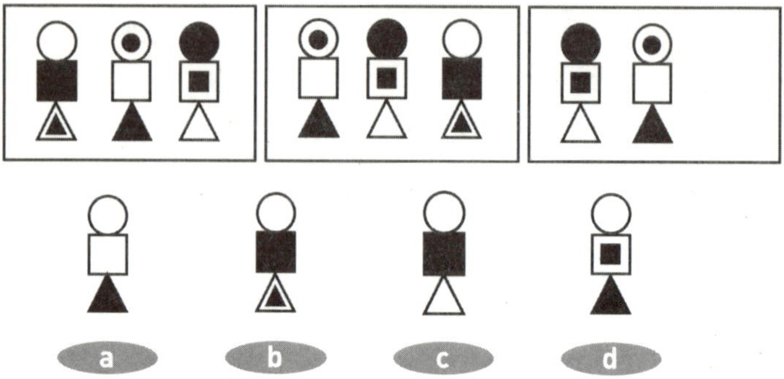

104.

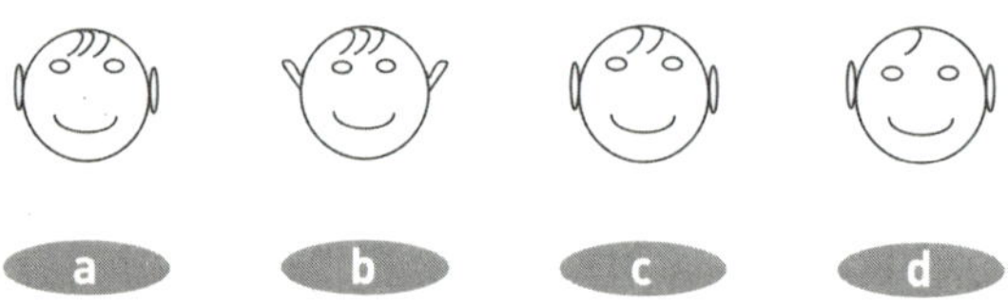

105.

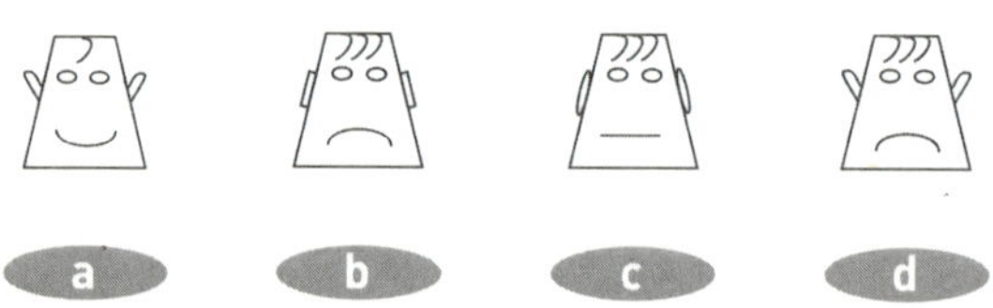

106.

a b c d

107.

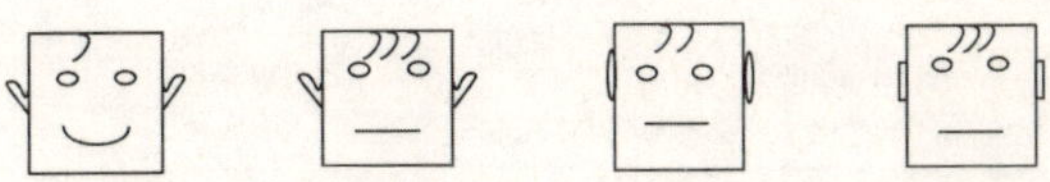

a b c d

108.

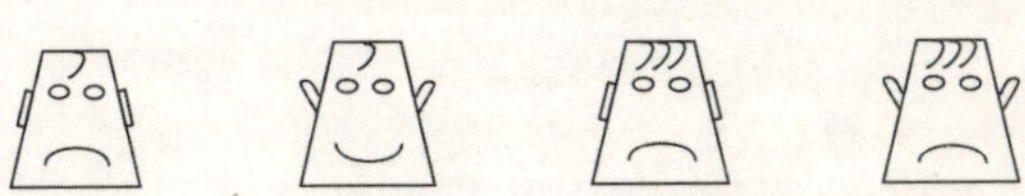

a b c d

109.

a b c d

110.

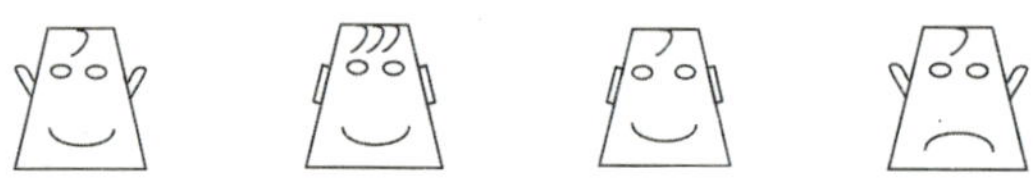

a b c d

111.

a b c d

112.

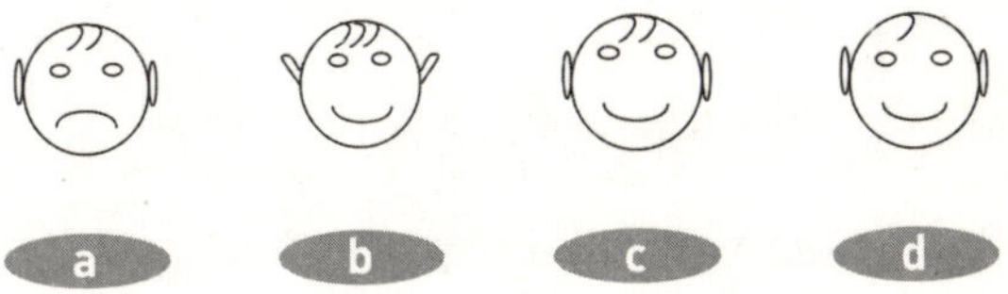

113.

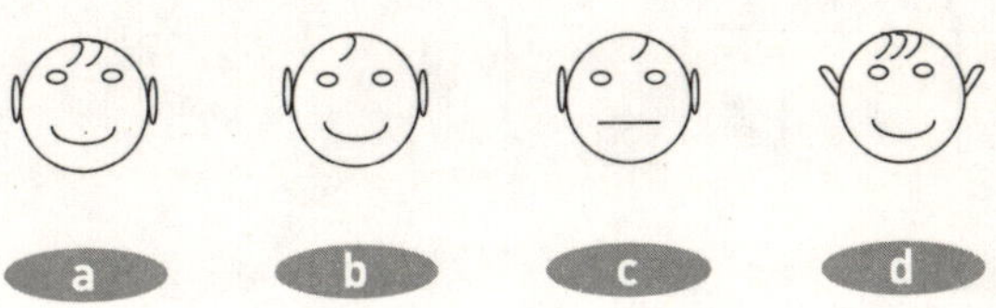

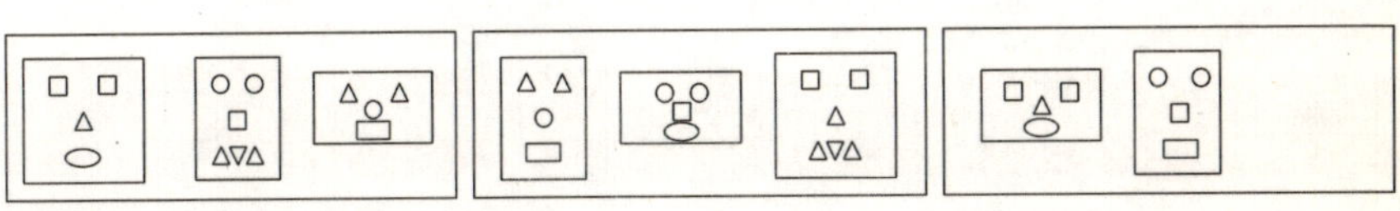

114.

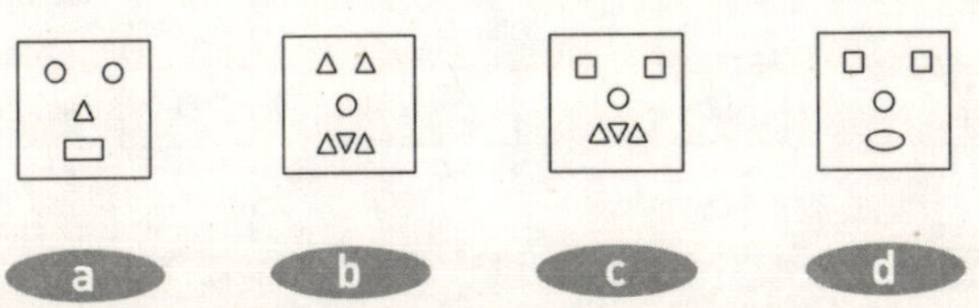

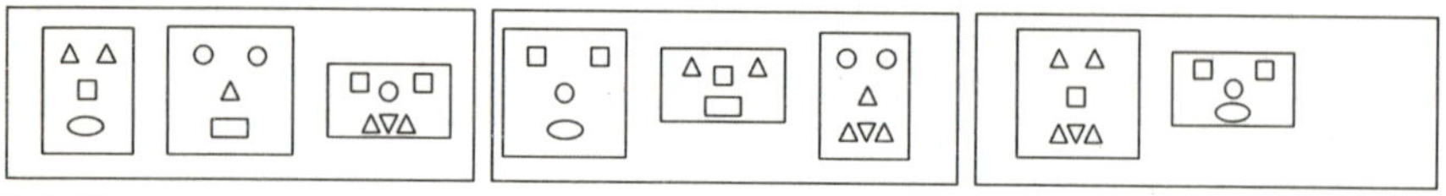

115.

a b c d

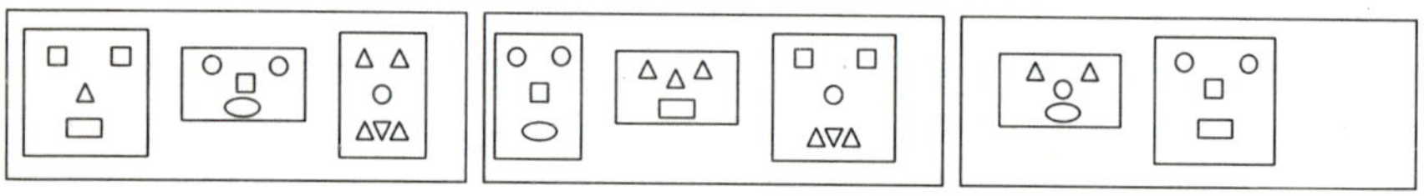

116.

a b c d

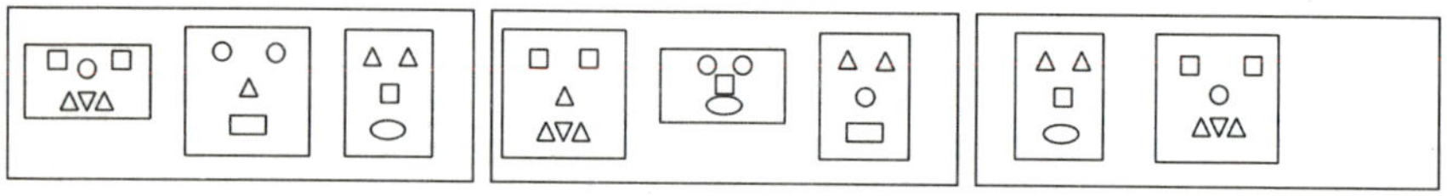

117.

a b c d

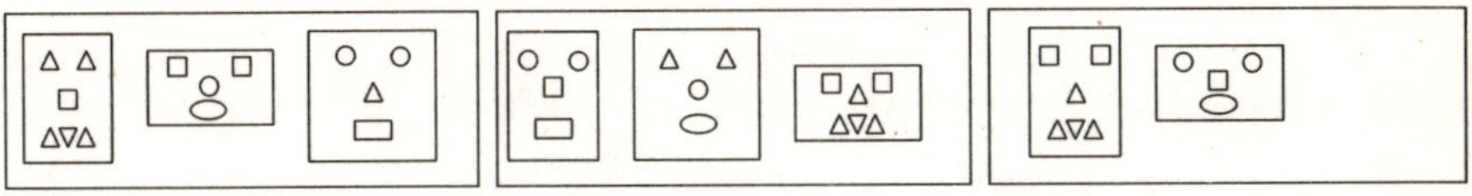

118.

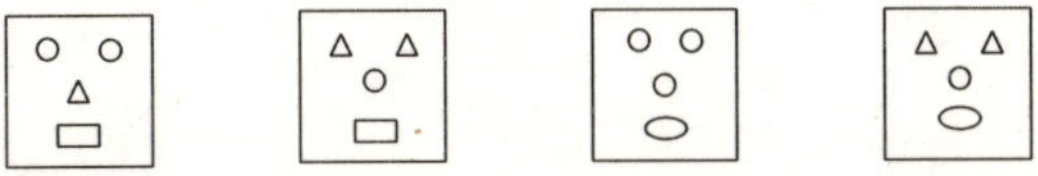

a b c d

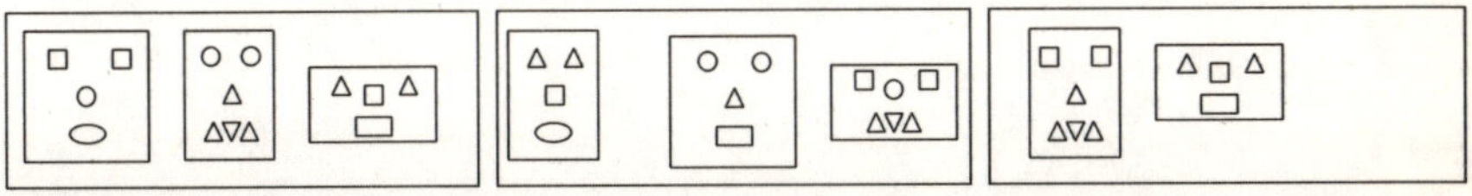

119.

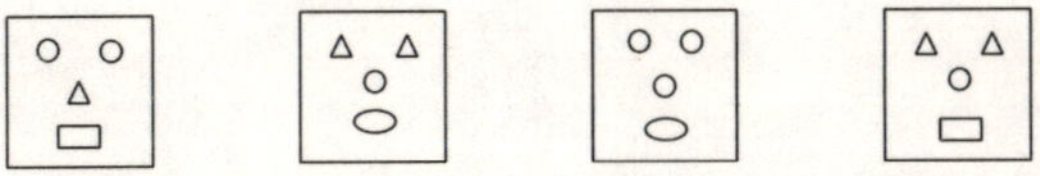

a b c d

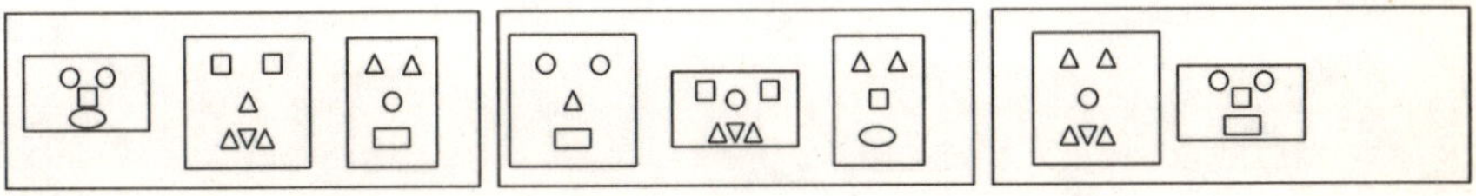

120.

a b c d

Mathematische Intelligenz

121.

1	2	2	4	3	6	?	?
3	4	6	8	9	12	?	?

4	8	4	8	6	4	4	6
9	16	12	16	12	14	8	16
a		b		c		d	

122.

2	3	4	5	8	7	?	?
1	16	3	8	5	4	?	?

16	5	4	9	16	9	3	8
7	2	9	2	7	2	7	5
a		b		c		d	

123.

2	3
3	13

3	5
9	9

4	7
27	5

?	?
?	?

a)

16	5
7	2

b)

5	9
81	1

c)

16	9
7	2

d)

5	9
81	3

124.

4	2
5	19

3	4
12	15

2	8
19	11

?	?
?	?

a)

1	16
7	26

b)

16	26
9	7

c)

16	9
7	2

d)

1	16
26	7

125. **7 4 9 6 11 8 13 10 15 ?**

a) 11
b) 12
c) 13
d) 14

126. **1 2 4 5 7 8 10 11 13 ?**

a) 14
b) 15
c) 16
d) 17

127. **5 10 6 12 8 16 12 24 20 ?**

a) 18
b) 40
c) 16
d) 48

128. **3 5 10 12 24 26 52 54 108 ?**

a) 216
b) 112
c) 110
d) 114

129. **5 4 6 3 7 2 8 1 9 ?**

a) 0
b) 1
c) 2
d) 3

130. **1 2 4 7 11 16 22 29 37 ?**

a) 46
b) 47
c) 48
d) 49

131. **Vorgestern war Donnerstag, dann ist in heute in sieben Tagen**

a) Donnerstag
b) Freitag
c) Samstag

132. **Welcher Tag ist morgen, wenn vor drei Tagen Sonntag war?**

a) Donnerstag
b) Samstag
c) Sonntag

133. **Übermorgen in einer Woche ist Mittwoch, dann ist heute**

a) Sonntag
b) Montag
c) Dienstag

134. **Morgen in einer Woche ist Sonntag, dann war gestern**

a) Mittwoch
b) Donnerstag
c) Freitag

135. **Heute in fünf Tagen ist Samstag, dann war vor fünf Tagen**

a) Dienstag
b) Mittwoch
c) Donnerstag

136. **Vor fünf Tagen war Freitag, der 14. April, dann ist morgen**

a) Donnerstag, der 20. April
b) Freitag, der 21. April
c) Samstag, der 22. April

137. **Übermorgen sind es noch drei Tage bis Montag, dann ist heute**

a) Montag
b) Dienstag
c) Mittwoch

138. **Vor vier Tagen war Sonntag, dann war vorgestern**

a) Dienstag
b) Mittwoch
c) Donnerstag

139. **Vor drei Tagen war Montag, dann ist heute in sechs Tagen**

a) Dienstag
b) Mittwoch
c) Donnerstag

140. **Vor sechs Tagen war zwei Tage vor Sonntag, dann ist morgen**

a) Mittwoch
b) Donnerstag
c) Freitag

141.

5	3	4
6	4	1
10	6	?

a) 5
b) 3
c) 4
d) 7

142.

2	4	7
3	3	8
5	2	?

a) 8
b) 9
c) 3
d) 7

143.

16	14	12
4	7	5
28	35	?

a) 23
b) 31
c) 29
d) 27

144.

6	5	4
3	2	9
9	3	?

a) 23
b) 21
c) 25
d) 19

145.

12	18	12
8	9	7
16	81	?

a) 36
b) 49
c) 25
d) 32

146.

6	16	5
8	14	7
7	15	?

a) 4
b) 6
c) 5
d) 3

147.

14	26	12
13	38	25
18	?	17

a) 37
b) 28
c) 32
d) 35

148.

12	17	11
16	15	9
?	7	18

a) 15
b) 12
c) 8
d) 7

149.

8	5	35
7	3	18
9	7	?

a) 43
b) 56
c) 58
d) 32

150.

12	7	13
8	9	15
4	11	?

a) 15
b) 13
c) 19
d) 17

151.

3	6	3
5	12	13
?	4	12

a) 3
b) 4
c) 5
d) 6

152.

5	3	4
?	5	1
10	7	4

a) 4
b) 5
c) 6
d) 7

153.

2	**?**	**7**
3	**2**	**5**
5	**2**	**9**

a) 3
b) 4
c) 2
d) 5

154.

16	**12**	**12**
4	**7**	**5**
?	**33**	**27**

a) 28
b) 23
c) 19
d) 25

155.

6	**5**	**4**
3	**3**	**9**
?	**7**	**23**

a) 7
b) 5
c) 3
d) 9

156.

12	**18**	**?**
8	**12**	**7**
16	**36**	**25**

a) 9
b) 12
c) 7
d) 13

157.

5	6	5
9	?	7
7	5	6

a) 6
b) 7
c) 5
d) 4

158.

14	26	12
13	38	?
18	31	13

a) 25
b) 27
c) 19
d) 21

159.

12	17	11
16	?	9
21	7	12

a) 18
b) 17
c) 13
d) 15

160.

8	4	24
7	?	14
9	7	54

a) 5
b) 7
c) 3
d) 9

161.

?	**7**	**13**
8	**9**	**17**
4	**11**	**21**

a) 16
b) 14
c) 10
d) 12

162.

4	**6**	**10**
5	**?**	**13**
4	**4**	**12**

a) 10
b) 12
c) 14
d) 16

163. **1 4 7 10 13 16 ?**

a) 19
b) 21
c) 23
d) 25

164. **1 8 3 12 5 16 7 20 9 ?**

a) 23
b) 24
c) 12
d) 15

165. **4 6 10 18 34 ?**

a) 42
b) 54
c) 62
d) 66

166. **1 4 9 16 25 ?**

a) 36
b) 48
c) 56
d) 64

167. **1 3 7 15 31**

a) 42
b) 57
c) 63
d) 74

168. **7 11 15 19 23 ?**

a) 25
b) 27
c) 29
d) 31

169. **2 4 7 14 17 34 ?**

a) 28
b) 37
c) 32
d) 18

170. **1 2 2 4 8 ?**

a) 16
b) 24
c) 28
d) 32

171. **17 14 11 8 5 ?**

a) 1
b) 2
c) 3
d) 4

172. **2 6 14 30 62 ?**

a) 74
b) 88
c) 126
d) 224

173. **37 32 27 22 17 ?**

a) 15
b) 12
c) 11
d) 9

174. **3 8 23 68 203 ?**

a) 608
b) 424
c) 212
d) 108

175. **4 5 7 11 19 ?**

a) 23
b) 25
c) 35
d) 37

176. **66 34 18 10 6 ?**

a) 3
b) 5
c) 2
d) 4

177. **1 3 7 11 13 17 19 ?**

a) 21
b) 23
c) 25
d) 27

178. **4 6 5 8 6 ?**

a) 10
b) 12
c) 14
d) 15

179. **2 5 9 26 51 ?**

a) 77
b) 88
c) 113
d) 152

180. 5 4 6 3 7 ?

a) 2
b) 4
c) 6
d) 5

181. 17 23 19 25 21 ?

a) 22
b) 17
c) 27
d) 29

182. 8 4 12 6 18 ?

a) 7
b) 5
c) 9
d) 11

183. Welche Zahl paßt nicht zu den anderen?

a) 81
b) 162
c) 244
d) 486
e) 729

184. Welche Zahl paßt nicht zu den anderen?

a) 8
b) 16
c) 32
d) 62
e) 128

185. **Welche Zahl paßt nicht zu den anderen?**

a) 27
b) 81
c) 243
d) 720
e) 2187

186. **Welche Zahl paßt nicht zu den anderen?**

a) 16
b) 64
c) 256
d) 1024
e) 4094

187. **Welche Zahl paßt nicht zu den anderen?**

a) 29
b) 31
c) 43
d) 67
e) 77
f) 79

188. **Welche Zahl paßt nicht zu den anderen?**

a) 42
b) 48
c) 54
d) 66
e) 84
f) 98

189.

102	(118)	212
212	(?)	318

a) 112
b) 88
c) 116
d) 34

190.

86	(75)	236
24	(?)	118

a) 13
b) 56
c) 32
d) 47

191.

112	(233)	354
246	(?)	482

a) 364
b) 112
c) 224
d) 326

192.

23	48	(35)	17	89
16	54	(?)	73	81

a) 44
b) 56
c) 98
d) 84

193.

12	26	(32)	18	36
16	41	(?)	32	97

a) 88
b) 154
c) 112
d) 46

194.

5	8	6	9	7	?
5	3	6	4	7	?

a) oben 5, unten 10
b) oben 7, unten 9
c) oben 10, unten 5
d) oben 6, unten 4

195.

5	10	8	16	14	?
5	7	10	14	19	?

a) oben 25, unten 28
b) oben 25, unten 27
c) oben 23, unten 25
d) oben 28, unten 25

196.

5	10	8	16	14	?
5	7	10	14	19	?

a) oben 28, unten 25
b) oben 12, unten 13
c) oben 13, unten 12
d) oben 21, unten 13

197.

13 8 14 9 15 ?
5 11 18 26 35 ?

a) oben 45, unten 10
b) oben 10, unten 45
c) oben 11, unten 43
d) oben 10, unten 41

198.

5 6 9 14 21 ?
5 7 11 17 25 ?

a) oben 35, unten 30
b) oben 29, unten 31
c) oben 30, unten 35
d) oben 32, unten 33

199.

27 26 23 18 11 ?
35 33 29 23 15 ?

a) oben 4, unten 2
b) oben 2, unten 2
c) oben 4, unten 4
d) oben 2, unten 5

200.

7 8 5 10 3 ?
7 9 5 11 3 ?

a) oben 13, unten 12
b) oben 12, unten 13
c) oben 12, unten 12
d) oben 13, unten 13

201.

7 6 9 4 11 ?
7 5 9 3 11 ?

a) oben 3, unten 2
b) oben 2, unten 3
c) oben 2, unten 4
d) oben 2, unten 1

202.

5 8 6 9 7 ?

a) 9
b) 10
c) 11
d) 12

203.

5 3 6 4 7 ?

a) 6
b) 5
c) 4
d) 3

204.

5 10 8 16 14 ?

a) 17
b) 19
c) 23
d) 28

205.

5 7 10 14 19 ?

a) 21
b) 25
c) 27
d) 29

206. **5 8 6 10 8 ?**

a) 13
b) 15
c) 17
d) 21

207. **16 15 17 14 18 ?**

a) 12
b) 15
c) 11
d) 13

208. **13 8 14 9 15 ?**

a) 17
b) 12
c) 11
d) 10

209. **5 11 18 26 35 ?**

a) 37
b) 45
c) 49
d) 53

210. **5 6 9 14 21 ?**

a) 27
b) 30
c) 33
d) 37

211. 5 7 11 17 25 ?

a) 27
b) 33
c) 35
d) 39

212. 27 26 23 18 11 ?

a) 9
b) 7
c) 5
d) 2

213. 35 33 29 23 15 ?

a) 12
b) 8
c) 5
d) 2

214. 7 8 5 10 3 ?

a) 12
b) 1
c) 5
d) 11

215. 7 9 5 11 3 ?

a) 9
b) 7
c) 13
d) 12

216. 7 6 9 4 11 ?

a) 2
b) 5
c) 7
d) 10

217. 7 5 9 3 11 ?

a) 8
b) 5
c) 2
d) 1

218. 4:2 14:7 22:11 26:13 32:16 18:?

a) 4
b) 3
c) 9
d) 6

219. 7:4 9:6 15:12 21:18 27:24 31:?

a) 28
b) 29
c) 27
d) 26

220. 4:3 14:8 22:12 26:14 32:17 18:?

a) 8
b) 5
c) 10
d) 12

221. 4:7 9:17 12:23 15:29 17:33 19:?

a) 33
b) 37
c) 39
d) 41

222. 2:8 4:14 8:26 12:38 15:47 17:?

a) 46
b) 53
c) 35
d) 49

223.

8	12	16	20	24	?
7	10	13	16	19	?

a) oben 22, unten 28
b) oben 28, unten 22
c) oben 26, unten 22
d) oben 28, unten 24

224.

8	13	18	23	28	?
25	21	17	13	9	?

a) oben 32, unten 5
b) oben 33, unten 7
c) oben 31, unten 5
d) oben 33, unten 5

225.

29	26	23	20	17	?
5	8	11	14	17	?

a) oben 14, unten 20
b) oben 14, unten 21
c) oben 13, unten 20
d) oben 14, unten 19

226.

2 4 8 16 32 ?
3 6 12 24 48 ?

a) oben 62, unten 96
b) oben 64, unten 96
c) oben 64, unten 98
d) oben 64, unten 94

227.

4 8 6 12 10 ?
5 3 6 4 8 ?

a) oben 20, unten 4
b) oben 18, unten 6
c) oben 22, unten 6
d) oben 20, unten 6

228.

4 7 14 17 34 ?
4 12 15 45 48 ?

a) oben 37, unten 142
b) oben 37, unten 144
c) oben 35, unten 144
d) oben 37, unten 146

229.

12 9 11 8 10 ?
4 8 5 10 7 ?

a) oben 7, unten 14
b) oben 7, unten 12
c) oben 5, unten 14
d) oben 7, unten 13

230.

8	6	7	5	6	?
4	1	6	3	8	?

a) oben 5, unten 4
b) oben 4, unten 4
c) oben 5, unten 5
d) oben 4, unten 5

231.

12	16	13	17	14	?
24	21	23	20	22	?

a) oben 19, unten 18
b) oben 18, unten 19
c) oben 17, unten 19
d) oben 18, unten 18

232.

1	3	6	8	11	?
1	4	3	6	5	?

a) oben 13, unten 8
b) oben 13, unten 7
c) oben 12, unten 8
d) oben 13, unten 9

233.

5 2	12 7	17 8
6	10	?

a) 13
b) 15
c) 18
d) 19

234.

5 2	**7 9**	**8 7**
14	**32**	**?**

a) 12
b) 18
c) 15
d) 30

235.

5 2	**12 7**	**17 8**
9	**15**	**?**

a) 27
b) 25
c) 29
d) 31

236.

5 2	**7 9**	**8 7**
21	**48**	**?**

a) 39
b) 43
c) 45
d) 47

237.

24 16	**33 27**	**47 23**
4	**3**	**?**

a) 10
b) 14
c) 13
d) 12

238.

13 3	7 5	16 8
8	6	?

a) 12
b) 10
c) 13
d) 14

239.

24 18	35 20	48 27
2	5	?

a) 7
b) 8
c) 5
d) 6

240.

13 5	7 5	16 8
6	4	?

a) 9
b) 8
c) 7
d) 6

241.

5 2	12 7	17 8
4	16	?

a) 48
b) 17
c) 22
d) 23

242.

13 7	24 14	19 16
9	13	?

a) 12
b) 18
c) 3
d) 6

243.

5 2	12 7	17 8
5	9	?

a) 17
b) 15
c) 19
d) 13

244.

5 2	7 9	8 7
11	29	?

a) 13
b) 19
c) 21
d) 27

245.

5 2	12 7	17 8
7	13	?

a) 25
b) 27
c) 16
d) 21

246.

5 2	7 9	8 7
16	43	?

a) 13
b) 56
c) 40
d) 78

247.

24 16	33 27	47 23
6	5	?

a) 14
b) 7
c) 31
d) 19

248.

13 7	5 16	8
10	8	?

a) 7
b) 14
c) 21
d) 49

249.

24 18	35 20	47 26
5	8	?

a) 4
b) 10
c) 16
d) 28

250.

13 5   7 5   16 8
9   7   ?

a) 11
b) 7
c) 18
d) 5

251.

5 12   7 17   8
8   32   ?

a) 12
b) 9
c) 34
d) 44

252.

13 7   24 15   19 6
18   24   ?

a) 12
b) 16
c) 24
d) 32

253. WILDSCHWEIN = 13
RHINOZEROS = 12
ELEFANT = ?

a) 8
b) 9
c) 10
d) 11

254. NORMALVERBRAUCHER = 14
WARENKUNDE = 7
GARANTIE = ?

a) 5
b) 6
c) 7
d) 8

255. RASENMÄHER = 15
KIRSCHEN = 11
SONNENBLUMEN = ?

a) 17
b) 18
c) 19
d) 20

256. HOLUNDERBUSCH = 9
TANNE = 5
APFELBAUM = ?

a) 12
b) 3
c) 8
d) 7

257. SONNENBRAND = 7
WELLENBAD = 6
STRANDKÖRBE = ?

a) 5
b) 7
c) 9
d) 11

Sprachliche Intelligenz

258. **Das Gegenteil von „trocken" ist**

a) feucht
b) knochentrocken
c) naß
d) bügelfeucht

259. **Das Gegenteil von „niedrig" ist**

a) hoch
b) höher
c) am höchsten
d) tief

260. **Das Gegenteil von „groß" ist**

a) winzig
b) klein
c) riesig
d) mittelgroß

261. **Das Gegenteil von „alt“ ist**

a) älter
b) jünger
c) uralt
d) jung

262. **Das Gegenteil von „alle“ ist**

a) niemand
b) viele
c) kaum jemand
d) die meisten

263. **Das Gegenteil von „Kraft“ ist**

a) Energie
b) Schwäche
c) Stärke
d) Druck

264. **Das Gegenteil von „anfangs“ ist**

a) später
b) zuletzt
c) heute
d) kürzlich

265. **Das Gegenteil von „langsam“ ist**

a) müde
b) schnell
c) quirlig
d) fit

266. **Das Gegenteil von „befehlen“ ist**

a) antworten
b) kommandieren
c) verneinen
d) gehorchen

267. **Das Gegenteil von „reich“ ist**

a) solvent
b) steinreich
c) arm
d) wohlhabend

268. **Finden Sie den Begriff heraus, der dem vorgegebenen am nächsten kommt.**

WIDERRUFEN

a) aufhören
b) wiederholen
c) zurücknehmen
d) erneuern
e) aktualisieren

269. **Finden Sie den Begriff heraus, der dem vorgegebenen am nächsten kommt.**

SELTENHEIT

a) Qualität
b) Rarität
c) Neuheit
d) Rationalität
e) Quantität

270. **Finden Sie den Begriff heraus, der dem vorgegebenen am nächsten kommt.**

AALGLATT

a) naß
b) glitschig
c) weich
d) geradlinig
e) eben

271. **Finden Sie den Begriff heraus, der dem vorgegebenen am nächsten kommt.**

RUHIG

a) laut
b) vernehmlich
c) leise
d) lärmend
e) ohrenbetäubend

272. **Finden Sie den Begriff heraus, der dem vorgegebenen am nächsten kommt.**

ANSTRENGEND

a) maliziös
b) strapaziös
c) einschläfernd
d) deprimierend

273. **Finden Sie den Begriff heraus, der dem vorgegebenen am nächsten kommt.**

LEBENSGESCHICHTE

a) Biographie
b) Bibliographie

274. Finden Sie den Begriff heraus, der dem vorgegebenen am nächsten kommt.

LEGAL

a) verboten
b) gesetzlich
c) ungesetzlich
d) erwünscht
e) phantastisch

275. Finden Sie den Begriff heraus, der dem vorgegebenen am nächsten kommt.

PSYCHOPATH

a) Nervenarzt
b) seelisch Erkrankter
c) Medikament

276. Finden Sie den Begriff heraus, der dem vorgegebenen am nächsten kommt.

PROFIT

a) Verlust
b) profitieren
c) Gewinn
d) Einnahme
e) Vorrecht

277. **Finden Sie den Begriff heraus, der dem vorgegebenen am nächsten kommt.**

RATIONALISIEREN

a) vorschlagen
b) veredeln
c) einsparen
d) vergrößern
e) ausstrahlen

278. **Welcher Begriff paßt nicht zu den anderen?**

a) London
b) Oslo
c) München
d) New York
e) Dresden

279. **Welcher Begriff paßt nicht zu den anderen?**

a) Großvater
b) Lehrerin
c) Tante
d) Mutter
e) Bruder

280. **Welcher Begriff paßt nicht zu den anderen?**

a) Bremen
b) Köln
c) Stuttgart
d) München
e) Mainz
f) Dresden

281. Welcher Begriff paßt nicht zu den anderen?

a) Tomaten
b) Bananen
c) Gurken
d) Bohnen
e) Möhren

282. Welcher Begriff paßt nicht zu den anderen?

a) Brasilien
b) Mexiko
c) Chile
d) Argentinien
e) Peru

283. Welcher Begriff paßt nicht zu den anderen?

a) übermorgen
b) gestern
c) in zwei Wochen
d) nächstes Jahr
e) in drei Stunden

284. Welcher Begriff paßt nicht zu den anderen?

a) Limonade
b) Fleisch
c) Kuchen
d) Butter
e) Käse

285. **Welcher Begriff paßt nicht zu den anderen?**

a) Claudia
b) Doris
c) Juliane
d) Ernst
e) Anna

286. **Welcher Begriff paßt nicht zu den anderen?**

a) Fahrrad
b) Auto
c) Traktor
d) Omnibus
e) Straßenbahn

287. **Welcher Begriff paßt nicht zu den anderen?**

a) Großmutter
b) Opa
c) Tante
d) Nichte
e) Schwägerin

288. **Welcher Begriff paßt nicht zu den anderen?**

a) Putzen
b) Kochen
c) Waschen
d) Singen
e) Bügeln

289. **Welcher Begriff paßt nicht zu den anderen?**

a) Igel
b) Biene

c) Moskito
d) Tiger
e) Hornisse

290. Welcher Begriff paßt nicht zu den anderen?

a) Englisch
b) Französisch
c) Algebra
d) Spanisch
e) Italienisch

291. Welcher Begriff paßt nicht zu den anderen?

a) Ring
b) Kette
c) Armband
d) Ohrring
e) Schleife

292. Welcher Begriff paßt nicht zu den anderen?

a) Mantel
b) Strumpf
c) Büstenhalter
d) Socke
e) Slip

293. Welcher Begriff paßt nicht zu den anderen?

a) Nagel
b) Schaufel
c) Schraube
d) Haken
e) Stift

294. Welcher Begriff paßt nicht zu den anderen?

a) Ball
b) Schreibmaschine
c) Puppe
d) Bauklotz
e) Teddy

295. Welcher Begriff paßt nicht zu den anderen?

a) Wurm
b) Vogel
c) Maulwurf
d) Fuchs
e) Hase

296. Welcher Begriff paßt nicht zu den anderen?

a) rund
b) eckig
c) leicht
d) quadratisch
e) viereckig

297. Welcher Begriff paßt nicht zu den anderen?

a) häßlich
b) schön
c) hübsch
d) nett
e) freundlich

298. Welcher Begriff paßt nicht zu den anderen?

a) Sänger
b) Pianist

c) Akrobat
d) Trompeter
e) Organist

299. **Welcher Begriff paßt nicht zu den anderen?**

a) Bein
b) Verstand
c) Arm
d) Haar
e) Wimper

300. **Welcher Begriff paßt nicht zu den anderen?**

a) Flöte
b) Klavier
c) Orgel
d) Ziehharmonika
e) Gitarre

301. **Welcher Begriff paßt nicht zu den anderen?**

a) Gartenhaus
b) Rathaus
c) Krankenhaus
d) Museum
e) Schule

302. **Welcher Begriff paßt nicht zu den anderen?**

a) Löwe
b) Tiger
c) Hai
d) Schlange
e) Esel

303. **Welcher Begriff paßt nicht zu den anderen?**

a) laufen
b) reden
c) rennen
d) gehen
e) turnen

304. **Welcher Begriff paßt nicht zu den anderen?**

a) Lippen
b) Haar
c) Nase
d) Ohr
e) Finger

305. **Welcher Begriff paßt nicht zu den anderen?**

a) Stuhl
b) Tisch
c) Vorhang
d) Schrank
e) Sofa

306. **Welcher Begriff paßt nicht zu den anderen?**

a) glatt
b) schmierig
c) schlüpfrig
d) rauh
e) glitschig

307. **Welcher Begriff paßt nicht zu den anderen?**

a) Metzger
b) Bäcker

c) Schuster
d) Maurer
e) Lehrer

308. Welcher Begriff paßt nicht zu den anderen?

a) Beethoven
b) Mozart
c) Verdi
d) Napoleon
e) Chopin

309. Welcher Begriff paßt nicht zu den anderen?

a) Phosphat
b) Erdöl
c) Kohle
d) Erdgas
e) Uran

310. Welcher Begriff paßt nicht zu den anderen?

a) Zitrone
b) Orange
c) Erdbeere
d) Grapefruit
e) Limone

311. Welcher Begriff paßt nicht zu den anderen?

a) Tennis
b) Fechten
c) Golf
d) Fußball
e) Handball

312. Welcher Begriff paßt nicht zu den anderen?

a) Wolfgang Amadeus Mozart
b) Bill Clinton
c) Mahatma Gandhi
d) Peter Paul Rubens
e) Mao Tsetung

313. Welcher Begriff paßt nicht zu den anderen?

a) Wal
b) Delphin
c) Katze
d) Krokodil
e) Elefant

314. Welcher Begriff paßt nicht zu den anderen?

a) Papsttum
b) Judentum
c) Christentum
d) Islam
e) Buddhismus

315. Welcher Begriff paßt nicht zu den anderen?

a) Tischrechner
b) Computer
c) Fax
d) Telefon

316. Welcher Begriff paßt nicht zu den anderen?

a) Häuser
b) Kirchen
c) Mäuse

d) Blätter
e) Katze

317. **Welcher Begriff paßt nicht zu den anderen?**

a) Diamanten
b) Eisenerz
c) Kohle
d) Erdöl
e) Gold

318. **Welche Redensart entspricht sinngemäß der vorgegebenen?**

ES IST NICHT ALLES GOLD, WAS GLÄNZT.

a) Reden ist Silber, Schweigen ist Gold.
b) Morgenstund' hat Gold im Mund.
c) Der Schein trügt.
d) Armut schändet nicht.
e) Mit Gold ist jede Festung zu erobern.

319.
Welche Redensart entspricht sinngemäß der vorgegebenen?

WENN ZWEI SICH STREITEN, FREUT SICH DER DRITTE.

a) Mit Zank und Streit kommt man nicht weit.
b) Des einen Schaden ist des anderen Gewinn.
c) Rache ist süß.
d) Der Angriff ist die beste Verteidigung.
e) Es kommt oft anders, als man denkt.

320. **Welche Redensart entspricht sinngemäß der vorgegebenen?**

ENDE GUT, ALLES GUT.

a) Wer zuletzt lacht, lacht am besten.
b) Es ist nicht alles Gold, was glänzt.
c) Früh gelacht, abends geweint.
d) Wer zuerst kommt, mahlt zuerst.
e) Zu wenig und zu viel ist des Teufels Spiel.

321. **Welche Redensart entspricht sinngemäß der vorgegebenen?**

DIE KATZE LÄSST DAS MAUSEN NICHT.

a) Vögel, die früh singen, fängt am Abend die Katze.
b) Wenn die Katze fort ist, tanzen die Mäuse.
c) Bei Nacht sind alle Katzen grau.
d) Wer einmal stiehlt, ist immer ein Dieb.
e) Der Hehler ist schlimmer als der Stehler.

322. **Welche Redensart entspricht sinngemäß der vorgegebenen?**

NIEMAND KANN ÜBER SEINEN EIGENEN SCHATTEN SPRINGEN.

a) Sein Licht unter den Scheffel stellen.
b) Keiner kann aus seiner Haut.
c) Große Ereignisse werfen ihre Schatten voraus.
d) Auf Regen folgt Sonnenschein.
e) Lerne was, so kannste was.

323. **Welche Redensart entspricht sinngemäß der vorgegebenen?**

EINEN ALTEN BAUM VERSETZT MAN NICHT.

a) Alte Bäume lassen sich nicht biegen.

b) Den Wald vor lauter Bäumen nicht sehen.
c) Der Raupe wegen muß man den Baum nicht umlegen.
d) Jeder ist so alt, wie er sich fühlt.
e) Alte Liebe rostet nicht.

324. **Welche Redensart entspricht sinngemäß der vorgegebenen?**

ROM IST AUCH NICHT AN EINEM TAG ERBAUT WORDEN.

a) Warte nie, bis du Zeit hast.
b) Jedes Ding hat zwei Seiten.
c) Die Zeit herrscht über die Dinge.
d) Wer zuletzt lacht, lacht am besten.
e) Wer langsam geht, kommt auch zum Ziel.

325. **Welche Redensart entspricht sinngemäß der vorgegebenen?**

ENDE GUT, ALLES GUT.

a) Es ist noch nicht aller Tage Abend.
b) Guter Rat ist teuer.
c) Wer zuletzt lacht, lacht am besten.
d) Früh gelacht, abends geweint.
e) Bereit sein ist alles.

326. **Welche Redensart entspricht sinngemäß der vorgegebenen?**

FRÜH GELACHT, ABENDS GEWEINT.

a) Abends werden die Faulen fleißig.
b) Auf jeden Abend folgt ein Morgen.
c) Man soll den Tag nicht vor dem Abend loben.
d) Die Sonne bringt es an den Tag.
e) Dem Glücklichen schlägt keine Stunde.

327. Welche Redensart entspricht sinngemäß der vorgegebenen?

LIEBER EINEN SPERLING IN DER HAND ALS DIE TAUBE AUF DEM DACH.

a) Undank ist der Welt Lohn.
b) Weniger wäre mehr.
c) In der Not frißt der Teufel Fliegen.
d) Der Selbsthelfer ist der beste Nothelfer.
e) Not macht erfinderisch.

328. Welcher Begriff hat etwas gemeinsam mit

MALARIA

a) Angina
b) Tablette
c) Arzt
d) Krankenhaus

329. Welcher Begriff hat etwas gemeinsam mit

KOCHTOPF

a) Glas
b) Teller
c) Bratpfanne
d) Gabel

330. Welcher Begriff hat etwas gemeinsam mit

FÖHRE

a) Blatt
b) Baum
c) Fichte
d) Busch

331. Welcher Begriff hat etwas gemeinsam mit
NASE

a) Zehe
b) Haar
c) Knie
d) Ellenbogen

332. Welcher Begriff hat etwas gemeinsam mit
QUARK

a) Gemüse
b) Fleisch
c) Käse
d) Wurst

333. Welcher Begriff hat etwas gemeinsam mit
SEGELN

a) Boxen
b) Fechten
c) Schwimmen
d) Radfahren

334. Welcher Begriff hat etwas gemeinsam mit
WIEGE

a) Bett
b) Tisch
c) Bücherregal
d) Kommode

335. **Welcher Begriff hat etwas gemeinsam mit DIAMANT**

a) Amethyst
b) Stein
c) Eisen
d) Salz

336. **Welcher Begriff hat etwas gemeinsam mit FUSSBALL**

a) Bockspringen
b) Handball
c) Sackhüpfen
d) Schwimmen

337. **Welcher Begriff hat etwas gemeinsam mit WEIN**

a) Limonade
b) Milch
c) Bier
d) Kaffee

338. **NEFFE verhält sich zu COUSIN wie NICHTE zu**

a) Tante
b) Mutter
c) Enkelin
d) Cousine
e) Oma

339. **HANDBALL verhält sich zu RUND wie BASKETBALL zu**

a) rund
b) glitschig
c) gelb
d) weiß
e) größer

340. **MÜNCHEN verhält sich zu STACHUS wie LONDON zu**

a) Big Ben
b) Trafalgar Square
c) Themse
d) Nelson's Column
e) Times

341. **LASTWAGEN verhält sich zu AUTOBAHN wie FAHRRAD zu**

a) Straße
b) Waldweg
c) Fahrradweg
d) Klingel
e) Helm

342. **AQUARIUM verhält sich zu FISCHE wie KÄFIG zu**

a) Vogel
b) Vögel
c) Hamster
d) Papagei
e) Zwerghase

343. **BAYERN verhält sich zu MÜNCHEN wie BADEN-WÜRTTEMBERG zu**

a) Ulm
b) Schwaben
c) Stuttgart
d) Freiburg
e) Schwarzwald

344. **WOCHE verhält sich zu TAG wie STUNDE zu**

a) Minute
b) Sekunde
c) Uhr
d) Zeit
e) Tag

345. **AUSTRALIEN verhält sich zu ABORIGINES wie NEUSEELAND zu**

a) Wellington
b) Insel
c) Pazifik
d) James Cook
e) Maori

346. **GROSSBRITANNIEN verhält sich zu LONDON wie TSCHECHIEN zu**

a) Pilsen
b) Prag
c) Böhmen
d) Krummau
e) Prager Frühling

347. BALEAREN verhält sich zu MITTELMEER wie KANAREN zu

a) Südsee
b) Karibik
c) Atlantik
d) Pazifik
e) Inseln

348. Welches Tier paßt nicht zu den anderen?

a) hku
b) ztkae
c) schfu
d) hnuh

349. Welches Tier paßt nicht zu den anderen?

a) nhha
b) erstmah
c) tchibah
d) ausm

350. Welches Tier paßt nicht zu den anderen?

a) ähnhrugku
b) tzerpserkae
c) ttwsenlleichi
d) masterh

351. Welches Tier paßt nicht zu den anderen?

a) lees
b) drfep
c) osech
d) ffareig

352. **Welches Tier paßt nicht zu den anderen?**

a) naromrko
b) ieenslgenarsch
c) gailarot
d) örteierenchslidk

353. **Welches Tier paßt nicht zu den anderen?**

a) suameredfl
b) hescuhecekr
c) ümcksteech
d) aimäerfk

354. **Welches Tier paßt nicht zu den anderen?**

a) feelnta
b) irffage
c) tuammm
d) palerdo

355. **Welches Tier paßt nicht zu den anderen?**

a) wattpol
b) erndaz
c) iha
d) ingrhe

356. **Welches Tier paßt nicht zu den anderen?**

a) suam
b) eichnenchswerem
c) sthaerm
d) ierelrmmut

357. **Welches Tier paßt nicht zu den anderen?**

a) ensiema
b) enneib
c) iterenm
d) negielf

358. **Welche Baumart paßt nicht zu den anderen?**

a) nroha
b) enatn
c) lere
d) tehcfi

359. **Welches Lebensmittel paßt nicht zu den anderen?**

a) truhoyg
b) tertub
c) krauq
d) yoamnniase

360. **Welcher Begriff paßt nicht zu den anderen?**

a) kraqu
b) chilmzigene
c) uhkchilm
d) tenstuchilm

361. **Welcher Begriff paßt nicht zu den anderen?**

a) blegei
b) eierühhn
c) eiterso
d) tumgenei

362. **Welcher Begriff paßt nicht zu den anderen?**

a) lzpieinst
b) nglifffper
c) lizpiegenfl
d) chpiongamn

363. **Welche Frucht paßt nicht zu den anderen?**

a) elpfa
b) neanab
c) nebri
d) reeerdbe

364. **Welche historische Person paßt nicht zu den anderen?**

a) äscra
b) noleopna
c) artzom
d) thoeeg

365. **Welcher Name paßt nicht zu den anderen?**

a) ianaximmli
b) jainmben
c) ldeithma
d) usliju

366. **Welches Gemüse paßt nicht zu den anderen?**

a) lebiewz
b) elffoartk
c) tterako
d) kerug

367. **Welcher Begriff paßt nicht zu den anderen?**

a) kerug
b) reeebrde
c) teamott
d) eebermih

368. **Welcher Begriff paßt nicht zu den anderen?**

a) onfelet
b) xfa
c) ätergknuf
d) schmainechreen

369. **Welcher Staat paßt nicht zu den anderen?**

a) ndlaeiedern
b) lgieben
c) ienglbuar
d) niepasn

370. **Welcher Staat paßt nicht zu den anderen?**

a) ranugn
b) nieital
c) ienpas
d) nietarok

371. **Welcher Fluß paßt nicht zu den anderen?**

a) galow
b) aunod
c) neihr
d) bele

372. **Welche Stadt paßt nicht zu den anderen?**

a) nodnol
b) molhckots
c) iergla
d) idrdam

373. **Welche Stadt paßt nicht zu den anderen?**

a) enümchn
b) rtgatsttu
c) cheana
d) nengib

374. **Welcher Beruf paßt nicht zu den anderen?**

a) ergztem
b) ckeräb
c) eiernchs
d) erntärg

375. **Welcher Beruf paßt nicht zu den anderen?**

a) rehrel
b) uamrre
c) reienchs
d) tsuchsre

376. **Welche historische Person paßt nicht zu den anderen?**

a) rtzoam
b) lendhä
c) chab
d) poonlena

377. **Welcher Berg paßt nicht zu den anderen?**

a) roschandamilki
b) cnlabtnom
c) majachifuds
d) estervemontu

378. **Welcher Berg paßt nicht zu den anderen?**

a) zepszitug
b) vusev
c) natä
d) majachifuds

379. **Welcher Begriff paßt nicht zu den anderen?**

a) nenos
b) ndom
c) erssaw
d) lehok

380. **Welches Kleidungsstück paßt nicht zu den anderen?**

a) plis
b) mütsok
c) gunza
d) ckeajckirst

381. **Welches Kleidungsstück paßt nicht zu den anderen?**

a) deilktkcocai
b) ngikoms
c) zuangdoju
d) eidhozeisklcht

382. **Welcher Begriff paßt nicht zu den anderen?**

a) llowbaumckenso
b) eisneümepfstrd
c) ieknümstrepf
d) pferümstllow

383. **Welches Musikinstrument paßt nicht zu den anderen?**

a) reiavlk
b) hretiz
c) ferah
d) neliiov

384. **Welches Musikinstrument paßt nicht zu den anderen?**

a) tepemort
b) rnohlpa
c) teöerfluq
d) nirubmta

385. **Welche Insel paßt nicht zu den anderen?**

a) talam
b) ffiaernet
c) caroallm
d) karsgaadam

386. **Welcher Begriff paßt nicht zu den anderen?**

a) gozrhe
b) nifägr
c) inssezinpr
d) rotkdo

387. Welcher Bodenschatz paßt nicht zu den anderen?

a) lörde
b) rzenesei
c) lehokneist
d) ferpku

388. Welcher Vogel paßt nicht zu den anderen?

a) rats
b) slema
c) erdla
d) knfiünrg

389. Welcher Vogel paßt nicht zu den anderen?

a) leue
b) erlda
c) rdassub
d) ereig

390. Welches Insekt paßt nicht zu den anderen?

a) kceüm
b) pesew
c) sseiorhn
d) iegeflenbeust

391. Welches Werkzeug paßt nicht zu den anderen?

a) geäsortom
b) geäsichst
c) säegeirks
d) ägsendha

392. **Welches Werkzeug paßt nicht zu den anderen?**

a) elboh
b) ermham
c) ßleiem
d) liebet

393. **Welches Möbelstück paßt nicht zu den anderen?**

a) luhstauschlek
b) schit
c) rekcho
d) elsses

394. **Welche Form paßt nicht zu den anderen?**

a) skeir
b) cktechre
c) atrdqau
d) kcieedr

395. **Welches Maß paßt nicht zu den anderen?**

a) etreililmm
b) lmiliterli
c) mmargllimi
d) mmargliko

396. **Welcher Beruf hat mit den anderen nichts gemein?**

a) astymngenknark
b) änastisset
c) logethpao
d) istangro

397. **Welcher Fisch paßt nicht zu den anderen?**

a) aih
b) schrab
c) tchhe
d) fpenrak

398. **Welches Kleidungsstück paßt nicht zu den anderen?**

a) tsorsh
b) dmeh
c) sneaj
d) sehollowmaub

399. **Welcher Begriff paßt nicht zu den anderen?**

a) gelanergnfi
b) naengelzehn
c) raah
d) halagelstn

400. **Wenn Sie die Buchstaben ÄERMAINKFER neu zusammensetzen, was erhalten Sie dann?**

a) Staat
b) Gewässer
c) Stadt
d) Tier

401. **Wenn Sie die Buchstaben GABMHUR neu zusammensetzen, was erhalten Sie dann?**

a) Staat
b) Gewässer
c) Stadt
d) Tier

402. **Wenn Sie die Buchstaben WEEDNCHS neu zusammensetzen, was erhalten Sie dann?**

a) Staat
b) Gewässer
c) Stadt
d) Tier

403. **Wenn Sie die Buchstaben SSIIMISSIPP neu zusammensetzen, was erhalten Sie dann?**

a) Staat
b) Gewässer
c) Stadt
d) Tier

404. **Wenn Sie die Buchstaben NRNGUA neu zusammensetzen, was erhalten Sie dann?**

a) Staat
b) Gewässer
c) Stadt
d) Tier

405. **Wenn Sie die Buchstaben DIRMDA neu zusammensetzen, was erhalten Sie dann?**

a) Staat
b) Gewässer
c) Stadt
d) Tier

406. **Wenn Sie die Buchstaben FEFAIRG neu zusammensetzen, was erhalten Sie dann?**

a) Staat
b) Gewässer

c) Stadt
d) Tier

407. **Wenn Sie die Buchstaben GERUSNBEGR neu zusammensetzen, was erhalten Sie dann?**

a) Staat
b) Gewässer
c) Stadt
d) Tier

408. **Wenn Sie die Buchstaben EENSI neu zusammensetzen, was erhalten Sie dann?**

a) Staat
b) Gewässer
c) Stadt
d) Tier

409. **Wenn Sie die Buchstaben KRHCFANRIE neu zusammensetzen, was erhalten Sie dann?**

a) Staat
b) Gewässer
c) Stadt
d) Tier

410. **Wenn Sie die Buchstaben TNEFLEA neu zusammensetzen, was erhalten Sie dann?**

a) Staat
b) Gewässer
c) Stadt
d) Tier

411. **Wenn Sie die Buchstaben GNWORNEE neu zusammensetzen, was erhalten Sie dann?**

a) Staat
b) Gewässer
c) Stadt
d) Tier

412. **Wenn Sie die Buchstaben ESBDOEEN neu zusammensetzen, was erhalten Sie dann?**

a) Staat
b) Gewässer
c) Stadt
d) Tier

413. **Wenn Sie die Buchstaben EDNSRDE neu zusammensetzen, was erhalten Sie dann?**

a) Staat
b) Stadt
c) Gewässer
d) Tier

414. **Wenn Sie die Buchstaben ENRAGLIE neu zusammensetzen, was erhalten Sie dann?**

a) Staat
b) Gewässer
c) Stadt
d) Tier

415. **Wenn Sie die Buchstaben NHCKAINEN neu zusammensetzen, was erhalten Sie dann?**

a) Staat
b) Gewässer

c) Stadt
d) Tier

416. **Wenn Sie die Buchstaben NPELO neu zusammensetzen, was erhalten Sie dann?**

a) Staat
b) Gewässer
c) Stadt
d) Tier

417. **Wenn Sie die Buchstaben EESNERGTE neu zusammensetzen, was erhalten Sie dann?**

a) Staat
b) Gewässer
c) Stadt
d) Tier

418. **Wenn Sie die Buchstaben KUAMSO neu zusammensetzen, was erhalten Sie dann?**

a) Staat
b) Gewässer
c) Stadt
d) Tier

419. **Wenn Sie die Buchstaben OTIMSKO neu zusammensetzen, was erhalten Sie dann?**

a) Staat
b) Gewässer
c) Stadt
d) Tier

420. **Wenn Sie die Buchstaben MIEHCESE neu zusammensetzen, was erhalten Sie dann?**

a) Staat
b) Gewässer
c) Stadt
d) Tier

421. **Wenn Sie die Buchstaben KIEWSOLA neu zusammensetzen, was erhalten Sie dann?**

a) Staat
b) Gewässer
c) Stadt
d) Tier

422. **Wenn Sie die Buchstaben LCHASGNE neu zusammensetzen, was erhalten Sie dann?**

a) Staat
b) Gewässer
c) Stadt
d) Tier

423. **Wenn Sie die Buchstaben CKLMOHSTO neu zusammensetzen, was erhalten Sie dann?**

a) Staat
b) Gewässer
c) Stadt
d) Tier

424. **Wenn Sie die Buchstaben EREEMAMS neu zusammensetzen, was erhalten Sie dann?**

a) Staat
b) Gewässer

c) Stadt
d) Tier

425. Wenn Sie die Buchstaben RSHCIH neu zusammensetzen, was erhalten Sie dann?

a) Staat
b) Gewässer
c) Stadt
d) Tier

426. Wenn Sie die Buchstaben NMNÜHCE neu zusammensetzen, was erhalten Sie dann?

a) Staat
b) Gewässer
c) Stadt
d) Tier

427. Wenn Sie die Buchstaben LGAPROTU neu zusammensetzen, was erhalten Sie dann?

a) Staat
b) Gewässer
c) Stadt
d) Tier

428. Wenn Sie die Buchstaben IEHCNKARFR neu zusammensetzen, was erhalten Sie dann?

a) Staat
b) Gewässer
c) Stadt
d) Tier

429. **Wenn Sie die Buchstaben NONRBEILH neu zusammensetzen, was erhalten Sie dann?**

a) Staat
b) Gewässer
c) Stadt
d) Tier

430. **Welche Buchstaben gehören in die Klammer?**

ANGEBOT (TOBEGA) NACHFRAGE

ZAUBERER (?) STAUBSAUGER

a) GAUEBU
b) SBURER
c) RERREG
d) ERESBU

431. **Welche Buchstaben gehören in die Klammer?**

MEISTERBRIEF (EISRIE) BRIEFKASTEN

POSTBOTE (?) PAKETDIENST

a) OSTAKE
b) POSPAK
c) STBKET
d) ETOTSN

432. **Welche Buchstaben gehören in die Klammer?**

SURFBRETT (TERBHUHC) HANDSCHUHE

SEGELSCHULE (?) STIEFEL

a) LEFELELUH
b) LUHCEFEI
c) EGELTIEF
d) SCHUIEFE

433. Welche Buchstaben gehören in die Klammer?

GROSSMUTTER (UMSAVS) GROSSVATER

KLAVIERLEHRER (?) KLAVIERLEHRERIN

a) SSMSSV
b) RETRET
c) GROGRO
d) REIREI

434. Welche Buchstaben gehören in die Klammer?

BASKETBALL (SKESSB) FUSSBALL

HANDBALL (?) VOLLEYBALL

a) NDBLLE
b) ANDOLL
c) BALBAL
d) HANVOL

435. Welche Buchstaben gehören in die Klammer?

WINDHOSE (ESONIW) WINDSURFER

MATROSENLIED (?) VOLKSLIED

a) DIEDIE
b) DEILOV
c) EILIEL
d) TAMLOV

436. Welche Buchstaben gehören in die Klammer?

NORDAMERIKA (AKIREM) SÜDAMERIKA

NORDAFRIKA (?) SÜDAFRIKA

a) AKIRFA
b) IKAIKA
c) AKIAKI
d) RFAIRF

437. **Welche Buchstaben gehören in die Klammer?**

MÜNCHEN (MNHNNRBR) NÜRNBERG

HAMBURG (?) FRANKFURT

a) ÜNENNÜBRG
b) HMUGFAKUT
c) NCHRNBG
d) MBURRANK

438. **Welche Buchstaben gehören in die Klammer?**

SCHWIMMEN (WHCILE) GELINGEN

BADEN (?) SCHADEN

a) DABHCS
b) NEDNED
c) EDANED
d) EDAAHC

439. **Welche Buchstaben gehören in die Klammer?**

REGENBOGEN (GERIHC) REGENSCHIRM

OBERLEITUNG (?) OBERHAUSEN

a) EBOSAU
b) OBEOBE
c) REBEBO
d) EBOEBO

440. **Setzen Sie die Buchstaben ein, mit denen das erste Wort endet und das zweite beginnt.**

AK (?) OR

a) TEN
b) TIV
c) KU
d) KIA

441. **Setzen Sie die Buchstaben ein, mit denen das erste Wort endet und das zweite beginnt.**

NI (?) IBE

a) RE
b) LOT
c) CHT
d) SCHE

442. **Setzen Sie die Buchstaben ein, mit denen das erste Wort endet und das zweite beginnt.**

AN (?) KASSETTE

a) ODE
b) NA
c) TON
d) DERE

443. **Setzen Sie die Buchstaben ein, mit denen das erste Wort endet und das zweite beginnt.**

HANDL (?) ARN

a) AUF
b) UNG
c) ICH
d) ANGER

444. **Setzen Sie die Buchstaben ein, mit denen das erste Wort endet und das zweite beginnt.**

P (?) A

a) AULA
b) ETER
c) AUL
d) ALM

445. **Setzen Sie die Buchstaben ein, mit denen das erste Wort endet und das zweite beginnt.**

B (?) EIN

a) ACH
b) ALL
c) HER
d) AST

446. **Setzen Sie die Buchstaben ein, mit denen das erste Wort endet und das zweite beginnt.**

TELE (?) EN

a) FON
b) PATH
c) FAX
d) MAX

447. **Setzen Sie die Buchstaben ein, mit denen das erste Wort endet und das zweite beginnt.**

B (?) EN

a) AHN
b) AST
c) ACH
d) ALD

448. **Setzen Sie den bzw. die Buchstaben ein, mit denen das erste Wort endet und das zweite beginnt.**

SCHAF (?) STER

a) FEN
b) MIST
c) STALL
d) E

449. **Setzen Sie die Buchstaben ein, mit denen das erste Wort endet und das zweite beginnt.**

GAR (?) GANG

a) MONT
b) AUS
c) AGE
d) EIN

450. **Setzen Sie die Buchstaben ein, mit denen das erste Wort endet und das zweite beginnt.**

MA (?) T

a) IS
b) MA
c) ST
d) RIST

451. **Setzen Sie die Buchstaben ein, mit denen das erste Wort endet und das zweite beginnt.**

RÜ (?) TEST

a) DE
b) GEN
c) STIG
d) PEL

452. **Setzen Sie die Buchstaben ein, mit denen das erste Wort endet und das zweite beginnt.**

SCHW (?) ER

a) ABE
b) ACH
c) EIN
d) EBE

453. **Setzen Sie die Buchstaben ein, mit denen das erste Wort endet und das zweite beginnt.**

EIG (?) LE

a) ER
b) NER
c) EN
d) ZW

454. **Setzen Sie die Buchstaben ein, mit denen das erste Wort endet und das zweite beginnt.**

TSCH (?)ER

a) ÜSS
b) ECHE
c) AD
d) AU

455. **Setzen Sie den bzw. die Buchstaben ein, mit denen das erste Wort endet und das zweite beginnt.**

LEHR (?) NG

a) E
b) ER
c) LING
d) AMT

456. **Setzen Sie den bzw. die Buchstaben ein, mit denen das erste Wort endet und das zweite beginnt.**

GAMM (?) NEN

a) A
b) LER
c) ELN

457. **Setzen Sie den bzw. die Buchstaben ein, mit denen das erste Wort endet und das zweite beginnt.**

KUN (?) AHL

a) DE
b) STR
c) ST
d) K

458. **Setzen Sie den bzw. die Buchstaben ein, mit denen das erste Wort endet und das zweite beginnt.**

OF (?) KEL

a) FSET
b) T
c) FEN
d) EN

459. **Setzen Sie die Buchstaben ein, mit denen das erste Wort endet und das zweite beginnt.**

HA (?) NIL

a) US
b) ST
c) SE
d) BE

460. **Welcher Wortteil paßt in die Klammer?**

SCH (?) N

a) RAUBE
b) ACHTEL
c) UHE
d) AUEN

461. **Welcher Wortteil paßt in die Klammer?**

SCH (?) TER

a) ACH
b) AL
c) ULE
d) WUND

462. **Welcher Wortteil paßt in die Klammer?**

AU (?) N

a) GEN
b) STER
c) RICH
d) DIO

463. **Welcher Wortteil paßt in die Klammer?**

TY (?) E

a) SSEN
b) PEN
c) PIST
d) PE

464. **Welcher Wortteil paßt in die Klammer?**

AR (?) OR

a) MEE
b) TIST
c) T
d) SEN

465. **Welcher Wortteil paßt in die Klammer?**

DÜ (?) ID

a) RRE
b) STER
c) NKEL
d) NE

466. **Welcher Wortteil paßt in die Klammer?**

MAMM (?) ERUS

a) A
b) UT
c) I
d) ON

467. **Welcher Wortteil paßt in die Klammer?**

DI (?) OR

a) REKT
b) REKTOR
c) AGRAMM
d) NO

468. **Welcher Wortteil paßt in die Klammer?**

AN (?) R

a) NA
b) ODE
c) JA
d) ITA

469. **Welcher Wortteil paßt in die Klammer?**

Z (?) E

a) WEI
b) AHL
c) UNDER
d) INNE

470. **Welcher Begriff paßt noch in die Liste?**

MANN, COUSIN, LEHRER, FRAU, COUSINE

a) Großmutter
b) Großvater
c) Lehrerin
d) Onkel

471. **Welcher Begriff paßt noch in die Liste?**

ADAM, HÄUSER, ESSIG, EVA, TÜREN

a) Öl
b) Bier
c) Wein
d) Käse

472. **Welcher Begriff paßt noch in die Liste?**

SCHMAL, LANG, DICK, BREIT, KURZ

a) schwer
b) leicht
c) dünn
d) gewichtig

473. **Welcher Begriff paßt noch in die Liste?**
HAUS, ZUG, KAKTUS, HÄUSER, ZÜGE

a) Pflanzen
b) Kakteen
c) Blumen
d) Blüten

474. **Welcher Begriff paßt noch in die Liste?**
ECKIG, RUND, GLATT, MATT, RAUH

a) glänzend
b) quadratisch
c) rechteckig
d) hohl

475. **Welcher Begriff paßt noch in die Liste?**
VOLL, QUADRATISCH, LEER, HELL, DUNKEL

a) glatt
b) matt
c) rechteckig
d) hohl

476. **Welcher Begriff paßt noch in die Liste?**
WEINEN, FAULENZEN, SITZEN, STEHEN, ARBEITEN

a) schreien
b) lachen
c) schmunzeln
d) laufen

477. **Welcher Begriff paßt noch in die Liste?**
HERZ, NIERE, LEBER

a) Bein
b) Arm
c) Körper
d) Galle

478. **Welcher Begriff paßt noch in die Liste?**
DAHEIM, FAUNA, ZUHAUSE, TIERWELT, PFLANZENWELT

a) Fische
b) Wildtiere
c) Kosmos
d) Flora

479. **Welcher Begriff paßt noch in die Liste?**
ARM, NASS, REICH, GLÜCKLICH, TROCKEN

a) grantig
b) unglücklich
c) deprimiert
d) froh

480. **Welcher Begriff paßt noch in die Liste?**
SEKUNDE, MINUTE, KILOGRAMM, TONNE, MILLILITER

a) Milligramm
b) Meter
c) Jahr
d) Liter

481. **Welcher Begriff paßt noch in die Liste?**
ROT, SCHRANK, FARBE, MÖBEL, HAMMER

a) Meißel
b) Werkzeug
c) Schraubenzieher
d) Bohrer

482. **Welcher Begriff paßt noch in die Liste?**
METZGER, MÜLLER, FLEISCH, MEHL, BROT

a) Brötchen
b) Kuchen
c) Getreide
d) Bäcker

483. **Welcher Begriff paßt noch in die Liste?**
SCHULE, ARBEIT, FERIEN, URLAUB, STRESS

a) Schüler
b) Lehrer
c) Muße

484. **Welcher Begriff paßt noch in die Liste?**
FISCH, VOGEL, WASSER, LUFT, STERN

a) Sonne
b) Mond
c) Kosmos
d) Fixstern

485. **Welcher Begriff paßt noch in die Liste?**
ANTILOPE, ADLER, HUFTIER, RAUBVOGEL, KATZE

a) Uhu
b) Giraffe
c) Greifvogel
d) Haustier

486. **Welcher Begriff paßt noch in die Liste?**
SCHEU, NETT, ZUTRAULICH, GARSTIG, LIEBE

a) Kuß
b) Haß
c) Liebelei
d) Freundlichkeit

487. **Welcher Begriff paßt noch in die Liste?**
STROM, STURM, BACH, FLAUTE, QUADRAT

a) Fluß
b) Licht
c) Kreis
d) Welle

488. **Welcher Begriff paßt noch in die Liste?**
FERKEL, KIND, ELTERN, SAU, SCHÖSSLING

a) Großeltern
b) Verwandte
c) Pflänzchen
d) Baum

489. **Welcher Begriff paßt noch in die Liste?**
PFARRER, FRAUENARZT, THEOLOGE, GYNÄKOLOGE, NERVENARZT

a) Doktor
b) Professor
c) Psychiater
d) Nervenheilanstalt

490. **Welcher Buchstabe fehlt in der Reihe?**
D H L P T ?

a) W
b) V
c) X
d) Y

491. **Welcher Buchstabe fehlt in der Reihe?**
B D G I L N Q S ?

a) T
b) U
c) V
d) W

492. **Welcher Buchstabe fehlt in der Reihe?**
A F K P U ?

a) A
b) F
c) K
d) Z

493. **Welcher Buchstabe fehlt in der Reihe?**

B E G J L O ?

a) Q
b) R
c) S
d) T

494. **Welche Buchstaben fehlen in der Reihe?**

B C H I N O ? ?

a) PQ
b) QR
c) RS
d) ST

495. **Welcher Buchstabe fehlt in der Reihe?**

C E G I K M O ?

a) P
b) Q
c) R
d) S

496. **Welcher Buchstabe fehlt in der Reihe?**

B E H K N Q ?

a) T
b) U
c) V
d) W

497. **Welcher Buchstabe fehlt in der Reihe?**

A Z B Y C X D ?

a) E
b) F
c) V
d) W

498. **Welcher Buchstabe fehlt in der Reihe?**

B Y D W F U ?

a) H
b) J
c) S
d) Q

499. **Welcher Buchstabe fehlt in der Reihe?**

M L N K O J P I Q ?

a) G
b) H
c) R
d) S

500. **Welcher Begriff paßt zu den vorhandenen?**

STIFT, BRETT, SATZ, UNTERLAGE, TISCH, SAAL

a) Block
b) Hund
c) Nagel
d) Bett

Lösungen und Hinweise für die Tests von Seite 163 bis 301

Visuelle Intelligenz

1. c)	**11.** c)	**21.** c)
2. c)	**12.** e)	**22.** c)
3. b)	**13.** d)	**23.** c)
4. d)	**14.** b)	**24.** c)
5. b)	**15.** e)	**25.** d)
6. a)	**16.** d)	**26.** a)
7. c)	**17.** b)	**27.** d)
8. a)	**18.** c)	**28.** c)
9. b)	**19.** e)	**29.** b)
10. a)	**20.** d)	**30.** a)

31. d)
32. d)
33. c)
34. f)
35. e)
36. b)
37. d)
38. e)
39. c)
40. b)
41. a)
42. d)
43. c)
44. a)
45. b)
46. c)
47. a)
48. d)
49. c)
50. b)
51. a)
52. d)
53. b)
54. c)
55. c)
56. c)
57. c)
58. c)
59. c)
60. c)
61. c)
62. c)
63. c)
64. c)
65. d)
66. b)
67. c)
68. b)
69. d)
70. a)
71. c)
72. b)
73. d)
74. d)
75. c)
76. b)
77. c)
78. a)
79. b)
80. d)
81. a)
82. b)
83. d)
84. b)

85. c)
86. d)
87. b)
88. a)
89. c)
90. b)
91. a)
92. c)
93. d)
94. b)
95. d)
96. a)
97. c)
98. a)
99. b)
100. d)
101. c)
102. d)
103. b)
104. b)
105. c)
106. d)
107. b)
108. a)
109. b)
110. c)
111. d)
112. b)
113. c)
114. b)
115. c)
116. d)
117. a)
118. b)
119. c)
120. d)

Mathematische Intelligenz

121. b)

122. c)

123. b)

124. d)

125. b)
abwechselnd - 3 bzw. +5

126. a)
abwechselnd +1 bzw. +2

127. b)
abwechselnd x 2 bzw. - 4

128. c)
abwechselnd + 2 bzw. x 2

129. a)
5 - 1, 4 + 2, 6 -3, 3 + 4, 7 - 5, 2 + 6, 8 - 7, 1 + 8, 9 - 9 = 0

130. a)
1 + 1, 2 + 2, 4 + 3, 7 + 4, 11 + 5, 16 + 6, 22 + 7, 29 + 8, 37 + 9 = 46

131. c)

132. a)

133. b)

134. c)

135. b)

136. a)

137. c)

138. a)

139. b)

140. c)

141. c)

4 + 1 - 1 = 4

142. b)

5 x 2 - 1 = 9

143. d)

12 + (5 x 3) = 27

144. a)

4 x 9 - 4 + 9 = 23

145. c)

(12 - 7) x (12 - 7) = 25

146. b)

(5 + 7) : 2 = 6

147. d)

18 + 17 = 35

148. a)

40 - 7 - 18 = 15

149. b)

9 x 7 - 7 = 56

150. d)

15 x 2 - 13 = 17

151. b)

12 + 4, davon Quadratwurzel = 4

152. c)

10 - 5 +1 = 6

153. b)

(7 + 1) : 2 = 4

154. a)

16 + (4 x 3) = 28

155. d)

6 x 3 - 6 - 3 = 9

156. b)

(Quadratwurzel aus 25) + 7 = 12

157. d)

5 x 2 - 6 = 4

158. a)

38 - 13 = 25

159. d)

40 - 16 - 9 = 15

160. c)
(14 + 7) : 7 = 3

161. d)
(8 x 2) - 4 = 12

162. b)
5 x 5 - 13 = 12

163. a)
immer +3

164. b)
zwei Reihen, erste immer + 2, zweite immer + 4

165. d)
immer x 2 - 2

166. a)
1, 2, 3... jeweils im Quadrat

167. c)
2 hoch 1; 2 hoch 2; 2 hoch 3; davon jeweils -1

168. b)
immer + 4

169. b)
abwechselnd x 2 bzw. +3

170. d)
1 x 2 = 2, 2 x 2 = 4, 2 x 4 = 8, 4 x 8 = 32

171. b)
immer - 3

172. c)
immer x 2 + 2

173. b)
immer - 5

174. a)
immer x 3 - 1

175. c)
immer x 2 - 3

176. d)
immer : 2 +1

177. b)
Primzahlenreihe

178. a)
abwechselnd x 2 - 2, : 2 + 2

179. d)
abwechselnd x 3 - 1, x 2 - 1

180. a)
- 1, + 2, - 3, + 4, - 5

181. c)
+ 6, - 4, + 6, - 4

182. c)
: 2, x 3, : 2, x 3

183. c)
nicht durch 3 teilbar

184. d)

keine Zweierpotenz, an der Stelle müßte 64 stehen

185. d)

keine Dreierpotenz, an der Stelle müßte 729 stehen

186. e)

4094, nicht durch 4 teilbar

187. e)

keine Primzahl

188. f)

nicht durch 6 teilbar

189. c)

318 - 212 + 10 = 116

190. d)

118 - 24 : 2 = 47

191. a)

(482 + 246) : 2 = 364

192. d)

- 16 - 54 + 73 + 81 = 84

193. b)

- 16 + 41 - 32 + 97 = 154

194. c)

oben: abwechselnd + 3 bzw. - 2
unten: abwechselnd - 2 bzw. + 3

195. d)

oben: abwechselnd x 2, bzw. - 2
unten: + 2, + 3, + 4, + 5, + 6

196. a)

oben: abwechselnd x 2 bzw. - 2
unten: + 2, + 3, + 4, + 5, + 6

197. b)

oben: abwechselnd - 5, bzw. + 6
unten: + 6, + 7, + 8, + 9, + 10

198. c)

oben: + 1, + 3, + 5, + 7, + 9
unten: + 2, + 4, + 6, + 8, + 10

199. d)

oben: - 1, - 3, - 5, - 7, - 9
unten: -2, - 4, - 6, - 8, - 10

200. b)

oben: + 1, - 3, + 5, - 7, + 9
unten: + 2, - 4, + 6, - 8, + 10

201. d)

oben: - 1, + 3, - 5, + 7, - 9
unten: - 2, + 4, - 6, + 8, - 10

202. b)

abwechselnd + 3, bzw. - 2

203. b)

abwechselnd - 2, bzw. + 3

204. d)

abwechselnd x 2 bzw. - 2

205. b)

+ 2, + 3, + 4, + 5, + 6

206. a)
+ 3, - 2, + 4, - 2, + 5

207. d)
- 1, + 2, - 3, + 4, - 5

208. d)
abwechselnd - 5 bzw. + 6

209. b)
+ 6, + 7, + 8, + 9, + 10

210. b)
+ 1, + 3, + 5, + 7, + 9

211. c)
+ 2, + 4, + 6, + 8, + 10

212. d)
- 1, - 3, - 5, - 7, - 9

213. c)
- 2, - 4, - 6, - 8, - 10

214. a)
+ 1, - 3, + 5, - 7, + 9

215. c)
+ 2, - 4, + 6, - 8, + 10

216. a)
- 1, + 3, - 5, + 7, - 9

217. d)
- 2, + 4, - 6, + 8, - 10

218. c)

18 : 2 = 9

219. a)

31 - 3 = 28

220. c)

(18 : 2) +1 = 10

221. b)

(19 x 2) -1 = 37

222. b)

(17 x 3) + 2 = 53

223. b)

oben: immer + 4
unten: immer + 3

224. d)

oben: immer + 5
unten: immer - 4

225. a)

oben: immer - 3
unten: immer + 3

226. b)

oben: immer x 2
unten: immer x 2

227. d)

oben: abwechselnd x 2 bzw. - 2
unten: abwechselnd - 2 bzw. x 2

228. b)

oben: abwechselnd + 3 bzw. x 2
unten: abwechselnd x 3 bzw. + 3

229. a)

oben: abwechselnd - 3 bzw. + 2
unten: abwechselnd x 2 bzw. - 3

230. d)

oben: abwechselnd - 2 bzw. + 1
unten: abwechselnd - 3 bzw. + 5

231. b)

oben: abwechselnd + 4 bzw. - 3
unten: abwechselnd - 3 bzw. + 2

232. a)

oben: abwechselnd + 2 bzw. + 3
unten: abwechselnd + 3 bzw. - 1

233. c)

(17 - 8) x 2 = 18

234. d)

(8 + 7) x 2 = 30

235. a)

(17 - 8) x 3 = 27

236. c)

(8 + 7) x 3 = 45

237. d)

(47 - 23) : 2 = 12

238. a)

$(16 + 8) : 2 = 12$

239. a)

$(48 - 27) : 3 = 7$

240. b)

$(16 + 8) : 3 = 8$

241. c)

$(17 + 8) - 3 = 22$

242. d)

$(19 - 16) + 3 = 6$

243. a)

$(17 - 8) \times 2 - 1 = 17$

244. d)

$(8+ 7) \times 2 - 3 = 27$

245. a)

$(17 - 8) \times 3 - 2 = 25$

246. c)

$(8 + 7) \times 3 - 5 = 40$

247. a)

$(47 - 23) : 2 + 2 = 14$

248. b)

$(16 + 8) : 2 + 2 = 14$

249. b)

$(47 - 26) : 3 + 3 = 10$

250. a)

(16 + 8) : 3 + 3 = 11

251. d)

(17 + 8 - 3) x 2 = 44

252. d)

(19 - 6 + 3) x 2 = 32

253. b)

7 Buchstaben + 2 = 9

254. a)

8 Buchstaben - 3 = 5

255. c)

(12 Buchstaben x 2) - 5 = 19

256. d)

(9 Buchstaben + 5) : 2 = 7

257. b)

(11 Buchstaben + 3) : 2 = 7

Sprachliche Intelligenz

258. c)

259. a)

260. b)

261. d)

262. a)

263. b)

264. b)

265. b)

266. d)

267. c)

268. c)

269. b)

270. b)

271. c)

272. b)

273. a)

274. b)

275. b)

276. c)

277. c)

278. d)
nicht in Europa

279. b)
kein Verwandtschaftsgrad

280. f)
keine Landeshauptstadt

281. b)
kein Gemüse

282. b)
nicht in Südamerika

283. b)
Vergangenheit

284. a)
flüssig

285. d)
männlich

286. a)
mit Muskelkraft betrieben

287. b)
männlich

288. d)
hat nichts mit Haushalt zu tun

289. d)
sticht nicht

290. c)
keine Fremdsprache

291. e)
kein Geschmeide

292. a)
Oberbekleidung

293. b)
nicht zum in die Wand schlagen

294. b)
kein Spielgerät

295. b)
kann fliegen

296. c)
Gewicht

297. a)
negative Eigenschaft

298. c)
kein Musiker

299. b)
nicht zu sehen

300. a)
Blasinstrument

301. a)
kein öffentliches Gebäude

302. e)
ungefährlich

303. b)
keine Fortbewegung

304. e)
nicht Teil des Kopfes

305. c)
kein hartes Material

306. d)
nicht rutschig

307. e)
kein Handwerksberuf

308. d)
kein Komponist

309. a)
nicht zur Energieerzeugung

310. c)
keine Zitrusfrucht

311. b)
kein Ball „im Spiel“

312. b)
1998 noch nicht tot

313. d)
kein Säugetier

314. a)
keine Religion

315. a)
keine Kommunikation

316. e)
Einzahl

317. d)
flüssiger Bodenschatz

318. c)

319. b)

320. a)

321. d)

322. b)

323. a)

324. e)

325. c)

326. c)

327. b)

328. a)
Krankheitsbezeichnungen

329. c)
Kochgeschirr

330. c)
Nadelbäume

331. b)
Teile des Kopfes

332. c)
Milchprodukte

333. c)
Wassersport

334. a)
zum Schlafen

335. a)
Edelsteine

336. b)
Ballsport

337. c)
alkoholhaltige Getränke

338. d)
gleicher Verwandtschaftsgrad

339. a)
Form

340. b)
Platz im Zentrum

341. c)

342. b)
Mehrzahl

343. c)
Landeshauptstadt

344. a)
nächstkleinere Zeiteinheit

345. e)
Ureinwohner

346. b)
Hauptstadt

347. c)
Balearen = Mittelmeer-Inselgruppe
Kanaren = Atlantik-Inselgruppe

348. d)
Huhn (legt Eier)

349. d)
Maus (beginnt nicht mit „H“)

350. a)
Känguruh (kein Haustier)

351. d)

Giraffe (kein Arbeitstier bzw. außereuropäisch)

352. a)

Kormoran (kein Reptil bzw. kann fliegen)

353. a)

(Fledermaus; kein Insekt)

354. c)

(Mammut; ausgestorben)

355. b)

(Zander; Süßwasserfisch)

356. c)

Hamster (beginnt nicht mit „M“)

357. d)

Fliegen (nicht staatenbildend)

358. a)

Ahorn (kein Nadelgehölz)

359. d)

Mayonnaise (kein Milchprodukt)

360. a)

Quark (das Wort „Milch“ fehlt)

361. d)

die Silbe „Ei“ hat mit Eiern nichts zu tun

362. c)

Fliegenpilz (Giftpilz)

363. b)
Banane (Südfrucht)

364. a)
Cäsar (lebte vor Christus)

365. c)
Mathilde (weiblich)

366. d)
Gurke (wächst nicht unter der Erde)

367. a)
Gurke (nicht rot)

368. d)
Rechenmaschine (kein Kommunikationsgerät)

369. c)
Bulgarien (Osteuropa)

370. a)
Ungarn (endet nicht mit der Silbe „ien“)

371. a)
Wolga (fließt nicht durch Deutschland)

372. c)
Algier (nicht in Europa)

373. b)
Stuttgart (endet nicht mit „en“)

374. c)
Schreiner (produziert keine Lebensmittel)

375. a)
Lehrer (kein Handwerksberuf)

376. d)
Napoleon (kein Musiker)

377. b)
Montblanc (in Europa)

378. a)
Zugspitze (kein Vulkan)

379. b)
Mond (nicht zur Energiegewinnung)

380. a)
Slip (keine Oberbekleidung)

381. c)
Judoanzug (Sportbekleidung)

382. a)
Baumwollsocken (der Wortteil „strümpfe" fehlt)

383. a)
Klavier (kein Saiteninstrument)

384. d)
Tamburin (kein Blasinstrument)

385. b)
Teneriffa (beginnt nicht mit „M")

386. d)
Doktor (kein Adelstitel)

387. a)

Erdöl (flüssig)

388. c)

Adler (Raubvogel)

389. a)

Eule (nachtaktiver Raubvogel)

390. d)

Stubenfliege (sticht nicht)

391. Handsäge (ohne Motor)

392. a)

Hobel (kein Stoß- bzw. Schlagwerkzeug)

393. b)

Tisch (nicht zum Sitzen gedacht)

394. a)

Kreis (ohne Ecken)

395. a)

Millimeter (Längenmaß)

396. d)

Organist (befaßt sich nicht mit dem menschlichen Körper – Orgelspieler)

397. d)

Karpfen (kein Raubfisch)

398. b)

Hemd (keine Beinbekleidung)

399. d)
Stahlnagel (besteht nicht aus Horn)

400. d)
Marienkäfer

401. c)
Hamburg

402. a)
Schweden

403. b)
Mississippi

404. a)
Ungarn

405. c)
Madrid

406. d)
Giraffe

407. c)
Regensburg

408. b)
Seine

409. a)
Frankreich

410. d)
Elefant

411. a)
Norwegen

412. b)
Bodensee

413. b)
Dresden

414. a)
Algerien

415. d)
Kaninchen

416. a)
Polen

417. b)
Tegernsee

418. c)
Moskau

419. d)
Moskito

420. b)
Chiemsee

421. a)
Slowakei

422. d)
Schlange

423. c)
Stockholm

424. b)
Ammersee

425. d)
Hirsch

426. c)
München

427. a)
Portugal

428. a)
Frankreich

429. c)
Heilbronn

430. c)
jeweils die letzten drei Buchstaben in umgekehrter Reihenfolge

431. a)
jeweils die drei Buchstaben nach dem ersten

432. b)
der letzte Buchstabe von hinten wird weggelassen, die folgenden vier in umgekehrter Reihenfolge aufgeführt

433. d)
jeweils vier Buchstaben von vorne abgezählt, die folgenden drei in umgekehrter Reihenfolge aufgeführt

434. a)

jeweils die drei Buchstaben nach dem zweiten

435. b)

vom ersten Wort die letzten drei Buchstaben in umgekehrter Reihenfolge, vom zweiten die ersten drei ebenfalls in umgekehrter Reihenfolge

436. a)

vom ersten Wort die letzten drei Buchstaben in umgekehrter Reihenfolge, vom zweiten die letzten drei weglassen und die nächsten drei in umgekehrter Reihenfolge

437. b)

jeweils den Anfangsbuchstaben, dann jeweils einen auslassen

438. d)

jeweils die drei Buchstaben nach dem ersten in umgekehrter Reihenfolge

439. a)

die ersten drei Buchstaben des ersten Wortes in umgekehrter Reihenfolge; vom zweiten Wort die letzten zwei Buchstaben weglassen und die drei folgenden ebenfalls in umgekehrter Reihenfolge

440. a)

Akten/Tenor

441. d)

Nische/Scheibe

442. c)

Anton/Tonkassette

443. b)

Handlung/Ungarn

444. c)
Paul/Aula

445. b)
Ball/allein

446. c)
Telefax/faxen

447. a)
Bahn/Ahnen

448. a)
schaffen/Fenster

449. b)
Garaus/Ausgang

450. a)
Mais/ist

451. b)
Rügen/Gentest

452. c)
Schwein/Einer

453. a)
Eiger/Erle

454. c)
Tschad/Ader

455. a)
Lehre/eng

456. b)
Gammler/lernen

457. c)
Kunst/Stahl

458. d)
Ofen/Enkel

459. c)
Hase/senil

460. b)
Schachtel/achteln

461. b)
Schal/Alter

462. b)
Auster/Stern

463. c)
Typist/Piste

464. c)
Art/Tor

465. d)
Düne/Neid

466. b)
Mammut/Uterus

467. a)
direkt/Rektor

468. b)
Anode/Oder

469. b)
Zahl/Ahle

470. c)
Mann/Frau; Cousin/Cousine; Lehrer/Lehrerin

471. a)
Adam/Eva; Häuser/Türen; Essig/Öl

472. c)
schmal/breit; lang/kurz; dick/dünn

473. b)
Haus/Häuser; Zug/Züge; Kaktus/Kakteen

474. a)
eckig/rund; glatt/rauh; matt/glänzend

475. c)
voll/leer; hell/dunkel; quadratisch/rechteckig

476. b)
sitzen/stehen; arbeiten/faulenzen; weinen/lachen

477. d)
innere Organe

478. d)
daheim/zuhause; Fauna/Tierwelt; Pflanzenwelt/Flora

479. b)
arm/reich; naß/trocken; glücklich/unglücklich

480. d)

Sekunde/Minute; Kilogramm/Tonne; Milliliter/Liter

481. b)

rot/Farbe; Schrank/Möbel; Hammer/Werkzeug

482. d)

Metzger/Fleisch; Müller/Mehl; Bäcker/Brot

483. c)

Schule/Ferien; Arbeit/Urlaub; Streß/Muße

484. c)

Fisch/Wasser; Vogel/Luft; Stern/Kosmos

485. d)

Antilope/Huftier; Adler/Raubvogel; Katze/Haustier

486. b)

scheu/zutraulich; nett/garstig; Liebe/Haß

487. c)

Strom/Bach; Sturm/Flaute; Quadrat/Kreis

488. d)

Ferkel/Sau; Kind/Eltern; Schößling/Baum

489. c)

Pfarrer/Theologe; Frauenarzt/Gynäkologe; Nervenarzt /Psychiater

490. c)

immer drei Buchstaben des Alphabets übersprungen

491. c)

immer abwechselnd ein und zwei Buchstaben des Alphabets übersprungen

492. d)

jeweils vier Buchstaben des Alphabets übersprungen

493. a)

immer abwechselnd zwei und ein Buchstabe des Alphabets übersprungen

494. c)

zwei aufeinanderfolgenden Buchstaben des Alphabests folgt ein Sprung von vier Buchstaben

495. b)

jeweils ein Buchstabe des Alphabets übersprungen

496. a)

jeweils zwei Buchstaben des Alphabets übersprungen

497. d)

jeweils abwechselnd ein Buchstabe des Alphabets von hinten und von vorne

498. a)

jeweils abwechselnd ein Buchstabe des Alphabets von hinten und von vorne und dabei immer ein Buchstabe ausgelassen

499. b)

von der Mitte des Alphabets abwechselnd jeweils ein Buchstabe nach vorne und nach hinten

500. a)

vor jeden Begriff paßt das Wort „Zeichen" (Zeichenstift, Zeichenbrett, Zeichensatz, Zeichenunterlage, Zeichentisch, Zeichensaal, Zeichenblock)

IQ-Selbsttest

Ermitteln Sie selbst Ihren Intelligenzquotienten

Testanleitung

Dieser Selbsttest zur Ermittlung Ihres Intelligenzquotienten unterscheidet sich strukturell unwesentlich von den Trainingsfragen der vorhergehenden Kapitel. Um es Ihnen nicht zu leicht zu machen, konfrontieren wir Sie jedoch mit neuen Fragestellungen und Figuren – schließlich wollen Sie ja Ihren IQ in einer echten Testsituation ermitteln und nicht nur auf Erlerntes zurückgreifen.

Sie werden hier mit verschiedensten Aufgaben konfrontiert, die Sie alle so gut wie möglich lösen sollten. Nicht immer ist die Lösung eindeutig; es gibt durchaus sinnvolle Alternativen. Wenn Sie die Wahl haben, sollten Sie die wahrscheinlichste Lösung aussuchen. Lösungen und Lösungshinweise finden Sie auf den Seiten 371–376.

Der IQ-Selbsttest besteht aus 50 Fragen und beansprucht etwa 20 Minuten. Diese Zeit sollten Sie nicht überschreiten. Lösen Sie den Test ohne Hilfsmittel.

Auf den Seiten 366–367 finden Sie den Auswertungsbogen. Ihren ungefähren Intelligenzquotienten können Sie mit Hilfe der Tabelle auf Seite 368 ermitteln.

1. **Welche Zahl paßt in die Klammer?**

45 (50) 55
35 (...) 85

a) 70
b) 60
c) 80
d) 55

2. **Die Reihe soll fortgesetzt werden. Welche Figur ist die geeignete?**

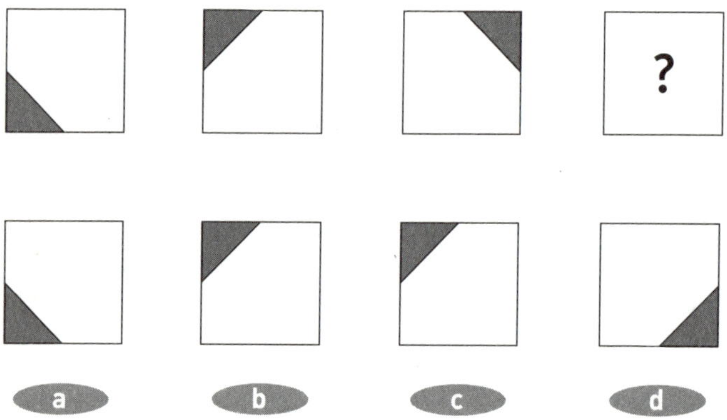

3. **Kreuzen Sie die Figur an, die nicht zu den anderen paßt.**

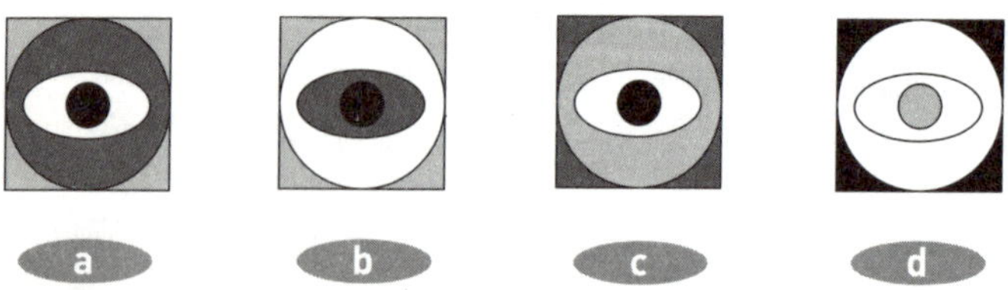

4. **Welcher Würfel paßt zu der Abwicklung?**

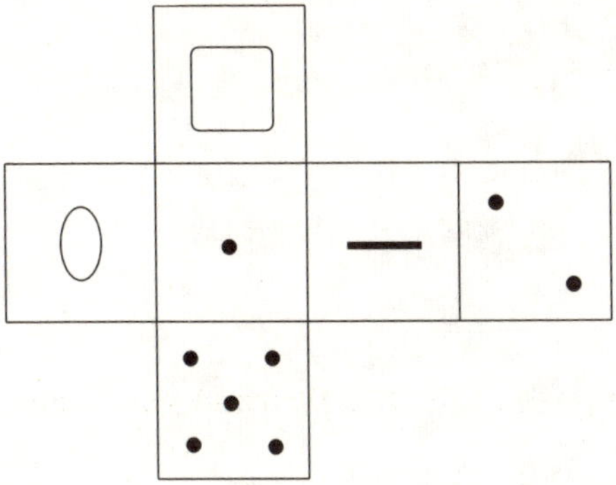

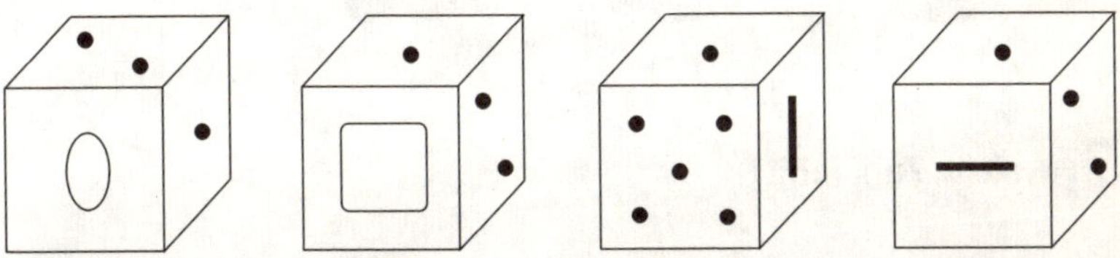

a b c d

5. **Setzen Sie den Wortteil ein, mit dem das erste Wort endet und das zweite beginnt.**

BLUMEN (   ) ERDE

a) TOPF
b) STRAUSS
c) BLATT
d) STIL

6. Welche Figur paßt nicht zu den anderen?

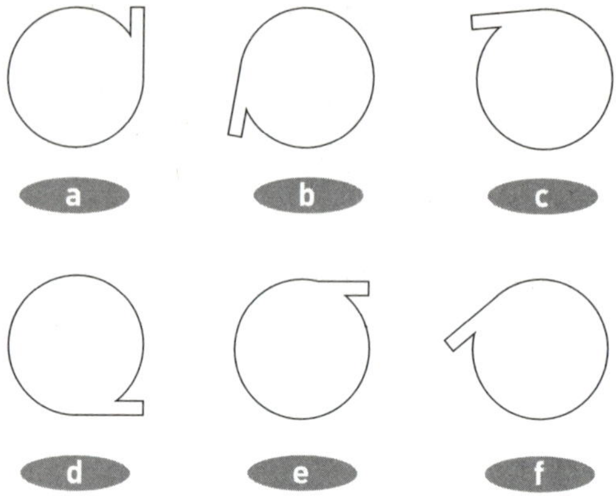

7. Welche Zahl fehlt?

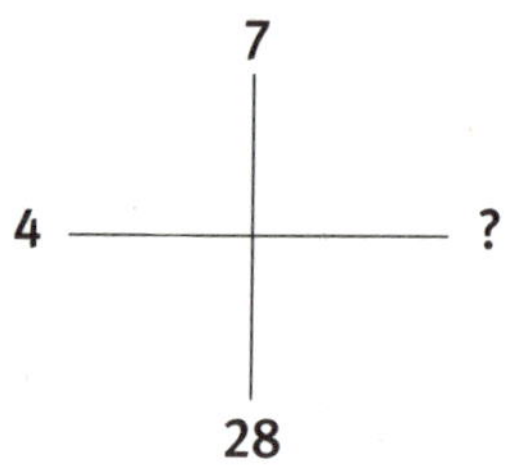

a) 12
b) 8
c) 7
d) 1

8. Kreuzen Sie das Wort an, das nicht zu den anderen paßt:

a) Schlepper **b) Tretboot**
c) Öltanker **d) Kreuzer**

9. **Welche Zahl folgt in der Reihe?**

1 3 4 12 13 ?

a) 39
b) 14
c) 26
d) 25

10. **Kreuzen Sie den nächsten Buchstaben an:**

T Q N K H ?

a) G
b) A
c) E
d) F

11. **Suchen Sie die Figur heraus, die als nächstes folgt:**

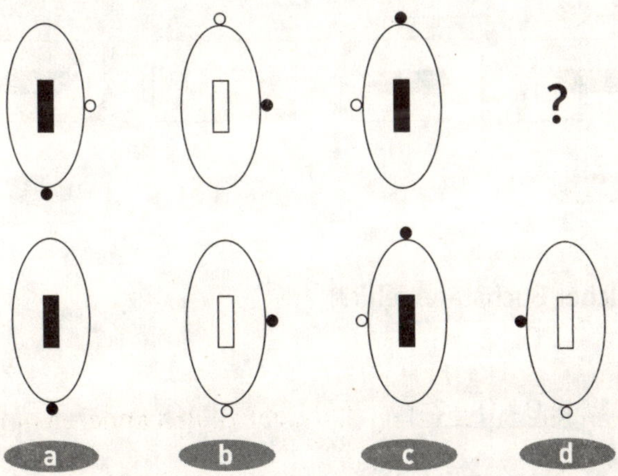

12. In jedem der folgenden Wörter ist der Name eines Flusses enthalten. Welcher Fluß paßt nicht in die Reihe?

a) UADON b) NRHIE
c) RCKENA d) AGWLO

13. Kreuzen Sie das Wort an, das nicht dieselbe Bedeutung hat wie das zuerst genannte:

GERECHTIGKEIT

a) Beständigkeit
b) Fairness
c) Loyalität
d) Charakterstärke

14. Wie geht's weiter? Suchen Sie die passende Figur heraus.

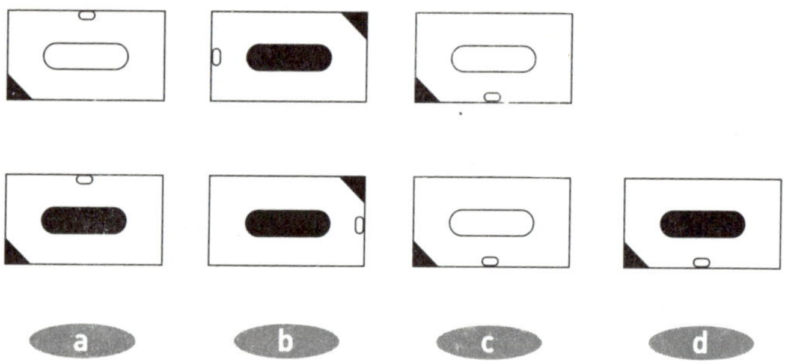

15. Welcher Buchstabe fehlt?

C	E	G
I	K	M
O	Q	?

a) S
b) T
c) U
d) P

16. **Wie lautet die folgende Zahl?**

2 3 5 7 11 13 1 19

a) 24
b) 29
c) 23
d) 21

17. **Welcher Würfel paßt nicht zu der Abwicklung?**

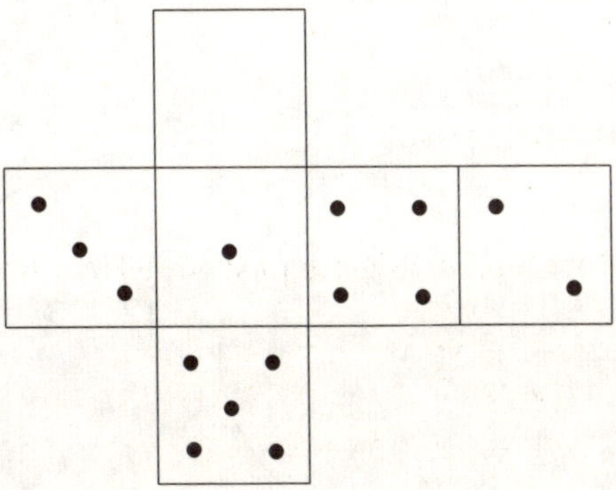

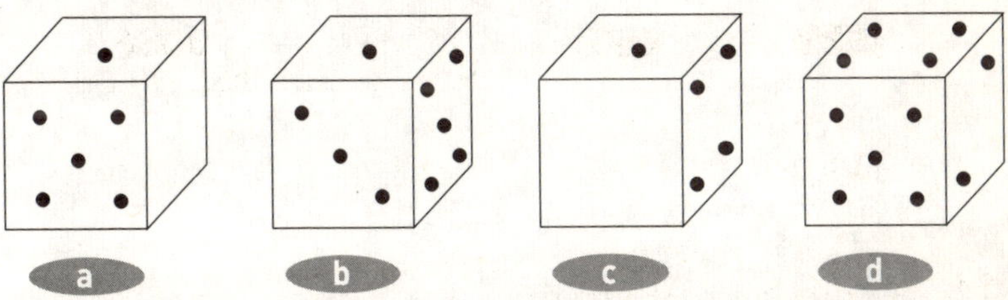

18. **Wenn Sie die Buchstaben neu zusammenstellen, was erhalten Sie dann?**

N K R A O E I T

a) Staat
b) Gewässer
c) Tier
d) Stadt

19. **Welche Zahlen sind in der Schnittmenge?**

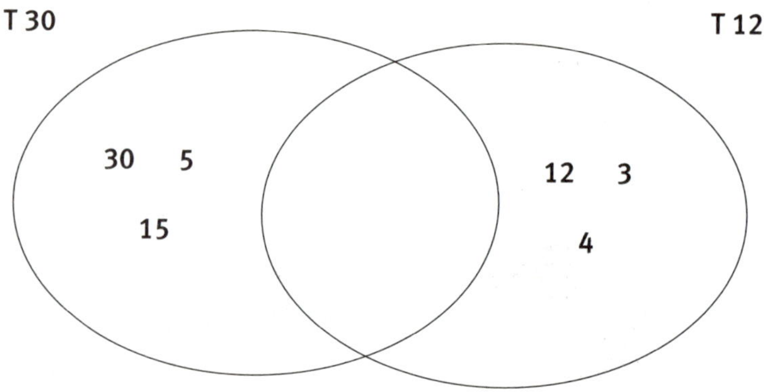

a) 1, 3, 6
b) 1, 2, 6
c) 2, 6
d) 1, 3

20. **Welcher Begriff paßt nicht in die Reihe?**

a) Schreien
b) Weinen
c) Schimpfen
d) Brüllen

21. **Die Figur wurde angemalt. Welches war die eigentliche Ausgangsfigur?**

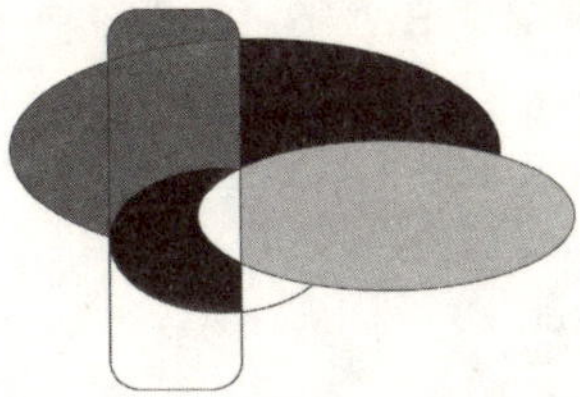

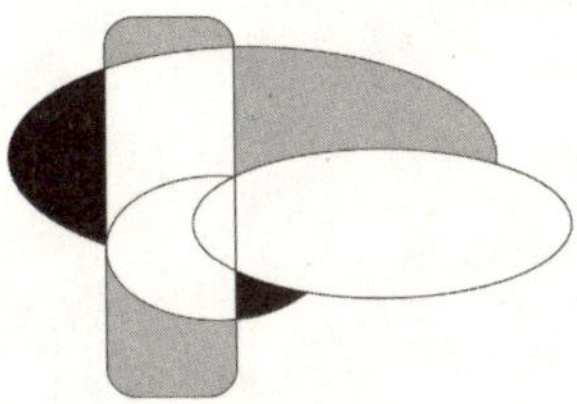

a

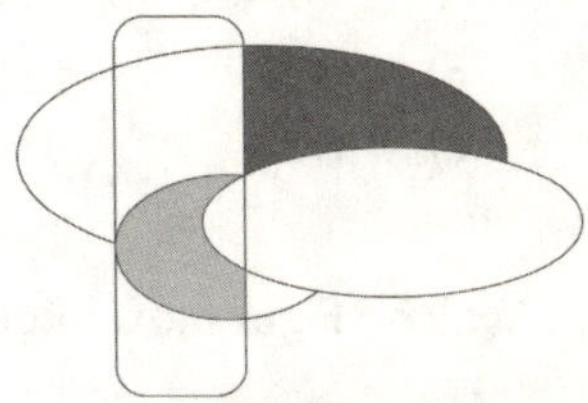

b

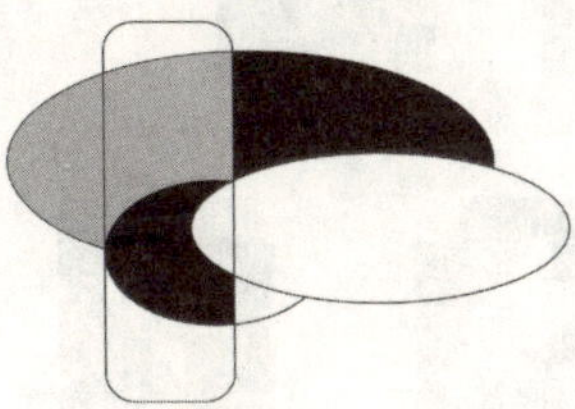

c

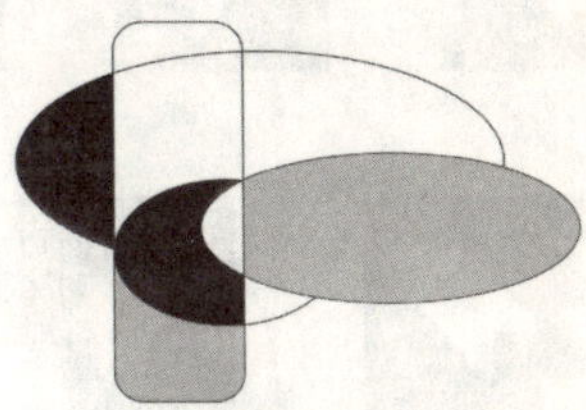

d

22. **Welche Zahl fehlt im Quadrat?**

4	5	3	2
6	2	4	1

20	6
12	?

a) 3
b) 5
c) 4
d) 10

23. Kreuzen Sie die Zahlen an, die in die Reihe passen:

5 10 8 16 14 ...?
5 3 6 4 8 6 ...?

a) oben 28 unten 12
b) oben 28 unten 4
c) oben 12 unten 12
d) oben 12 unten 10

24. Welches Tier paßt nicht in die Reihe?

a) ZTKEA b) LEIG
c) NHHU d) UHK

25. Welche Figur muß folgen?

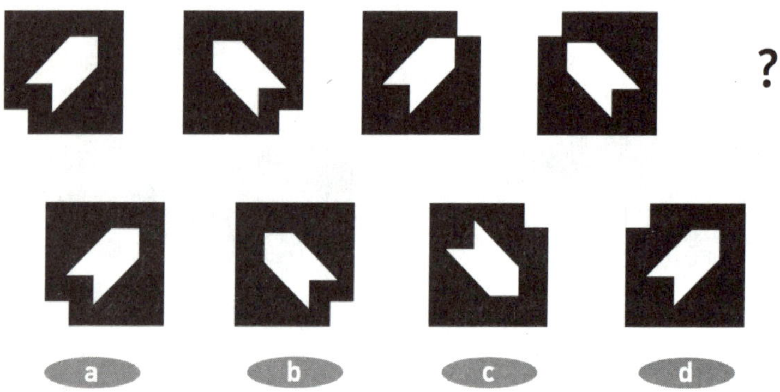

26. Welche Zahl muß folgen?

1 2 2 4 8 ?

a) 16
b) 8
c) 24
d) 32

27. Welches Kreuz paßt?

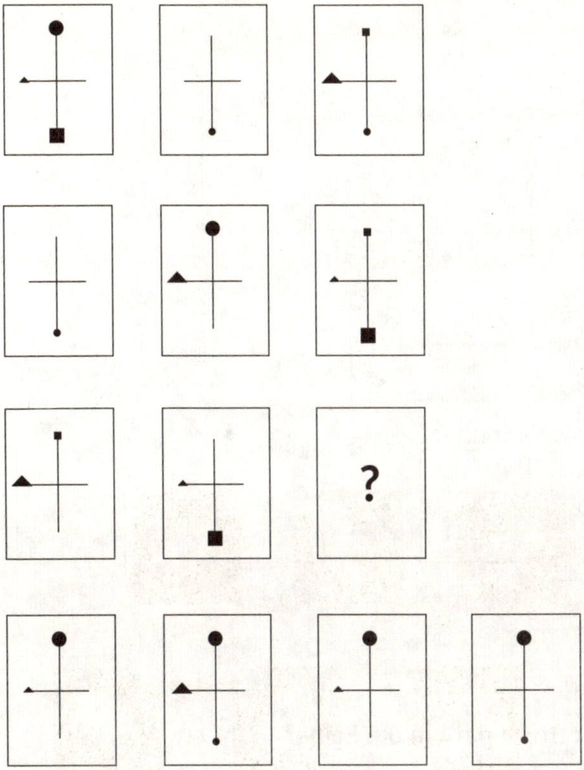

a b c d

28. Wie endet das Sprichwort korrekt?

Wer anderen eine Grube gräbt, ...

a) … ist sehr fleißig.
b) … weiß, wo sie liegt.
c) … fällt selbst hinein.
d) … ist seines Berufes Totengräber.

29. Welcher Würfel ist aus der Abwicklung entstanden?

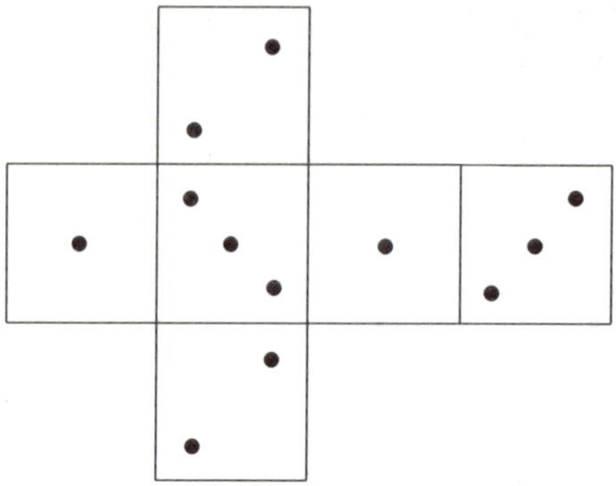

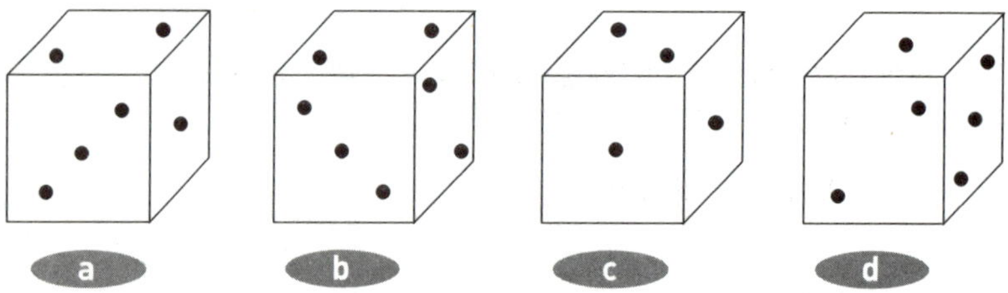

30. Welcher Bruch paßt in die Reihe?

$$\frac{3}{26} \quad \frac{6}{22} \quad \frac{9}{18} \quad \frac{12}{14} \quad \frac{15}{10} \quad ?$$

a) $\frac{18}{6}$ b) $\frac{12}{14}$

c) $\frac{18}{10}$ d) $\frac{12}{6}$

31. **Welche Figur muß folgen?**

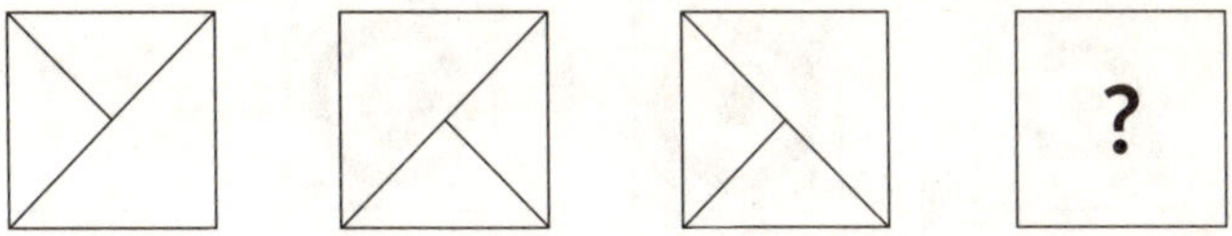

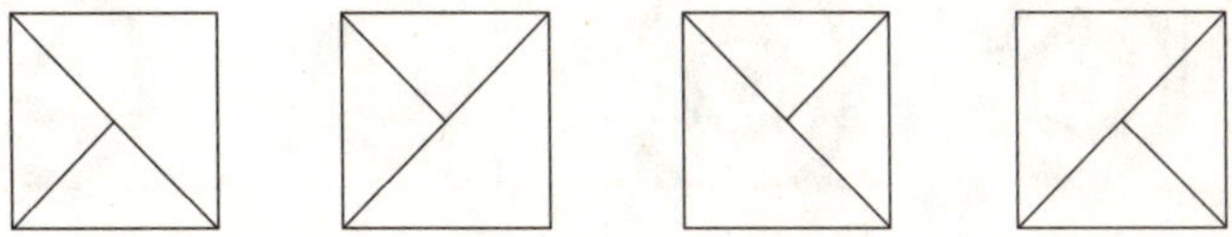

a b c d

32. **Kreuzen Sie die Buchstabenfolge an, mit der das erste Wort endet und das zweite beginnt:**

DIKTA (...) OGRAPH

a) T-TOM
b) THEFT
c) ORTH
d) PHON

33. **Welcher Kopf ist anders?**

a b c d

34. **Welcher Kreis muß folgen?**

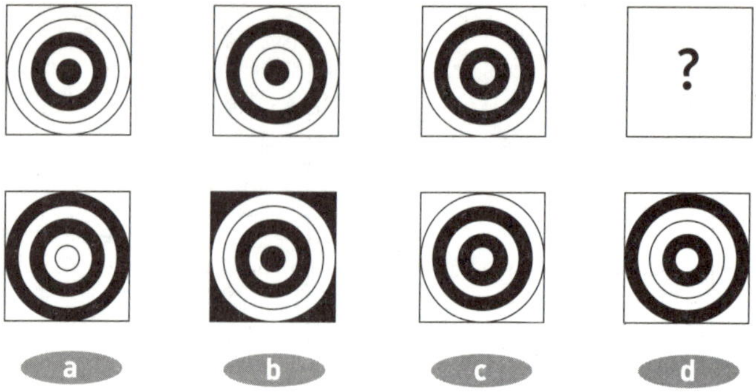

35. **Kreuzen Sie den Satz an, der nicht zu den anderen paßt.**

Anton fährt einen Daimler. Bruno ißt gerne Eier. Franz liebt die Igel. ...?

a) Xaver fliegt im Airbus
b) Irene lernt das Laufen
c) Cäsar mag frische Feigen
d) Gaston liebt süße Früchte

36. **Wie endet das Sprichwort richtig?**

Handwerk ...

a) … ist rar.
b) … hat goldenen Boden.
c) … braucht immer Zeit.
d) … hat gesalzene Preise.

37. **Welche Figur paßt nicht?**

a b c d

38. **Welche Zahl fehlt?**

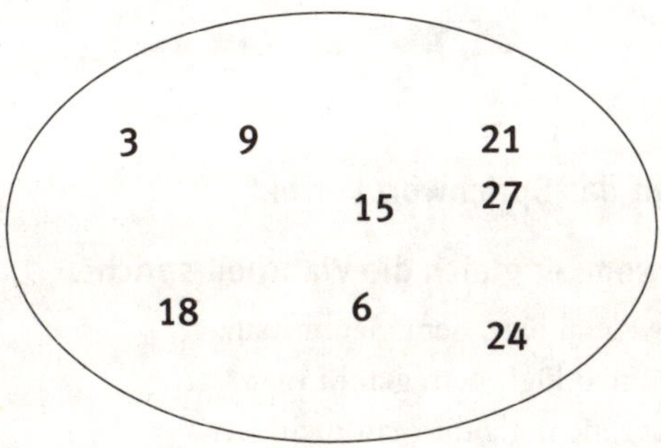

a) 12
b) 30
c) 22
d) 0

39. **Welches Gesicht ist anders?**

a b c d

40. Welche Figur paßt in die Lücke?

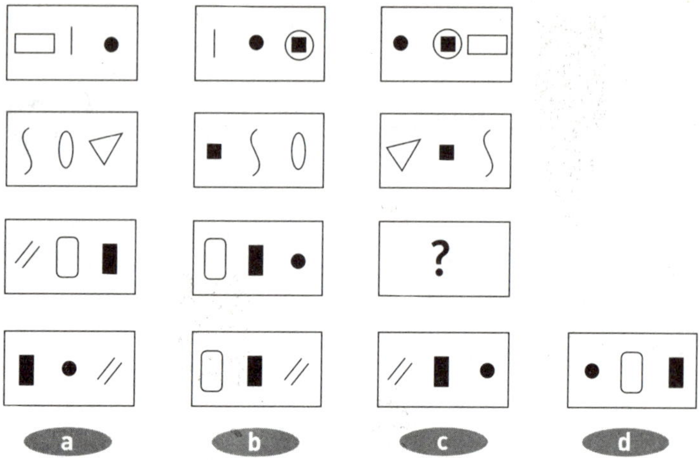

41. Wie beginnt das Sprichwort korrekt?

... auch wenn er gleich die Wahrheit spricht.

a) Wer zweimal lügt, dem glaubt man, ...
b) Wer einmal lügt, dem glaubt man, ...
c) Wer lügt, dem glaubt man nicht, ...
d) Wer einmal lügt, dem glaubt man nicht, ...

42. In jedem der folgenden Wörter ist der Name eines Flusses versteckt. Welcher Name paßt nicht in die Reihe?

a)	ENIES	b)	WAGLO
c)	ODUER	d)	ERBTI

43. **Welche Figur paßt in die Lücke?**

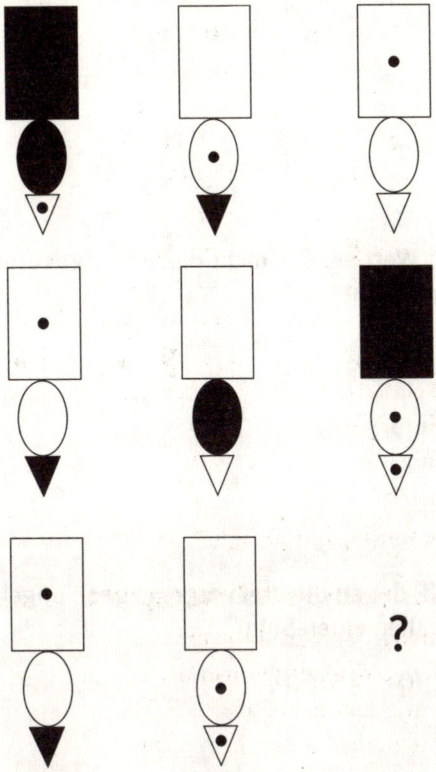

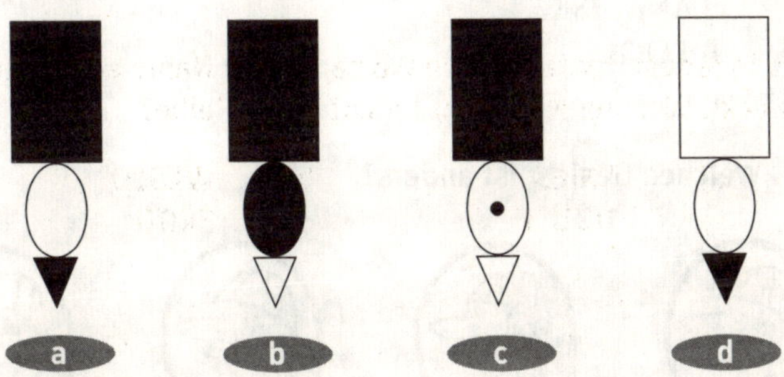

44. Welche Zahl folgt in der Reihe?

2 4 1 2 4 ?

a) 1
b) 2
c) 4
d) 6

45. Kreuzen Sie das Wort an, das nicht dieselbe Bedeutung hat wie das zuerst genannte.

FREIHEIT

a) Selbständigkeit
b) Freizügigkeit
c) Ungebundenheit
d) Zwanghaftigkeit

46. Welcher Wortteil, der an die drei vorgegebenen angehängt wird, ergibt bei allen einen Sinn?

SINO-, PSYCHO-, ASTRO-,

a) PHAT
b) NYM
c) ANALYSE
d) LOGE

47. Welches Gesicht ist anders?

a b c d

48. **Welcher Wortteil paßt in die Klammer? Mit welchem Wortteil endet das erste und beginnt das zweite Wort?**

OK (...) UR

a) CLUB
b) KULT
c) KERN
d) ABIT

49. **Welches Gesicht paßt in die Lücke?**

50. **Wie endet das Sprichwort richtig?**

Wer den Cent nicht ehrt, ...

a) … ist die Mark nicht wert.

b) … ist nichts wert.

c) … kann mit Geld nicht umgehen.

d) … ist den Euro nicht wert.

Lösungen

1. c)

Die beiden äußeren Zahlen werden addiert und durch 2 dividiert. Die Lösung muß deshalb 35 + 85 : 2 = 60 lauten.

2. d)

Das Dreieck im Quadrat wandert jeweils im rechten Winkel. d) ist deshalb die richtige Alternative.

3. d)

Weiß, hellgrau und dunkelgrau variieren in den ersten drei Abbildungen. Der Kreis in der Mitte bleibt immer schwarz. Das ist in dem letzten Quadrat nicht mehr der Fall.

4. c)

5. a)

Nur bei der Lösungsalternative a) ergeben sich zwei sinnvolle Wörter.

6. e)

Figur e wurde als einzige gespiegelt. Alle anderen sind lediglich gedreht.

7. d)

Hier geht es um einen unbekannten Teiler. Teilt man 28 : 4 = 7, so erhält man 7 als Ergebnis. Die andere Aufgabe lautet 4 : 4 = 1. Also ist d) die richtige Lösung.

8. b)

Es handelt sich zwar immer um Wasserfahrzeuge; trotzdem hat das Tretboot keinen Motorantrieb. Alle anderen hingegen haben einen.

9. a)

Die Reihe wurde nach folgendem System gebildet: 1 x 3 = 3 + 1 = 4 x 3 = 12 + 1 = 13 x 3 = 39. Es handelt sich um die Operatoren x 3 und + 1, die hintereinander geschaltet wurden. Die gesuchte Zahl ist deshalb 39.

10. c)

Man geht im Alphabet in Dreierschritten rückwärts. Der auf H folgende Buchstabe muß deshalb E sein.

11. d)

In der Mitte blinkt das Rechteck. Die beiden Punkte laufen gegen den Uhrzeigersinn in jeweils 90°-Schritten. Die Lösung d) ist deshalb richtig.

12. d)

Die Flüsse lauten im Klartext: Donau, Rhein, Neckar und Wolga. Letztere fließt in Rußland und gehört damit nicht in die genannte Gruppe.

13. a)

Die genannten Begriffe sind nicht unbedingt Synonyme von Gerechtigkeit, sie sind aber damit in gewissem Sinne verwandt. Nur Beständigkeit kann im Prinzip auch auf Ungerechtigkeit beruhen. Das Wort gehört also nicht in die genannte Gruppe.

14. b)

Das mittlere Rechteck blinkt. Die schwarze Ecke wandert diagonal in die gegenüberliegende Ecke, und der kleine Kreis wandert immer im rechten Winkel gegen den Uhrzeigersinn. Das Rechteck b ist deshalb das gesuchte.

15. a)

In dem Quadrat ist das Alphabet in Zweierschritten aufgezeichnet. S ist zwei Schritte von Q entfernt und deshalb die gesuchte Lösung.

16. c)

Die Reihe stellt die Primzahlen dar. Die nächste Primzahl ist 23. Damit ist dies die gesuchte Lösung.

17. a)

18. a)

Das gesuchte Wort ist der Staat KROATIEN. Damit ist Lösung a) richtig.

19. b)

Die Teilermenge von 30 ist T30 = 1, 2, 5, 6, 15, 30; die Teilermenge von 12 ist T12 = 1, 2, 3, 4, 6, 12. Die gemeinsamen Teiler sind demnach 1, 2 und 6. Die gesuchte Lösung ist b).

20. b)

Die Worte „Schreien", „Schimpfen" und „Brüllen" sind Synonyme bzw. sinnverwandt. Das Wort „Weinen" paßt nicht dazu.

21. b)

Bereits angemalte Flächen können nicht wieder weiß werden (im Sinne der Aufgabenstellung). Damit ist b) die beste Lösung. Auch c) stellt eine akzeptable Lösung dar.

22. c)

Aus den vorgegebenen Brüchen ergeben sich folgende Berechnungen: Zähler mal Zähler und Nenner mal Nenner. Es ergibt sich: 4 x 5 = 20 (erstes Feld), 3 x 2 = 6 (zweites Feld), 6 x 2 = 12 (drittes Feld) und 4 x 1 = 4 (viertes Feld). Die Lösung c) ist deshalb richtig.

23. a)

In der oberen Reihe finden wir die Verknüpfungen: x 2 und - 2. Das Ergebnis der oberen Reihe ist demnach 28. In der unteren Reihe finden wir die Verknüpfungen -2 und x 2. Das Ergebnis ist demnach 12. Somit ist a) die richtige Lösung.

24. c)

Die Tiere heißen im Klartext: KATZE, IGEL, HUHN und KUH. Dabei ist das Huhn das einzige Tier, das Eier legt. Die richtige Lösung ist also c).

25. a)

Der Pfeil pendelt von rechts nach links. Folglich muß die Lösung einen nach rechts gerichteten Pfeil anzeigen. Das Viereck wandert gegen den Uhrzeigersinn. Es muß unten links stehen. Die Lösung a) erfüllt alle genannten Bedingungen.

26. d)

Die Reihe bezieht sich jeweils auf die vorausgegangenen Zahlen. So sind folgende Regeln zu beachten: Jeweils die zwei vorausgehenden Zahlen werden multipliziert und ergeben den Nachfolger: 1 x 2 = 2; 2 x 2 = 4; 2 x 4 = 8; 4 x 8 = 32. Das ist die gesuchte Zahl.

27. d)

In jeder Reihe und Spalte kommt jedes Merkmal nur einmal vor. In der letzten Reihe sind der kleine und der große Punkt noch nicht vergeben. Somit ist Kreuz d) die Lösung.

28. c)

Das Sprichwort heißt korrekt: „Wer andern eine Grube gräbt, fällt selbst hinein."

29. a)

30. a)

Die Zähler der Bruchzahlen steigen jeweils um drei Punkte an; die Nenner hingegen verringern sich um jeweils vier Punkte. Die gesuchte Lösung ist also a).

31. c)

Die Figur im Innern des Quadrats wird jeweils gespiegelt. Deshalb ist das Ergebnis einer erneuten Spiegelung die Figur c).

32. d)

Die beste Lösung erzeugt die Worte: Diktaphon und Phonograph. Die zweitbeste Lösung wäre a) mit den Worten Diktat und Tomograph.

33. c)

Auf dem dritten Kopf fehlen einige Sommersprossen.

34. d)

Die Kreise wandern abwechselnd von innen nach außen jeweils in Zweierschritten. Im vorausgegangenen Quadrat ist der innere Kreis größer geworden. Nun muß der äußere folgen. Diese Bedingung erfüllt nur d).

35. d)

Die Anfangsbuchstaben der beiden Hauptwörter in den Sätzen liegen um vier Schritte im Alphabet auseinander. Lediglich im letzten Satz folgen F und G unmittelbar aufeinander. Somit ist dieser Satz falsch.

36. b)

Der richtige Spruch lautet: „Handwerk hat goldenen Boden."

37. c)

Figur c) ist gespiegelt. Alle anderen sind lediglich gedreht.

38. a)

Die dargestellte Menge enthält die Vielfachen der Zahl 3, beginnend mit 3 bis 27. Die Zahl 12 fehlt.

39. b)

Die Nase im zweiten Gesicht ist schwarz eingefärbt. Es unterscheidet sich deshalb von den anderen.

40. a)

Die Figuren in den Rechtecken drehen sich jeweils zyklisch. In der ersten Reihe von rechts nach links, in der zweiten Reihe von links nach rechts und in der dritten Reihe von rechts nach links. Damit verschwindet das Oval. Die korrekte Lösung ist a).

41. d)

Das Sprichwort lautet korrekt: Wer einmal lügt, dem glaubt man nicht, auch wenn er gleich die Wahrheit spricht.

42. b)

Die Namen der Flüsse lauten: Seine, Wolga, Tiber, Duero. Alle genannten Flüsse fließen durch eine Hauptstadt der Europäischen Union. Dies gilt jedoch nicht für die Wolga. Dieser Fluß paßt somit nicht in die Gruppe.

43. b)

Jede Figur kommt pro Zeile einmal vor. Die Punkte sind bereits vergeben, ebenfalls das schwarze Dreieck. Übrig bleiben das schwarze Viereck und der schwarzen Kreis. Die Lösung b) muß deshalb die Lücke auffüllen.

44. a)

Die Rechenvorschrift lautet: x 2 - 3 x 2 x 2 - 3. Die Zahl 1 erfüllt diese Bedingungen. Die Reihe ist zyklisch.

45. d)

Alle genannten Wörter assoziiert man mit dem Begriff Freiheit. Dies gilt jedoch nicht für den Begriff „Zwanghaftigkeit".

46. d)

Die Endung LOGE ergibt für alle Anfänge einen Sinn.

47. d)

Der Krawattenknoten ist schwarz.

48. b)

Die beste Lösung ist b). Sie ergibt die Wörter „Okkult“ und „Kultur“.

49. a)

In jeder Zeile und Spalte muß jede Form einmal vertreten sein. Dies trifft nur bei a) zu. Merkmale: viereckige Augen, Quadratschädel und schwarze Ohren.

50. d)

Der richtige Spruch muß nun sinngemäß lauten: „Wer den Cent nicht ehrt, ist den Euro nicht wert.“

Auswertung

Kreuzen Sie in dem folgenden Lösungsbogen Ihre Lösung an. Für jeden Treffer gibt es 1 Punkt. Zählen Sie alle Punkte zusammen, und ermitteln Sie Ihren IQ mit Hilfe der Tabelle auf Seite 379.

Frage	richtige Lösung	Ihre Lösung	Punkte (1 pro Treffer)
1.	c	a b c d	…
2.	d	a b c d	…
3.	d	a b c d	…
4.	b	a b c d	…
5.	a	a b c d	…
6.	e	a b c d e f	…
7.	d	a b c d	…
8.	b	a b c d	…
9.	a	a b c d	…
10.	c	a b c d	…
11.	d	a b c d	…
12.	d	a b c d	…
13.	a	a b c d	…
14.	b	a b c d	…
15.	a	a b c d	…
16.	c	a b c d	…
17.	d	a b c d	…
18.	a	a b c d	…
19.	b	a b c d	…
20.	d	a b c d	…
21.	b	a b c d	…
22.	c	a b c d	…
23.	a	a b c d	…

Frage	richtige Lösung	Ihre Lösung	Punkte (1 pro Treffer)
24.	c	a b c d	...
25.	a	a b c d	...
26.	d	a b c d	...
27.	d	a b c d	...
28.	c	a b c d	...
29.	a	a b c d	...
30.	a	a b c d	...
31.	c	a b c d	...
32.	d	a b c d	...
33.	b	a b c d	...
34.	d	a b c d	...
35.	d	a b c d	...
36.	b	a b c d	...
37.	c	a b c d	...
38.	a	a b c d	...
39.	d	a b c d	...
40.	a	a b c d	...
41.	d	a b c d	...
42.	b	a b c d	...
43.	b	a b c d	...
44.	a	a b c d	...
45.	d	a b c d	...
46.	d	a b c d	...
47.	a	a b c d	...
48.	b	a b c d	...
49.	a	a b c d	...
50.	d	a b c d	...

Ihre Gesamtpunktzahl: ___

Ihr Intelligenzquotient

Aus der Summe der Punkte können Sie anhand der folgenden Tabelle den Wert Ihrer Intelligenzleistung bestimmen.

Berücksichtigen Sie bei der Bewertung bitte Ihre Altersgruppe. Suchen Sie zunächst in der ersten Zeile nach der Altersgruppe, und folgen Sie dann der Spalte so weit nach unten, bis Sie auf Ihre Gesamtpunktzahl treffen. In der letzten Spalte finden Sie den zugehörigen IQ-Wert. Ein IQ größer als 100 gilt als überdurchschnittlich, weniger als 100 ist ein unterdurchschnittlicher Wert.

Alter	14–17 Jahre	18–23 Jahre	24–30 Jahre	31–40 Jahre	› 40 Jahre	IQ-Testwert
	44–50	46–50	48–50	44–50	42–50	> 130
	37–43	41–45	42–47	39–43	36–41	120
	32–36	36–40	38–41	34–38	32–35	110
	27–31	30–35	34–37	30–33	28–31	100
	23–26	26–29	29–33	26–29	25–27	90
	19–22	22–25	25–28	23–25	21–24	80
	< 19	< 21	< 24	< 22	< 20	< 75

Bitte beachten Sie, daß der IQ-Selbsttest nur einen Teilaspekt Ihrer gesamten Persönlichkeit berührt. Sollten Sie bei diesem Test schlecht abgeschnitten haben, bedeutet das nicht, daß Sie in allen Tests schlechte Ergebnisse erzielen werden. Es gibt andere Aspekte, wie Kreativität und soziale Kompetenz, die von diesem Test gar nicht berührt werden. Stellen Sie fest, in welchen Bereichen Ihre Schwächen liegen. Trainieren Sie diese ganz gezielt, und Sie werden sehen, daß sich Ihre Ergebnisse verbessern. Und denken Sie daran: Tests sind trainierbar.